VIVRE CRESCENDO

Stephen R. Covey
& Cynthia Covey Haller

VIVRE CRESCENDO

le meilleur reste à faire

FIRST
ÉDITIONS

Titre original : *The Miracle Morning. The not-so-obvious secret guaranteed to transform your life (before 8 a.m.)*

Éditions First, un département d'Édi8
12, avenue d'Italie
75013 Paris - France
Tél. : 01 44 16 09 00
Fax : 01 44 16 09 01
firstinfo@efirst.com
www.editionsfirst.fr

ISBN : 978-2-412-08607-0
Dépôt légal : mars 2016
Imprimé en France par Normandie Roto Impression s.a.s. (2205874)

Traduit de l'anglais par Emmanuelle Debon
Directrice éditoriale : Marie-Anne Jost-Kotik
Correction : Anne-Lise Martin
Mise en page : Frédéric Voisin

Critiques

« Une autre habitude incombe à ceux qui réussissent tout ce qu'ils entreprennent : ils envisagent l'avenir sous une perspective ascendante. Cet ultime et merveilleux cadeau de Stephen Covey, coécrit avec sa fille Cynthia, vous incitera à rêver plus grand et plus fort. »
– Adam GRANT, auteur du best-seller Think Again
et animateur du podcast TED WorkLife

« Stephen Covey a vécu sa vie crescendo et a constamment inspiré les autres à faire de même. Il a contribué à modifier la trajectoire de ma carrière de footballeur mais aussi celle de ma vie quand, par hasard, nous nous sommes retrouvés dans un avion. Ce jour-là, j'ai retrouvé inspiration et jeunesse. J'ai été confronté à l'excellence en l'entendant partager, de façon magistrale, les principes de ce livre qui m'ont révélé les formidables opportunités s'offrant à moi. Son héritage illumine ces pages et la vie de sa famille. »
– Steve YOUNG, quarterback de la NFL,
président et cofondateur de HGGC

« Mon adage est le suivant : "Gagner de l'argent fait peut-être le bonheur, mais rendre les autres heureux, c'est le bonheur ultime." Autrement dit, le bonheur découle de nombreuses sources, et pas seulement de la réussite financière. La joie la plus profonde et la plus épanouissante survient lorsque nous aidons les personnes dans le besoin. Vivre crescendo *nous apprend à mener une existence riche d'ambitions, de sens et de contributions, en donnant beaucoup, de tout cœur, pour le plus grand bien. Merci, Stephen et Cynthia, de vivre crescendo et de nous offrir cet ouvrage magnifique, inspirant et marquant. »*

– Professeur Muhammad YUNUS,
lauréat du prix Nobel de la paix 2006
et fondateur de la Grameen Bank

« Stephen Covey, dans son dernier ouvrage, Vivre crescendo, *achevé par sa fille Cynthia, propose un changement de paradigme autour de la notion de retraite : selon lui, nous pouvons prendre notre retraite d'un emploi ou d'une carrière, mais nous ne devons jamais cesser d'offrir notre contribution à ceux qui nous entourent. À travers de nouvelles perspectives et des récits de vie inspirants, ce livre nous incite à mener une vie basée sur la solidarité avec la même passion que celle qui nous a poussés à réussir notre carrière professionnelle. »*

– Arianna Huffington,
fondatrice et PDG de Thrive

« La retraite n'est pas une fin mais un véritable commencement. Nous disposons de plus de temps pour nouer des relations encore plus solides, apporter notre contribution à la communauté et lui rendre ce qu'elle nous a donné. Cet ouvrage exaltant nous offre des modèles, des récits et la sagesse nécessaire pour laisser des empreintes qui perdureront bien après nous. Merci, Stephen et Cynthia, pour ce merveilleux livre, qui est un hommage à Stephen R. Covey et à sa mémoire. »

– Indra NOOYI, ancienne PDG
et présidente du conseil d'administration de Pepsi Co.
et auteure du best-seller *Une vie bien remplie*

« J'adore Vivre crescendo. *Ce livre inspirera tous ceux qui cherchent à améliorer leur vie et regorge de récits divertissants, exaltants et pleins de sagesse. J'ai l'impression d'avoir de nouveau Stephen Covey devant moi.* Les 7 habitudes de ceux qui réalisent tout ce qu'ils entreprennent *m'a marqué en tant que jeune médecin, mais j'ai trouvé son nouveau livre, écrit avec sa fille Cynthia, encore plus fondateur : il nous pousse, quel que soit notre âge, à aller plus loin que nous ne l'aurions cru possible. »*

– Daniel G. AMEN, PDG et fondateur
d'Amen Clinics et auteur de *You, Happier*
et *The End of Mental Illness*

« Que vous ayez connu le succès, affronté l'adversité ou le marasme, vos meilleurs moments sont peut-être encore à venir. Grâce à la sagesse et à l'enthousiasme caractéristiques de Stephen Covey, ce livre plein d'espoir nous montre que notre existence peut réellement devenir encore plus belle. »
– Daniel H. PINK, auteur de *La vérité sur ce qui nous motive*, *Le bon moment*, et *Convainquez qui vous voudrez*

« Il est tellement tentant de croire que nous avons déjà tout donné. Que nous avons atteint un sommet. Que nous sommes sur le déclin. Que nos jours de gloire sont derrière nous. Dans ce contexte, cet ouvrage de Stephen et Cynthia Covey Haller est une véritable bouffée d'air frais : il renverse complètement la situation et nous convainc que nos plus grands accomplissements sont encore à venir. En réalité, le fait que ce livre soit publié dix ans après le décès de Stephen Covey illustre le principe même qu'il défend. Cynthia a su restituer fidèlement l'esprit de l'œuvre de son père et y ajouter efficacement sa propre voix. Cette lecture a été une immense bénédiction pour moi, et elle le sera pour vous aussi. Vous ne verrez plus jamais votre vie de la même manière. »
– Greg MCKEOWN, auteur des best-sellers *L'essentialisme* et *Zéro effort*

« Comme la plupart des personnes de notre génération, nous sommes passés de la parentalité à la grand-parentalité, et nos écrits ont évolué en conséquence. Au moment où nous cherchions à écrire un livre sur les plaisirs du dernier quart de la vie, nous avons découvert que notre vieil et cher ami Stephen l'avait déjà rédigé, ou presque, avant de mourir. Sa remarquable fille aînée, Cynthia, qui avait travaillé sur ce livre avec lui depuis le début, a repris le flambeau et l'a achevé. Le résultat, Vivre crescendo, *est fabuleux ! »*

– Richard et Linda EYRE, auteurs de *Teaching Your Children Values, Grand Mothering* et *Being a Proactive Grandfather*

« Les ouvrages de Stephen Covey ont façonné ma vie et ma carrière. Vivre crescendo. L'essentiel est toujours à venir *est une invitation à vivre pleinement sa vie et à s'engager à chaque carrefour qu'elle offre. Pour tous ceux qui considèrent l'existence comme une occasion de progresser et de faire la différence, ce livre écrit par un maître du genre est incontournable. Vous y trouverez la preuve que chaque individu peut apporter une contribution incroyable. »*

– Celeste MERGENS,
fondatrice de l'ONG Days for Girls

« Cynthia Covey Haller se base sur l'œuvre du regretté Stephen Covey dans ce livre inspirant. Vivre crescendo *donnera à tous ses lecteurs l'envie et l'espoir de mener une vie productive et pleine de sens, du début à la fin. »*
– Arthur C. BROOKS, professeur à la Harvard Kennedy School et à la Harvard Business School, auteur de *From Strength to Strength*

« Vivre crescendo *nous rappelle judicieusement que chacun d'entre nous a une histoire, connaît des peines de cœur et des traumatismes, mais qu'en fin de compte, nous avons en nous non seulement le pouvoir de nous relever et d'aller de l'avant au lieu de nous contenter de survivre à l'impossible, mais aussi celui de retrouver le bonheur. Ce livre est stimulant et écrit avec amour. Je suis honorée que mon histoire y soit relatée. »*
– Elizabeth SMART, auteur de *My Story* et de *Where There's Hope*

« Cynthia Covey Haller, en tant que fidèle interprète de son père, a magnifiquement transcrit ce que signifie vraiment vivre crescendo. J'entends la voix de Stephen Covey dans chaque page. Ce livre nous incite tous à profiter de chaque instant en menant une vie pleine d'ambitions, de solidarité, d'amour et de contributions et en étant conscients que l'essentiel est toujours à venir. »
– Muriel SUMMERS, ancienne directrice de l'école A.B. Combs Leadership Magnet Elementary

Du même auteur

Les 7 habitudes de ceux qui réalisent tout ce qu'ils entreprennent, éditions First, 2005
Le pouvoir de la confiance, éditions First, 2008
Priorité aux priorités, éditions First, 1995
Les 7 habitudes des couples qui durent, éditions Mardaga, 2022
Les 7 habitudes express, éditions Mango Media, 2022
L'étoffe des leaders, éditions First, 2006
La 8e habitude, éditions First, 2006
La 3e voie, éditions First, 2012

À mes extraordinaires parents,
Stephen et Sandra Covey, qui m'ont montré
comment « vivre crescendo »
tout au long de leur existence.
Et à mon merveilleux mari, Kameron
– l'amour de ma vie –, pour sa bonne humeur,
sa stabilité constante et son amour inconditionnel.

Sommaire

PRÉFACE

Construire un avenir radieux

Par Cynthia Covey Haller

« Ce que vous laissez derrière vous
n'est pas ce qui est gravé dans les monuments de pierre,
mais ce qui est tissé dans la vie des autres. »
PÉRICLÈS

Mon père m'a appris que la meilleure façon de prédire son avenir est de le créer. Il a toujours eu la ferme intention de travailler et d'apporter sa contribution à la société aussi longtemps qu'il vivrait, et il comptait bien vivre éternellement ! Il a clairement fait comprendre à ses enfants et à ses proches que le mot « retraite » ne ferait jamais partie de son vocabulaire. Il mentait sans état d'âme sur son âge et grimaçait lorsque quelqu'un qualifiait de « troisième âge » la période de sa vie dans laquelle il était entré.

Mon père avait de l'existence une approche épicurienne – *Carpe diem* était son credo – qu'il a enseignée à ses neuf enfants. Chaque fois qu'une opportunité cruciale se présentait à nous, il ne manquait pas de citer l'exhortation de Thoreau à « sucer la moelle de la vie ». Cet état d'esprit lui permettait d'entretenir sa jeunesse et sa soif d'apprentissage. Nous avons pris conscience qu'il ne manquerait aucune occasion de profiter de son existence et de marquer celle des autres.

Quand, à l'âge de vingt-cinq ans, mon père a obtenu son diplôme de la Harvard Business School, son frère lui a demandé ce qu'il allait faire de sa vie. Papa lui a simplement répondu : « Je veux libérer le potentiel humain. » Pendant les cinquante-cinq années qui ont suivi sa profession de foi, il a poursuivi cet objectif partout dans le monde grâce à ses ouvrages motivants et à son enseignement dynamique, généralement autour de ce qu'il nommait le « leadership basé sur les principes ».

L'emblème de son entreprise était la boussole, qui soulignait l'importance d'aligner sa vie sur ce que mon père appelait le « vrai nord » – un symbole des principes fondamentaux qui ne changent pas avec le temps. Il était convaincu que l'enseignement de ces principes immuables et universels, communs à tous les êtres humains, pouvait changer radicalement les individus et les organisations, et les modifier de manière positive. C'était un visionnaire doté de grandes idées et de véritables idéaux.

Il aimait apprendre, en questionnant sans relâche les personnes qu'il rencontrait. Il les interrogeait sur leur vie, leur travail, leur famille, leurs croyances, leurs passions – dans le seul but de s'enrichir à leur contact. Il faisait souvent appel aux lumières de son entourage pour obtenir des points de vue différents. Il écoutait attentivement les opinions de chacun et consultait n'importe qui comme si c'était un expert dans son domaine. Il prêtait l'oreille aux enseignants, chauffeurs de taxi, médecins, PDG, serveuses, politiciens, entrepreneurs, parents, voisins, ouvriers, professionnels et même aux chefs d'État, et il leur accordait à tous le même intérêt et la même curiosité. Cette attitude agaçait parfois ma mère qui levait les yeux au ciel en disant : « Stephen, pourquoi fais-tu toujours semblant de ne rien savoir quand tu parles à quelqu'un ? » Et lui de répondre, comme si c'était évident : « Sandra, je sais déjà ce que je sais, mais je veux savoir ce qu'ils savent, *eux* ! »

En tant qu'aînée de neuf enfants, j'ai grandi en écoutant mon père débattre d'idées basées sur les principes, que ce soit à la maison ou dans le cadre de ses nombreuses conférences devant des publics divers partout dans le monde. L'un de mes principes préférés était « Priorité aux priorités », qui est également le titre de l'un de ses livres et l'une des *7 habitudes* qu'il a définies. Mon père s'est escrimé à vivre selon ses propres préceptes et, pour lui, les relations familiales étaient absolument essentielles. Nous avions beau être neuf frères et sœurs, chacun d'entre nous se sentait considéré comme un membre important de la famille, et nous avions tous d'excellentes relations avec nos deux parents. L'un de mes meilleurs souvenirs d'enfance remonte au jour de mes douze ans, quand Papa m'a invitée à l'accompagner quelques jours en voyage d'affaires à San Francisco. J'étais emballée, et nous avons minutieusement planifié chaque minute du temps que nous allions pouvoir passer ensemble après ses conférences.

Nous avions décidé qu'au terme de la première journée, nous irions faire le tour de la ville à bord des fameux trolleybus dont j'avais tellement entendu parler, puis que nous irions écumer quelques boutiques chics afin de m'acheter des vêtements pour l'école. Comme nous étions tous les deux férus de cuisine chinoise, nous avions prévu d'aller à Chinatown et de rentrer ensuite piquer une tête à l'hôtel avant la fermeture de la piscine. La soirée se clôturerait sur un sundae au chocolat chaud dégusté dans la chambre, puis nous irions nous coucher.

Quand le grand soir est enfin arrivé, j'ai attendu mon père impatiemment à la sortie de sa conférence. Juste avant qu'il me rejoigne, j'ai vu l'un de ses vieux amis de la fac le héler avec enthousiasme. Tandis qu'ils échangeaient une accolade, je me suis remémoré les récits que m'avait faits mon père de toutes les grandes aventures et des bons moments qu'ils avaient vécus ensemble par le passé. « Stephen, a dit l'homme, ça fait au moins dix ans qu'on ne s'est pas vus. Loïs et moi voudrions t'inviter à dîner ce soir – nous allons pouvoir parler du bon vieux temps. » Mon père lui a alors expliqué que je l'accompagnais pendant son déplacement et, en regardant dans ma direction, son ami a lancé : « Oh, mais ta fille peut se joindre à nous, bien sûr. On pourrait manger tous ensemble sur les quais. »

Tous les plans grandioses que nous avions bâtis pour cette soirée spéciale s'effondraient d'un coup. Je voyais mon trolleybus s'éloigner sans nous, et nos plats chinois laisser place à des fruits de mer, que j'avais en horreur. Je me sentais trahie. Cependant, je me disais que mon père préférerait certainement passer du temps en compagnie d'un vieil ami plutôt qu'avec une gamine de douze ans.

Papa a passé un bras affectueux autour des épaules de l'homme. « Bob, je suis vraiment content de te revoir, moi aussi. Ce dîner me fait bien envie… Mais aujourd'hui, ce n'est pas possible. Cynthia et moi, on a prévu une soirée rien que tous les deux, n'est-ce pas, ma chérie ? » Il m'a adressé un clin d'œil puis, à ma stupéfaction, le trolleybus est réapparu. Je ne pouvais plus m'arrêter de sourire.

Je n'arrivais pas à y croire, et je pense que son ami non plus. Mais nous n'avons pas pris le temps de nous en assurer : nous avions déjà franchi la porte pour partir.

« Mais papa, suis-je enfin parvenue à articuler. Tu es sûr… ? »

« Je ne manquerai cette soirée avec toi pour rien au monde. De toute façon, tu préfères la cuisine chinoise, non ? Maintenant, sautons dans le trolley ! »

Avec le recul, cette expérience apparemment insignifiante reste représentative du caractère de mon père, et elle a permis d'instaurer entre nous un niveau de confiance qui m'a marquée depuis lors. Il a enseigné et incarné l'idée que « dans les relations, les petites choses sont les grandes », et chacun de mes frères et sœurs a vécu des expériences comparables à celle que j'ai connue à San Francisco, lors desquelles ils se sont sentis importants et appréciés. Cet amour et cette confiance étaient essentiels à notre estime de soi et ont joué un rôle majeur dans notre construction.

Selon mon père, il nous fallait développer ce qu'il appelait la « personne en quatre dimensions », équilibrée physiquement, mentalement, socialement et spirituellement, car chacun de ces domaines est fondamental pour l'épanouissement. Chaque jour de son existence, il s'est consciencieusement appliqué à vivre de façon équilibrée en s'exerçant dans tous ces domaines, et il a appris aux autres à faire de même. Il écrivait : « Nos plus grandes énergies devraient être affectées au développement de notre propre caractère qui est souvent invisible pour les autres, telles les racines qui soutiennent les grands arbres. C'est en cultivant les racines qu'on commence à voir les fruits. »

Bien que, comme chacun d'entre nous, il ait bataillé contre ses propres imperfections, il a constamment essayé de s'améliorer et de corriger ses défauts, plus que quiconque autour de moi. Nous savions que sa vie professionnelle était admirable, mais nous estimions qu'elle l'était bien peu en comparaison de celle qu'il menait dans la sphère privée de notre famille. Pendant des décennies, avec notre mère, il s'est activement employé à créer une riche culture familiale au sein de notre foyer et à stimuler notre potentiel, comme il le faisait avec d'autres dans le cadre professionnel. Notre famille n'a jamais imaginé qu'un jour viendrait où il serait incapable d'aborder la vie avec cette volonté dont il avait toujours fait preuve.

Et puis, en avril 2012, à l'âge de soixante-dix-neuf ans, mon père a eu un accident de vélo. Il portait un casque, mais celui-ci était trop lâche et le choc qu'il a reçu à la tête a provoqué une hémorragie cérébrale. Papa est resté à l'hôpital durant plusieurs semaines et, de retour à la maison, n'a plus jamais été le même. Après quelque temps, les saignements ont repris et ont fini par lui coûter la vie.

Bien que son décès nous ait tous profondément affectés, nous savions que notre père était un homme très croyant ; il nous avait appris qu'un objectif divin se cache toujours derrière les événements de notre existence – y compris sa propre mort, lui qui nous a quittés beaucoup plus tôt que nous ne l'avions imaginé. En tant que famille, nous avons eu de la chance de pouvoir profiter d'un père aussi extraordinaire pendant tant d'années, et nous sommes reconnaissants de l'amour inconditionnel et des conseils avisés qu'il nous a inlassablement prodigués. Nous éprouvons la même gratitude envers notre chère mère, la doyenne de toute la famille Covey, qui nous a quittés récemment elle aussi.

Quelques années avant son décès, mon père m'a demandé de l'aider à écrire un nouveau livre consacré à ce que nous savons maintenant être son ultime « grande idée ». Il en était viscéralement imprégné. Il travaillait souvent simultanément sur plusieurs ouvrages et projets, mais ce concept inédit, en particulier, m'intriguait et m'enthousiasmait à tel point que je tenais à être partie prenante de cette entreprise.

Des années avant que ce livre soit achevé, il en avait clairement envisagé le titre, comme si celui-ci résumait sa propre existence : *Vivre crescendo. Le meilleur reste à faire.* Il pensait qu'en adoptant ce qui serait connu sous le nom de « mentalité crescendo », on pouvait continuer à regarder devant soi et à progresser à travers les différents âges et étapes de la vie. Il en parlait souvent avec passion et encourageait ceux qui n'étaient pas satisfaits de leur sort, ou découragés par des revers ou échecs passés, à réfléchir et agir de manière proactive sur leur existence future et sur ce qu'ils étaient encore capables d'accomplir dans les années à venir. Pour lui, la meilleure habitude de type « Sachez dès le départ où vous voulez aller » (la deuxième de son livre *Les 7 habitudes de ceux qui réalisent tout ce qu'ils entreprennent*) consistait à contribuer de façon constante et significative à l'amélioration de la vie d'autrui ; pour lui, en fin de compte, une telle mentalité constituait la clé du bonheur véritable et durable.

Il croyait en la mentalité crescendo comme en tout ce qu'il avait enseigné professionnellement. Avant d'écrire sur ce sujet, il a commencé à l'introduire dans certaines de ses présentations, comme à son habitude et, au cours de ses dernières années, c'était devenu son credo. Vivre crescendo était un concept qui passionnait vraiment mon père ; il pensait sincèrement que, si cette mentalité était appliquée, elle pourrait avoir un effet positif dans le monde entier.

Pendant trois ans, nous avons activement travaillé ensemble sur ce livre, et je le retrouvais régulièrement pour noter ses pensées et ses idées. Il m'a toujours encouragée, voire poussée à mener à terme la partie qui m'incombait pour que l'ouvrage puisse enfin être publié, mais il comprenait mes contraintes de temps : j'avais de jeunes enfants à la maison et je devais assumer un certain nombre de lourdes responsabilités. J'avais beau partager sa passion pour le sujet, avoir rassemblé de la matière et écrit dès que je le pouvais, ma partie du livre était malheureusement encore largement inachevée lorsqu'il nous a quittés de façon inattendue.

Ces dernières années, j'ai fini de rédiger les témoignages, exemples et commentaires qui constituaient ma contribution au projet, ainsi qu'il me l'avait demandé. Vous remarquerez que certaines parties donnent l'impression que mon père est encore en vie – je l'ai fait à dessein. Une grande partie du contenu, qui m'a été transmis il y a des années, est le reflet fidèle de ses pensées, de ses expériences et de ses idées de l'époque. D'autres éléments sont tirés de ses écrits, de ses conférences et de ses conversations privées. J'ai pris la décision consciente d'écrire ce livre avec sa voix, car l'idée de vivre crescendo est uniquement la sienne, non la mienne. J'ai également inséré des anecdotes et des expériences issues de sa propre vie, ainsi que des observations et des échanges qu'il a eus avec diverses personnes tout au long de sa carrière concernant ce contenu. Ces expériences sont mises en évidence pour indiquer qu'elles sont présentées spécifiquement de mon point de vue et avec ma propre voix.

Pour lui, ce livre devait permettre de faire connaître sa nouvelle idée, vivre crescendo, aux lecteurs du monde entier. Cet ouvrage représente ce que nous, en tant que famille, considérons comme son ultime contribution, sa « dernière conférence », son dernier opus. Victor Hugo a écrit : « Rien n'est plus puissant qu'une idée dont le temps est venu. » Bien que notre père ait écrit beaucoup d'autres livres basés sur des principes, nous pensons que le concept qui sous-tend celui-ci est aujourd'hui unique et nécessaire. La mentalité crescendo devrait encourager chacun à considérer l'avenir avec espoir et optimisme, avec la croyance que nous pouvons toujours grandir et apprendre, servir et participer – à chaque étape de notre vie –, et que nos accomplissements les plus beaux et les plus importants sont toujours à venir.

Vivre crescendo est construit autour de cette unique idée centrale, illustrée par quatre parties représentant différentes étapes et différents âges afin de favoriser et renforcer la compréhension de ce principe, et offrant des moyens pratiques de mettre en œuvre cette mentalité à chaque période de la vie. Papa et moi voulions inclure un large éventail de récits et d'exemples inspirants de personnes connues ou « ordinaires » pour mettre en évidence cette idée. Nous espérions que les expériences d'autrui convaincraient la plupart des lecteurs qu'ils étaient eux aussi capables d'apporter des contributions positives et durables dans la vie des personnes évoluant à l'intérieur de leur propre cercle d'influence.

Quelques jours après le décès de notre père, ma sœur Jenny et moi évoquions le fait que, sans lui, nos vies allaient être bien différentes. Soudain, la vérité nous a frappées lorsque Jenny a dit : « Même s'il n'est plus là, il n'est pas vraiment parti : il vit à travers nous – ses enfants, ses petits-enfants et tous ceux qui s'efforcent de vivre selon les principes qu'il a enseignés. C'est son héritage. »

Ralph Waldo Emerson a écrit : « Notre mort n'est pas une fin si nous vivons à travers nos enfants et la jeune génération. Car eux, c'est nous. »

C'est peut-être Jim Collins qui l'a exprimé le mieux, dans sa préface de la version des *7 habitudes de ceux qui réalisent tout ce qu'ils entreprennent* parue à l'occasion du vingt-cinquième anniversaire de sa publication :

> Personne n'est éternel, mais les livres et les idées peuvent l'être. En parcourant ces pages, vous engagerez le dialogue avec un Stephen Covey au sommet de son art. Vous sentirez, à travers le texte, qu'il vous tend la main pour dire : « Allez, je crois vraiment à tout ça, laissez-moi vous aider – je veux que vous compreniez, que vous appreniez, que vous grandissiez, que vous deveniez meilleur, que vous participiez davantage, que vous meniez une vie qui compte. » Sa vie est achevée, mais son travail ne l'est pas.

J'espère seulement être une fidèle interprète de la vision que mon père avait de ce livre. Et peut-être incitera-t-il les lecteurs, comme papa aimait le dire, « à communiquer aux autres leur valeur et leur potentiel de façon si claire qu'ils en viendront à les percevoir en eux-mêmes ».

Mon père, Stephen Covey, croyait profondément que *Vivre crescendo* avait le pouvoir d'affecter et d'inspirer ceux qui s'efforcent de se construire un avenir radieux, qu'ils laisseront comme unique héritage. J'espère que cet ouvrage constituera un élément durable et vivant de tout ce qu'il laisse derrière lui, et qu'il vous permettra de libérer votre meilleur potentiel. Et, bien que mon père soit hors de vue pour un temps, son héritage perdure véritablement – et ne cesse de croître.

Introduction

« Je suis allé dans les bois parce que je souhaitais vivre en toute conscience, n'affronter que les éléments essentiels de la vie, voir si je pouvais apprendre ce qu'elle avait à m'enseigner et non découvrir, à l'heure de ma mort, que je n'avais pas vécu. Je ne souhaitais pas vivre ce qui n'était pas la vie, car vivre est trop précieux [...]. Je voulais vivre profondément, sucer la vie jusqu'à la moelle. »

– Henry David THOREAU

Quel regard portez-vous sur les multiples âges et étapes de votre existence à mesure que vous les traversez ? Comment réagirez-vous au parcours de vie qui vous est propre ? Je crois qu'il est essentiel d'établir un plan pour savoir de quelle façon gérer les hauts et les bas de la vie : le calme plat, les succès, les drames inattendus et les grands changements auxquels vous serez certainement confronté un jour. Il est essentiel de vous construire un avenir radieux avant même de le vivre.

Dans ce livre, vous découvrirez la mentalité crescendo à toutes les étapes de la vie. « Vivre crescendo » est un état d'esprit et un principe d'action. C'est une manière unique d'aborder l'existence en apportant vos contributions aux autres et en gardant la perspective de ce qu'il vous reste à accomplir. Elle propose une nouvelle définition du succès par rapport à la façon dont la société le mesure habituellement. La mentalité crescendo, si vous l'adoptez, peut marquer une énorme différence dans votre vie, dans celle de votre entourage, voire dans le monde entier.

En musique, *crescendo* signale une augmentation progressive en grandeur, en énergie, en volume et en vigueur. Le signe du crescendo < montre qu'en prolongeant ses lignes, la musique continue à croître en volume et à enfler indéfiniment. *Diminuendo* possède exactement le sens inverse : la musique diminue en volume, en puissance et en énergie, elle décroît ; et, comme le montre le signe >, elle finit par s'affaiblir, s'éteindre et prendre fin. Vivre en diminuendo signifie que vous ne cherchez plus à vous dépasser, à grandir et à apprendre ; vous vous contentez de ce que vous avez déjà accompli et finissez par cesser de produire et de participer.

Lorsqu'un morceau de musique atteint un crescendo, il ne se contente pas de s'amplifier en termes de volume sonore. Le sentiment de croissance, d'intensification et d'expansion qu'offre une composition ou une performance résulte d'une alliance expressive de rythme, d'harmonie et de mélodie. Ceux-ci se basent pour leur part sur les éléments fondamentaux que sont la hauteur et le rythme, ainsi que sur la dynamique du volume, combinés au passage du temps dans une composition ou une performance.

De la même manière, nous démontrerons que vivre crescendo permet d'exprimer nos passions, nos intérêts, nos relations, nos croyances et nos valeurs ; ceux-ci reposent sur les principes fondamentaux qui nous guident à travers chaque étape de la vie.

Vivre crescendo, c'est croître progressivement en termes de contribution, d'apprentissage et d'influence. L'état d'esprit selon lequel « le meilleur reste à faire » est une mentalité optimiste, tournée vers l'avenir, qui enseigne qu'il est toujours possible de rendre service, d'apporter sa contribution, indépendamment de ce qui nous est arrivé ou de l'étape à laquelle on se trouve. Imaginez combien la vie serait différente si nous décidions que nos plus grandes contributions, nos plus grands succès voire notre plus grand bonheur ne sont pas seulement derrière nous, mais toujours *devant* ! Tout comme la musique s'appuie sur les notes précédentes mais nous laisse anticiper la note ou l'accord suivant, notre vie se base sur notre passé mais se déroule dans le futur.

Cette mentalité n'est pas un événement ponctuel mais devient, au fil de la vie, une part riche et dynamique de la personne que vous êtes. La mentalité crescendo encourage à utiliser toutes les ressources dont nous disposons – le temps, les talents, les compétences, les dons, la passion, l'argent, l'influence – pour enrichir la vie des personnes qui nous entourent, qu'elles fassent partie de notre famille, de notre quartier, de notre communauté ou du monde entier.

« Le sens de la vie est de trouver son don.
Le but de la vie est de le partager. »
– Attribué à Pablo PICASSO

Ces paroles de Picasso pourraient constituer le mot d'ordre de ce livre. Vous pouvez opter pour un état d'esprit tourné vers l'avenir, qui consiste à toujours apprendre et à toujours grandir à travers les montagnes russes de l'existence, tout en cherchant continuellement à offrir une contribution à ceux qui nous entourent.

La version grecque de cette philosophie fut d'abord « connais-toi toi-même », puis « maîtrise-toi », et enfin « donne-toi ». Les Grecs soulignaient l'importance et la puissance de cet enchaînement. Lorsqu'on vit en étant conscient de l'objectif de sa mission unique et qu'on prend les rênes de sa vie en opérant de bons choix, alors on devient capable de servir les autres et de les aider à définir à leur tour leur objectif et leur mission. Cela mène à un sentiment d'accomplissement et de joie pour nous et pour les autres.

Vivre crescendo se divise en quatre grandes parties, chacune étant basée sur des étapes charnières de la vie où vous pouvez décider de vivre crescendo en continuant à donner le meilleur de vous-même, ou de vivre *diminuendo* pour finir par vous effacer et n'avoir plus aucune influence. Et, tout comme les compositeurs et les interprètes s'expriment à travers une musique qui reste ancrée dans les principes fondamentaux quelle que soit sa complexité, nous menons tous notre vie d'une manière qui incarne les principes fondamentaux du comportement et de l'interaction humains.

Première partie : La crise du milieu de vie

Cette étape concerne votre situation actuelle par rapport à celle que vous souhaitez atteindre. À mi-chemin de votre vie, vous pouvez vous sentir découragé et croire que vous n'avez rien accompli de très valeureux. Peut-être avez-vous déjà renoncé à réaliser quoi que ce soit, persuadé que l'occasion est passée ? En réalité, vous avez probablement fait davantage que vous ne le pensez dans les domaines vraiment importants. Et si votre existence a besoin d'améliorations, vous pouvez décider de changer, et de recréer votre vie pour la remplir de contributions et de véritables succès.

Deuxième partie : l'apogée du succès

Si vous avez connu une grande réussite à un moment donné de votre vie, vous avez peut-être tendance à vous relâcher, à profiter de votre butin et à vous reposer sur vos lauriers. Vous pouvez vous montrer blasé et avoir l'impression d'avoir fait toutes vos preuves. Mais vivre crescendo, ce n'est pas regarder dans le rétroviseur, en se concentrant sur les succès (ou les échecs) passés ; au contraire, il faut avoir les yeux rivés droit devant soi, en direction d'un prochain objectif ou d'une prochaine grande contribution. Il se pourrait qu'au cours de cette étape passionnante de la vie, votre plus grande œuvre soit encore à venir.

Troisième partie : les revers de la vie

Un accident survient, vous souffrez d'un grave problème de santé, vous perdez votre emploi, on vous diagnostique une maladie en phase terminale, un de vos proches meurt – il existe tant de moments, dans la vie, où il nous faut affronter de terribles revers. Il est alors naturel de réévaluer son parcours, ses objectifs et ses priorités. Voulez-vous abandonner et vous retirer ? Allez-vous laisser cette expérience vous définir ? Ou bien est-il temps de relever le défi, de choisir consciemment comment réagir, de réorienter votre vie, de continuer à aller de l'avant et à apporter des contributions significatives ?

Quatrième partie : la seconde moitié de la vie

En atteignant l'âge traditionnel de la retraite, ou ce que la société nomme à tort les « années de déclin », on se trouve confronté à un choix important : que faire du temps qui nous reste ? Cette période de la vie peut constituer une phase de repli sur soi, monotone et sans intérêt, que vous traversez passivement, voire que vous subissez. Vous pouvez plutôt décider d'être extrêmement productif et d'apporter d'importantes contributions aux personnes qui se trouvent à l'intérieur comme à l'extérieur de votre cercle d'influence. Votre potentiel peut être mis à profit ou gâché, selon que vous pensez ou non que vos accomplissements les plus importants sont encore à venir.

La mentalité crescendo recourt à des principes élémentaires pour vous guider à travers chacune de ces quatre étapes de la vie :

- la vie est une mission, pas une carrière ;
- aimez pour servir ;
- les personnes comptent plus que les objets ;
- exercer le leadership, c'est communiquer sa valeur et son potentiel ;
- élargissez votre cercle d'influence ;
- vivez crescendo, pas diminuendo ;
- trouvez votre « pourquoi » ;
- continuez sur votre lancée ;

- créez des souvenirs marquants ;
- détectez votre objectif.

Bien que certains faits – différences culturelles, malentendus, disparités en termes d'opportunités, de formation et d'expérience – soient susceptibles de nous diviser humainement, nous partageons en réalité beaucoup plus d'affinités que nous ne l'imaginons. Quiconque a voyagé et est entré en contact avec des personnes du monde entier a pu découvrir que nous sommes tous fondamentalement semblables – riches et pauvres, célèbres et inconnus –, que nous aspirons tous au bonheur et à la grandeur, que nous possédons les mêmes espoirs, craintes et rêves. La plupart des personnes sont très attachées à leur famille et ont le même besoin d'être comprises, aimées, acceptées.

George Bernard Shaw disait, et je suis d'accord avec lui : « Deux choses vous définissent. Votre patience quand vous n'avez rien, et votre attitude quand vous avez tout. » Nos réactions à ces antagonismes au cours de notre existence constituent à la fois un défi et une opportunité et seront illustrées tout au long de ce livre.

Je suis optimiste vis-à-vis des humains. Je n'adhère pas à la vision cynique que beaucoup peuvent avoir de notre monde et, bien que nous devions faire face à des difficultés majeures et croissantes, je crois que la plupart des individus sont emplis de bonté, de décence, de générosité, d'engagement envers leur famille et leur communauté, d'infinies ressources, d'ingéniosité, d'une énergie, d'un courage et d'une détermination extraordinaires. Plus encore, je perçois beaucoup de promesses et de potentiel dans la jeune génération. Vous avez un pouvoir énorme, bien au-delà de tout ce que vous pouvez imaginer.

PREMIÈRE PARTIE

LA CRISE DU MILIEU DE VIE

fermata (fer-ma-ta), substantif : symbole utilisé pour indiquer une pause ; pause d'une durée indéterminée.

« Les trois éléments essentiels au bonheur
dans cette vie sont quelque chose à faire,
quelque chose à aimer, et quelque chose à espérer. »
– George WASHINGTON BURNAP

De nombreuses personnes se déprécient par rapport à ce qu'elles sont capables d'accomplir, essentiellement parce qu'elles n'ont pas une vision objective d'elles-mêmes. Elles se cantonnent à faire toujours les mêmes choses de la même manière et ne parviennent jamais à « sortir du lot » en passant outre leurs propres croyances et la façon dont les autres les perçoivent. Persuadées d'être ordinaires et de n'avoir aucune influence, ces personnes ont des attentes vis-à-vis d'elles-mêmes si minimes qu'elles remplissent leur propre prophétie et n'accomplissent pas grand-chose. Alors qu'en apportant leur contribution, elles auraient été capables de mener une vie riche de sens, elles se renferment dans la médiocrité, sous-estimant leur valeur et leur bonheur.

Pourtant, leur soif d'accomplir et de croître est toujours présente. Si vous éprouvez ce sentiment, soyez-en reconnaissant ! Au fond de chacun d'entre nous, il existe un désir profond de mener une vie de grandeur et de contribution – le désir de compter pour quelque chose, de faire vraiment la différence. Nous pouvons choisir en toute conscience de laisser derrière nous l'existence médiocre que nous pensons avoir pour nous tourner vers une vie grandiose – à la maison, au travail et au sein de la société.

CHAPITRE 1

La vie est une mission, non une carrière

« Il n'y a pas de plus beau cadeau,
à donner ou à recevoir, que remplir sa vocation.
C'est pour cela que nous sommes nés.
Et c'est ainsi que nous devenons réellement vivants. »
– Oprah WINFREY

Le film américain *La vie est belle*, un classique de Noël, raconte une histoire essentielle pour quiconque s'est déjà demandé si sa vie comptait vraiment. Comme vous le savez sans doute, George Bailey est un homme d'une grande probité qui a renoncé à ses rêves pour rester dans sa petite ville natale de Bedford Falls et gérer la société de crédit immobilier de son père décédé. Il semble condamné à vivre prisonnier d'un emploi mal payé et, lorsqu'il est menacé de banqueroute sans qu'il y soit pour rien, George est au désespoir. Persuadé que tout est perdu, il s'apprête à se jeter du haut d'un pont.

À l'instar de George Bailey, avez-vous déjà eu l'impression d'être passé à côté de votre vie, le sentiment que vos rêves et vos aspirations ont été mis sur la touche ? Vous trouvez-vous là où vous souhaitiez être, ou aviez-vous envisagé un destin différent ? Votre CV est-il réduit à peau de chagrin, votre carrière bat-elle de l'aile ? Est-ce que votre passion pour la vie vacille parce que vous vous sentez désabusé, plus cynique et moins confiant quant à ce que vous êtes vraiment capable d'accomplir ? Êtes-vous, comme George Bailey, à la recherche d'un pont pour sauter, vous demandez-vous si vos actes comptent pour qui que ce soit ?

La société a baptisé cette affliction la « crise du milieu de vie ». Elle peut être particulièrement accablante pour ceux qui l'affrontent – des hommes et femmes âgés de quarante à soixante ans qui estiment qu'ils ne se trouvent pas là où ils rêvaient d'être, ou qu'ils ne sont pas celui ou celle qu'ils souhaitaient devenir. Souvent, ils ont l'impression de ne pas être à la hauteur des membres de leur entourage, dont la vie semble mieux engagée et plus « réussie ».

Au cours de cette période cruciale, vous pouvez être confronté à de nombreux défis :

- votre employeur ne reconnaît pas ou ne récompense pas vos compétences et vos talents ;
- vous vous sentez surmené et sous-estimé, et remettez en question votre engagement professionnel ;
- votre carrière est ennuyeuse, peu épanouissante, et vous avez le sentiment d'être pris au piège ;
- vous faites face à des difficultés dans votre couple ou d'autres relations importantes ;
- vous ne parvenez pas à trouver l'épanouissement personnel et à vous sentir véritablement heureux, et vous vous demandez si vous ne devriez pas repartir de zéro ;

- vous n'arrivez pas à accepter la réalité de votre situation actuelle : vous aviez imaginé qu'à ce stade, vous seriez plus proche du succès que ce n'est le cas.

Les symptômes de cette crise du milieu de vie sont les suivants :
- dépression, apathie, burn-out ;
- absence d'objectifs ou d'ambition ;
- perte de la vision à long terme ;
- aveuglement égocentrique face aux besoins de vos proches ;
- recherche de stimulations artificielles ou externes.

Au cours de cette période, certaines personnes paniquent et se mettent à agir de façon extravagante, par exemple en achetant une voiture coûteuse et tape-à-l'œil (tel un signe extérieur de richesse), en quittant un emploi stable pour se lancer dans une nouvelle carrière hasardeuse, en se mettant à s'habiller et à se comporter comme des adolescents, voire en s'engageant dans des activités audacieuses ou dangereuses.

Le pire est qu'il leur arrive tout bonnement d'abdiquer et d'abandonner conjoint et famille dans l'espoir qu'un environnement différent, un nouveau départ ou une nouvelle relation leur permettront de se sentir mieux et amélioreront l'image stagnante qu'elles ont d'elles-mêmes.

Lorsque le père d'un de mes amis a atteint la quarantaine, il a traversé ce genre de crise. Je vous relate ici les propos recueillis de cet ami relatant son histoire dans ses propres termes :

> À l'âge de quarante-trois ans, mon père a été muté dans une autre ville ; nous sommes tous partis avec lui :

ma mère, mes frères et sœurs et moi, arrachés aux écoles que nous aimions, juste avant que j'entre en terminale. Nous avons essayé de nous en accommoder mais, peu après, nous avons de nouveau déménagé parce que mon père avait quitté son emploi à la banque où il travaillait depuis des années afin de saisir une nouvelle opportunité. C'est seulement quelques mois plus tard que mon père est allé trouver ma mère, l'a fait asseoir et lui a annoncé qu'il la quittait, et ses enfants par la même occasion, pour vivre avec sa secrétaire de dix-sept ans sa cadette.

Quelques mois plus tard, nous avons découvert que mon père et sa nouvelle épouse (l'ancienne secrétaire) s'étaient installés dans un autre État, en Californie du Sud, laissant ma mère dévastée continuer à payer les pots cassés. Il n'y avait pas de mot pour qualifier son chagrin, même si le terme « abominable » s'y prête assez bien. Vingt-deux années de mariage réduites à néant, trois enfants adolescents confrontés à l'incertitude, à l'incompréhension, à l'abandon, à l'absence de père et à peu ou pas d'explications. Notre stabilité émotionnelle à tous était perturbée de manière incommensurable – tout ça pendant que « papa » se baladait dans San Diego en jouant au golf avec sa bimbo.

Les séquelles de cette crise qu'a traversée mon père sont encore présentes aujourd'hui, trente-huit ans plus tard. Une mère ébranlée émotionnellement pour le restant de ses jours, qui a vécu seule pendant trente ans avant de mourir jeune. Mes frères et sœurs et moi, qui doutions de nous-mêmes, manquions d'assurance et sous-exploitions notre potentiel ; nous nous sommes méfiés de l'amour, nous faisions l'expérience d'une famille absolument dysfonctionnelle, et nous avons fini par divorcer nous aussi. Et ainsi de suite. Bien sûr, depuis des décennies, on nous enjoint de « tourner la page », mais ce n'est pas si simple.[1]

Quand on n'aime pas sa vie, la solution consiste généralement à affronter les difficultés de front, non à les fuir. Le fait de quitter sa famille résout rarement les problèmes et anéantit ceux qu'on abandonne. L'herbe est rarement plus verte ailleurs : peut-être suffit-il d'arroser celle que nous foulons. Il est sage de chercher des raisons de réparer son propre environnement et de préserver les relations avec les êtres chers pour lesquels on s'est déjà tant investi.

À ce stade, rappelons-nous ce qui est arrivé à George Bailey : dans le film, Clarence Odbody (un ange gardien qui n'a pas encore gagné ses ailes) est chargé de l'empêcher de sauter du pont. Lorsque George déclare qu'il voudrait ne jamais être né, Clarence exauce son vœu et lui montre quel visage la ville de Bedford Falls aurait eu sans lui.

Privée de la présence et de l'influence de George Bailey, Bedford Falls devient Pottersville, une cité sombre et sordide. La merveilleuse petite bourgade que George voulait fuir s'est transformée, en son absence, en un repaire d'individus aigris à la merci d'Henry Potter, un banquier cupide et avide de pouvoir.

Consterné, George supplie Clarence de lui rendre cette vie qu'il n'a jamais pleinement appréciée. Sa prière exaucée, il s'empresse de retourner chez lui pour se rendre auprès de tous ceux qui lui sont chers, bien qu'il coure toujours le risque d'être arrêté pour fraude. Mais sa famille et ses amis se sont alliés pour sauver George de la ruine, en remerciement des nombreux sacrifices qu'il a faits pour eux au fil des ans.

« Étrange, non ? demande Clarence à George. La vie d'un homme touche tant d'autres vies que, lorsqu'il n'est plus là, il laisse un trou affreux, n'est-ce pas ? Vois-tu, George, tu as vraiment mené une vie merveilleuse. »[2]

Comme George Bailey, vous pouvez avoir beaucoup de succès dans de nombreux domaines de votre vie sans en être conscient. La véritable réussite n'est pas toujours ce qu'elle semble être, ou ce que les autres encensent. Peut-être n'êtes-vous pas à la hauteur des attentes extérieures mais, en excellant dans les rôles les plus importants de votre propre existence, vous réussissez dans ce qui compte vraiment.

Bien qu'un travail rémunéré soit essentiel pour subvenir à nos besoins et à ceux de notre famille, il ne constitue pas la mission de notre vie. Dans la mentalité crescendo, il est crucial de ne pas tenir compte du regard que les autres portent sur nous en termes de réussite. Au contraire, nous devons redéfinir le sens du mot succès et nous efforcer d'exercer une influence significative pour faire le bien dans le monde.

Créez votre propre avenir

« Il est impossible de prédire l'avenir
mais il est possible de le créer. »
– Peter DRUCKER

Aux personnes qui suivent mes conférences, je demande souvent un travail d'écriture sur leur propre nécrologie. Bien que cela puisse paraître étrange, ce processus leur permet de réfléchir à ce qu'elles veulent qu'on retienne d'elles – pouvant, ensuite, œuvrer à l'accomplissement de ces éléments. Il vous appartient de vous créer un avenir radieux. En réfléchissant sérieusement à ce que vous souhaitez que l'on dise de vous lors de vos funérailles, vous trouverez votre propre définition de la réussite. Avant de rédiger votre nécrologie, prenez le temps de vous poser les questions suivantes :

- que voulez-vous qu'on dise de vous lors de vos obsèques ?
- pour quelles raisons serez-vous connu ?
- quelles seront vos plus grandes réussites ?
- qu'est-ce qui vous offrira le plus de joie et de satisfaction au souvenir de votre vie passée ?
- quel héritage souhaitez-vous laisser ?

Comparez maintenant la notice nécrologique que vous espérez voir écrite à votre sujet avec ce que vous faites, à ce stade de votre existence, pour parvenir à ces éloges. Votre vie correspond-elle à ce que vous souhaitez ? Êtes-vous sur la bonne voie pour qu'on se souvienne de vous dans les domaines qui vous tiennent vraiment à cœur ? En gardant ces questions importantes à l'esprit, commencez à créer votre vie future – à établir un plan, à vous fixer des objectifs, à effectuer des ajustements, puis mettez-vous au travail pour concrétiser le tout.

Lorsque vous regardez en vous-même et déterminez où vous vous situez dans cette étape critique de la quarantaine, n'oubliez pas ces deux principes de la mentalité crescendo :

- en premier lieu, considérez le succès en tant que tel, sans comparer votre situation à celle des autres

– œuvrez avec diligence pour réussir dans les rôles qui vous importent le plus ;
- ensuite, identifiez ce qui doit être amélioré dans votre vie et apportez avec courage et énergie des changements positifs – recourez à votre initiative et à votre travail pour parvenir à vos fins !

Choisissez les bons indicateurs !

En dépit de ce que vous ressentez ou croyez, vous avez le pouvoir de choisir votre propre réaction face aux circonstances auxquelles vous êtes confronté. Les personnes improductives se déchargent de leur responsabilité sur les autres ou leur environnement – c'est à quelque chose ou quelqu'un « d'extérieur » qu'incombe leur échec. Ce type de dialogue intérieur est impuissant à améliorer la situation.

Les individus proactifs affirment : Je connais les scénarios qui m'habitent, mais ils ne sont *pas* moi. Je peux les réécrire. Je ne suis pas obligé d'être la victime de conditions ou de conditionnements. Je peux choisir ma réaction à toute situation. Mon comportement dépend de mes décisions.

L'ami dont l'histoire figure un peu plus haut est un exemple de changement positif, qu'il a obtenu en améliorant volontairement sa vie. Il ne pouvait rien faire contre la mauvaise décision qu'avait prise son père en abandonnant sa famille ; cependant, il pouvait tirer des leçons de ce traumatisme et opérer des choix différents avec sa propre famille. Il pouvait décider de réagir au lieu de laisser passivement se répéter ce qui lui était arrivé. Et c'est ce qu'il a finalement entrepris de faire, quelque trente ans plus tard.

Le cycle de dévastation et de comportements destructeurs s'est achevé avec lui. Il a appris que son attitude dépendait de ses décisions, et non de ses conditionnements, et il s'est efforcé de devenir une « figure de transition » (nous y reviendrons). Il est déterminé à ne pas rejouer le même terrible scénario avec les membres de sa famille, choisissant au contraire de leur transmettre l'amour, la loyauté et le sens des responsabilités. Certes, les séquelles de son passé douloureux restent lourdes, mais il a décidé, grâce à la maîtrise de soi et à un effort conscient, de ne pas laisser ces antécédents définir son avenir. De cette façon, lui et sa femme ont créé une nouvelle culture familiale, belle et prometteuse.

Mon ami estime que sa carrière n'a pas été aussi brillante qu'il l'avait espéré. Mais, de mon point de vue, sa réussite est incroyable. Il a surmonté un passé difficile et construit un couple aimant ainsi qu'une culture familiale forte avec ses six enfants, leur offrant un héritage différent de celui qu'il avait reçu. Et n'est-ce pas le plus grand des succès ?

Si vous avez le sentiment d'être piégé dans une crise de la quarantaine, ou si vous faites l'expérience du « point d'orgue » – une pause d'une durée indéterminée –, ne paniquez pas, ne fuyez pas. Utilisez plutôt la conscience de soi pour vous détacher de vous-même et analyser votre situation. Constatez que vous pouvez décider de la voie que, plus tard, vous serez heureux d'avoir choisi d'emprunter.

« La seule personne que vous êtes destinée à devenir est celle que vous décidez d'être. »
– Attribué à Ralph Waldo EMERSON

C'est dans la liberté de choisir sa réaction que réside le pouvoir de s'épanouir, d'être heureux et de créer son propre cheminement. Je me souviens d'avoir entendu parler d'un homme qui, devant s'adresser à un dirigeant éminent, était embarrassé à l'idée de parler de lui. Voici ce qu'il a fini par lui confier :

> Je n'ai pas obtenu de grandes réussites dans ma vie, bien que nous ayons été heureux en famille. J'ai toujours occupé un emploi convenable, mais je ne me suis pas vraiment distingué dans ma carrière, et je n'ai pas gagné beaucoup d'argent. Nous avons mené une vie modeste dans une maison moyenne, et je ne suis connu de personne en dehors de mon entourage immédiat.
>
> Cependant, ma plus grande joie est d'avoir une merveilleuse épouse depuis près de cinquante ans, et cinq enfants dont je suis très fier. Le plus jeune s'est marié récemment, et nous sommes heureux que tous soient devenus des adultes responsables, indépendants et attentionnés. Ils aiment leurs propres enfants et leur enseignent de bonnes valeurs ; nous sommes contents d'avoir une famille aussi merveilleuse. Mais… en ce qui concerne ma carrière et tout ce qui pourrait en ressortir, je ne suis jamais vraiment allé très loin et je me demande parfois si ce que j'ai fait a compté pour quoi que ce soit.

Ce à quoi le dirigeant a répondu, stupéfait : « Mais voyons, c'est l'une des plus belles réussites qui m'aient été contées ! J'ai rarement été confronté à pareil succès ! » Cet homme était « comme un poisson qui est le dernier à découvrir l'eau » : tellement immergé dans son élément qu'il n'avait pas conscience de celui-ci. En réalité, depuis le début, il faisait l'expérience du « vrai succès » et de ce qui comptait le plus, mais il ne le voyait pas. Dans notre société, la réussite renvoie généralement à la richesse, au statut, à une carrière brillante et, selon ces critères, l'homme en question n'avait aucun succès. Cependant, celui que nous voulons définir ici se mesure très différemment.

Une chanson de Phil Vassar, « Don't Miss Your Life », « Ne passe pas à côté de ta vie », évoque les lieux où nous passons notre vie et ce qui compte le plus dans l'existence. En voici quelques vers :

> *On a plane to the West Coast, laptop on my tray Papers spread across my seat, a big deadline to make. An older man sitting next to me said, "Sorry to intrude, Thirty years ago my busy friend, I was you. I made a ton of money and I climbed the ladder, Yeah, I was superman, now what does it matter?*
>
> *I missed the frst steps my daughter took The time my son played Captain Hook in 'Peter Pan' I was in New York, said 'Sorry son, Dad has to work' I missed the father daughter dance The first home run, no second chance To be there when he crossed the plate, The moment's gone now it's too late Fame and fortune come with a heavy price Son, don't miss your life."*[3]

> Dans un avion vers la côte ouest, l'ordinateur sur mon plateau. Des papiers étalés sur mon siège, une grosse échéance à respecter. Un vieil homme assis à côté me dit : « Désolé de vous déranger, Il y a trente ans, mon ami débordé, j'étais vous. Je gagnais des sommes folles et je gravissais les échelons, Ouais, j'étais Superman, maintenant qui s'en souvient ?

> J'ai manqué les premiers pas de ma fille Le jour où mon fils a joué le capitaine Crochet dans "Peter Pan" J'étais à New York, j'ai dit : Désolé bonhomme, papa doit travailler J'ai manqué la danse père-fille Le premier *home run*, pas de deuxième chance D'être là quand il a traversé le marbre, Je suis passé à côté, maintenant c'est trop tard La gloire et la fortune se paient au prix fort Jeune homme, ne passe pas à côté de ta vie. »

Quel rappel poignant de l'un de nos rôles essentiels dans la vie – en l'occurrence, celui de parent. Ne passez pas à côté de la vraie vie, celle qui apporte une joie durable grâce au temps passé avec vos proches.

Cela ne signifie pas que votre profession n'est pas essentielle pour assurer sécurité et opportunités à votre famille. Néanmoins, il est très important de comprendre que vivre crescendo consiste avant tout à ne pas sacrifier les relations cruciales et les expériences précieuses avec ceux qui vous sont chers au profit d'expériences passagères qui, en définitive, se révèlent dérisoires.

Lorsqu'une personne est confrontée à un grave problème de santé mettant sa vie en danger, ce qu'elle regrette plus que tout, c'est de ne pas avoir pu passer davantage de temps avec ses proches. Et puis faites l'expérience suivante : demandez à quelqu'un de vous parler de sa famille, et vous constaterez à quel point votre interlocuteur s'attendrit presque aussitôt. J'ai remarqué que cette réaction est universelle.

Clayton Christensen, grand ami et éminent professeur de commerce à Harvard, a écrit un livre, *How Will You Measure Your Life?* dont le titre pose littéralement la question suivante : « Comment allez-vous mesurer votre vie ? » Clayton raconte qu'après avoir obtenu leur diplôme de la Harvard Business School en 1979, tous ses camarades de classe sont partis chacun de leur côté en rêvant de grandes réussites dans tous les aspects de leur vie. Lorsque Clayton les a retrouvés, cinq ans plus tard, à une soirée d'anciens élèves, il a constaté que la plupart d'entre eux étaient mariés, avaient des enfants, se lançaient dans les affaires et commençaient tout juste à gagner de l'argent. Lors des soirées qui les ont réunis dix puis quinze ans plus tard, beaucoup de ses camarades avaient réussi dans leur carrière et étaient extrêmement riches.

Mais Clayton a été choqué d'apprendre que nombre d'entre eux étaient également divorcés et malheureux dans leur vie privée. Ils ne vivaient plus avec leurs enfants et les voyaient rarement parce qu'ils étaient dispersés dans tout le pays. Cela lui a ouvert les yeux ; leur réussite dans le monde des affaires ne se traduisait pas nécessairement par une vie heureuse avec les membres de la famille qui les avaient accompagnés au début de leur parcours :

> Je peux vous garantir que pas un d'entre eux n'a obtenu son diplôme en ayant l'intention stratégique de divorcer et d'élever des enfants pour qui ils deviendraient des étrangers. Et pourtant, ils ont été nombreux à appliquer cette stratégie. Pour quelle raison ? Quand ils ont décidé de la manière dont ils allaient employer leur temps, leurs talents et leur énergie, ils n'ont pas pensé à leur objectif de vie.

Selon Clayton, il s'agit de « choisir les bons indicateurs » pour mesurer sa vie. Voici ce qu'il en dit :

> Il est vraiment important de réussir ce qu'on entreprend, mais cela ne doit pas constituer l'unité de mesure d'une vie [...]. Trop souvent, nous mesurons notre succès personnel à l'aune des progrès réalisés dans notre carrière. Mais comment être certains que, ce faisant, nous ne nous éloignons pas de nos valeurs humaines ?[4]

Mon grand-père, Stephen L. Richards, était aussi accompli dans sa vie personnelle que dans sa vie sociale. De tous ses enseignements, celui qui m'a le plus marqué est sans doute le suivant : « La vie est une mission et non une carrière. »

En nous efforçant de découvrir et de mettre à profit nos compétences, nos croyances, nos talents, notre passion, nos capacités, notre temps, nos ressources – tout ce qui nous constitue –, nous finirons par découvrir notre mission unique. En écoutant attentivement et en suivant sans relâche ce que nous dit notre conscience, nous serons mieux à même de discerner qui aider et quoi faire. La réponse viendra.

Cela signifie que vous ne laisserez pas les réseaux sociaux, l'industrie du spectacle, votre voisin, votre ami, le boucher, le boulanger, le plombier ou même l'esthéticienne définir le succès à votre place. Cette notion diffère selon chaque personne. Vous devez baser votre définition de la réussite sur vos propres valeurs. Faites preuve d'intégrité en restant fidèle à ce que vous êtes.

Il existe des principes universels, connus et acceptés par la plupart d'entre nous, qui transcendent la culture et la géographie : honnêteté, équité, décence, loyauté, respect, considération, intégrité, etc. Comme le vrai nord que révèle une boussole, ils sont objectifs et externes, ils reflètent des lois naturelles, et non des valeurs subjectives et internes.

La boussole montre une direction, un but, une vision, une perspective et un équilibre. Plus nos valeurs sont alignées sur des principes corrects, plus elles seront précises et utiles. Et si nous savons déchiffrer les cartes, nous ne nous perdrons pas, nous ne nous embrouillerons pas, et nous ne nous laisserons pas berner par des voix et des valeurs contradictoires.

Il est essentiel de découvrir quels sont votre objectif et votre mission vis-à-vis de votre famille, de votre profession, de votre communauté et de tout autre rôle que vous pouvez endosser. Ensuite, vous devez vivre en fonction de ce but. Lorsque nous sommes confrontés aux aléas de la vie, en particulier après quarante ans, il nous faut consulter notre boussole morale pour nous guider et nous orienter.

La mentalité crescendo consiste à prendre le contrôle et à réagir à ce qui nous arrive en améliorant ou modifiant notre situation – en étant convaincus que nous pouvons opérer des choix positifs et changer de paradigme : au lieu d'une crise de la quarantaine déroutante voire invalidante, vous mènerez une vie dynamique et épanouie.

En croyant sincèrement que *le meilleur reste à faire*, vous trouverez la motivation de continuer à essayer, à apprendre, à changer et à affronter les nouveaux défis et les échecs passagers. En restant confiant et en réagissant de manière proactive, vous reprendrez votre vie en main et serez en mesure de tracer votre propre et passionnant parcours… quel que soit votre âge.

Si vous rencontrez des problèmes après la quarantaine, il est essentiel d'adopter ce paradigme. J'ai appris que, quand votre vie nécessite de petits changements, il vous faut travailler sur votre attitude. *Mais si vous voulez opérer des changements fondamentaux, travaillez sur votre paradigme.* Telle une paire de lunettes, un paradigme est la lentille à travers laquelle nous considérons la vie : votre façon de voir tout ce qui vous entoure dépend de la lentille que vous choisirez.

Donnez la priorité aux priorités

Comme je l'ai souvent dit, personne n'a envie d'arriver à la fin de sa vie et de s'apercevoir que l'échelle du succès péniblement gravie est appuyée contre le mauvais mur ! Vous devez prendre la responsabilité et l'initiative de choisir vos valeurs et d'établir des priorités autour de ce qui compte vraiment à long terme. « Donner la priorité aux priorités » est la troisième des *7 habitudes de ceux qui réalisent tout ce qu'ils entreprennent* : ce principe est souvent le plus crucial à appliquer au cours de la crise du milieu de vie. C'est un principe d'action et de pouvoir.

La mentalité crescendo promeut l'idée qu'il n'est jamais trop tard pour commencer, quels que soient l'âge ou la situation, même si le succès n'a jamais été au rendez-vous jusque-là. Même quand on est en difficulté et qu'on a l'impression de perdre la bataille de la quarantaine, on dispose du pouvoir de changer. Il n'est jamais trop tard pour réparer les relations brisées au sein de la famille, jamais trop tard pour se mettre à passer plus de temps avec ses proches, jamais trop tard pour réviser ses priorités.

Il vous appartient entièrement d'œuvrer à rétablir des relations essentielles, même si, pour commencer, vous devez limiter les dégâts et demander pardon pour votre comportement passé ou votre négligence. Trouvez le courage et le discernement nécessaires pour y parvenir. Ce sera l'une des meilleures décisions jamais prises, et vous ne la regretterez en aucun cas. Réussir dans les rôles et les relations cruciales de sa vie, c'est connaître le vrai succès et le vrai bonheur.

Comme l'a observé Dag Hammarskjöld, le secrétaire général des Nations unies, « il est plus noble de se consacrer pleinement à une seule personne que de travailler assidûment au salut des masses ». Un cadre d'entreprise peut être très engagé et dévoué dans son travail, à l'église et dans la société, mais ne pas avoir de relation profonde et significative avec son propre conjoint. Il faut plus de noblesse de caractère, plus d'humilité, plus de patience pour développer une telle relation avec un partenaire de vie que pour se sacrifier au service du plus grand nombre.

Nous justifions souvent notre négligence de l'individu par le fait que nous recevons de nombreuses marques d'estime et de gratitude de la part des « masses ». Pourtant, il est crucial de réserver du temps aux individus et de se consacrer pleinement à eux. Les enfants, en particulier, sont plus ouverts en tête à tête, se sentant compris et réellement choyés.

Je me souviens de l'histoire d'un père qui, un été, avait emmené sa famille en vacances pour, notamment, visiter de grands sites historiques. À la fin de l'été, il a demandé à son fils adolescent ce qu'il avait le plus apprécié. Plutôt que de choisir l'un de ces sites, son fils a simplement répondu : « Ce que j'ai préféré, c'est la nuit où nous nous sommes tous les deux allongés sur la pelouse devant chez nous pour regarder les étoiles et parler ! »

Ce père a connu un singulier changement de paradigme en prenant conscience que ce qui compte, ce n'est pas vraiment ce qu'on fait mais ce qu'on ressent en le faisant. Il avait la possibilité permanente d'offrir à son fils quelque chose de grande valeur, sans même quitter son jardin. Et cela ne lui a pas coûté un centime !

« Les choses qui importent le plus ne doivent pas être à la merci de celles qui importent le moins. »
– Attribué à Johann Wolfgang VON GOETHE

Alors, quel est le rapport entre tout cela et le fait de vivre crescendo, en particulier après la quarantaine, qui est souvent une période difficile voire une bataille ? À ce stade de leur vie, beaucoup se sentent tiraillés dans trop de directions et doivent lutter pour rester en phase avec les valeurs qui leur tiennent à cœur. Il existe une telle pression à exceller dans notre carrière, à « réussir » aux yeux du monde, à avoir tout fait une fois atteint un certain âge, que cela distend (et déforme) ce qui compte vraiment dans la vie. Il faut lutter constamment pour combattre notre tendance à céder aux normes sociales, lesquelles consistent à tenter de « suivre l'exemple des Dupont » pour obtenir toujours davantage pour « moi et les miens ».

Certes, une famille ne peut se passer de certains biens essentiels – un logement confortable, des opportunités en matière d'éducation, des moyens de transport et des loisirs – mais ce dont elle a le plus besoin, c'est de temps, d'amour et d'attention.

Employez-vous à réussir dans ce qui vous importe le plus

Chaque situation familiale est unique, et nous pouvons jouer divers rôles au sein de la nôtre. Peut-être n'avez-vous pas d'enfants mais, en tant que fils ou fille, vous pouvez avoir des parents âgés en mauvaise santé, pour qui vous êtes une bénédiction. Je connais une femme célibataire qui vit avec sa mère, laquelle souffre de diabète et d'un problème cardiaque. Cette personne prend son rôle de fille et de soignante très au sérieux : elle n'hésite pas à faire des sacrifices personnels et sort rarement avec ses amis. De temps à autre, sa sœur, qui vit dans une autre ville, la soulage pendant quelques jours. Cependant, sachant qu'il lui reste très peu de temps à passer avec sa mère, cette femme se contente de l'aimer et de s'occuper d'elle dans sa propre maison, là où elle est la plus heureuse[5].

Peut-être avez-vous un frère, ou une sœur, qui s'est fourvoyé et a besoin d'encouragements, de conseils ou de services ? Même si vous n'avez pas d'enfants, vous êtes peut-être un oncle ou une tante, et vous pouvez exercer une grande influence sur vos nièces ou vos neveux, simplement en vous intéressant à eux, en les accompagnant à leurs matchs de foot, en assistant à leurs pièces de théâtre, en offrant de les emmener à leurs cours de musique ou en leur apportant votre soutien dans certains aspects de leur scolarité.

Je connais quelqu'un qui joue avec diligence son rôle de frère auprès de sa sœur aînée, Jenny, qui vit seule. Comme leurs parents âgés résident à quatre heures de route et souffrent de multiples problèmes de santé, ils ne sont pas aussi impliqués dans la vie de leur fille qu'ils le souhaiteraient. Jenny est brouillée avec ses autres frères et sœurs. Elle leur tient souvent, sans réfléchir, des propos blessants et profite parfois d'eux sur le plan financier.

Pourtant son frère Blake met un point d'honneur à rester en contact avec Jenny chaque semaine, par téléphone ou par texto – pour l'aider à trouver un emploi, l'épauler quand elle est malade ou simplement pour prendre de ses nouvelles. La femme de Blake apporte également son soutien à Jenny, faisant en sorte de l'impliquer dans de nombreuses activités familiales, en particulier durant les vacances et pour les grandes occasions. Par conséquent, Jenny se sentant à l'aise lors des réunions de famille entretient de bonnes relations avec ses neveux et nièces.

Récemment, Blake l'a invitée à fêter son anniversaire dans son restaurant préféré, avec toute sa famille, et Jenny a avoué que, s'il n'avait pas organisé ce dîner en son honneur, elle serait restée seule chez elle, ce soir-là. Elle mènerait une vie bien différente si Blake ne prenait pas à cœur son rôle de frère et ne faisait pas l'effort de s'intéresser à elle en vertu de cette valeur précieuse qu'est le lien familial[6].

J'ai toujours cru et enseigné que, dans une vie, le travail le plus important s'effectue au sein de notre propre cercle familial et que c'est là, en définitive, qu'on obtient le bonheur et l'épanouissement les plus durables.

« Aussi importantes que soient vos obligations en tant que médecin, avocat ou chef d'entreprise, vous êtes avant tout un être humain. Et les liens que vous entretenez avec votre conjoint, vos enfants et vos amis sont les investissements les plus cruciaux que vous ne ferez jamais. À la fin de votre vie, vous ne regretterez jamais de ne pas avoir passé un examen de plus, de ne pas avoir gagné un procès de plus, ou de ne pas avoir signé un contrat de plus. Ce que vous regretterez, c'est le temps que vous n'aurez pas passé avec un mari, un ami, un enfant ou un parent […]. Notre succès en tant que société ne dépend pas de ce qui se passe à la Maison-Blanche, mais de ce qui se passe dans notre maison. »

– Barbara BUSH, lors d'une remise de diplômes aux étudiants du Wellesley College

Quels que soient les rôles spécifiques qui vous tiennent à cœur – au sein de votre famille, en tant que mentor, en tant qu'ami, dans votre profession et votre carrière, comme membre actif de la communauté ou bienfaiteur pour des causes charitables –, ces rôles constituent tous d'excellentes unités de mesure du succès. Celui-ci est donc défini par les valeurs que vous défendez et par la façon dont vous réagissez plutôt que par la manière dont la société le décrit ou celle dont vous vous comparez et vous mesurez aux autres. En vous efforçant de remplir brillamment vos rôles les plus importants dans la vie, vous pourrez baser votre définition de la réussite sur vos valeurs propres.

Vous faites preuve d'intégrité en leur étant fidèle. Dans sa clinique en Éthiopie, comme le « Dr Rick » ne dispose pas de négatoscope pour visionner les radiographies, il improvise en examinant les clichés à la lumière du soleil brûlant. Cette méthode lui permet de soigner de nombreuses personnes chaque jour sans leur imposer de frais supplémentaires. En Éthiopie, il n'y a qu'un médecin pour quarante mille habitants – dure réalité. Nombre des patients du Dr Rick parcourent des centaines de kilomètres depuis des villages éloignés, parfois entassés à l'arrière de camions, pour être examinés dans la salle unique qui abrite la clinique de la Mission Mère Teresa d'Addis-Abeba. Le Dr Rick les ausculte, pose un diagnostic sur leurs maux, puis fait preuve de créativité pour obtenir les médicaments nécessaires et les interventions chirurgicales ou les soins spécifiques dont ses patients ont besoin, comptant sur la générosité des autres pour solliciter des fonds, et sur des médecins pratiquant des interventions chirurgicales de façon bénévole. Il se démène pour aider ses patients, sachant qu'il est peut-être leur unique espoir de survie.

Originaire de Long Beach, le Dr Rick Hodes s'est rendu en Éthiopie dans un cadre humanitaire pendant la famine de 1984. Il a été aussitôt frappé par les immenses besoins constatés sur place et, lorsqu'il a découvert la mission de Mère Teresa, il y est revenu pour apporter son aide et a fini par s'y établir. En 2001, célibataire et proche de la cinquantaine, le Dr Hodes a décidé d'adopter deux orphelins afin qu'ils puissent être pris en charge par son assurance lors d'une opération chirurgicale. Alors qu'il réfléchissait et priait pour eux, la réponse qui lui est venue est la suivante, se souvient-il : « Dieu t'offre l'occasion d'aider ces garçons. Ne dis pas non ! »

Le Dr Hodes est un spécialiste du cancer, des maladies cardiaques et des affections de la colonne vertébrale. Il fait en sorte que des médecins américains puissent opérer gratuitement de nombreuses personnes souffrant de becs-de-lièvre et de malformations faciales ainsi que d'autres problèmes médicaux. Il partage volontiers sa modeste maison avec une vingtaine d'enfants vivant en permanence avec lui à Addis-Abeba. Il en a adopté six, le nombre maximum autorisé en Éthiopie. « Chaque fois qu'un demi-matelas est libre, j'en accueille un nouveau », déclare-t-il simplement.

Quand le Dr Irving Fish, alors directeur du service de neurologie pédiatrique de la faculté de médecine de l'université de New York, a visité la mission où travaillait le Dr Hodes, il a été stupéfié par son désintéressement total et son étonnante capacité à résoudre des problèmes médicaux complexes. « Rick aurait pu gagner pas mal d'argent en exerçant aux États-Unis, mais il a choisi d'emprunter une voie beaucoup plus ardue, affirme le Dr Fish. Je n'ai jamais rencontré quelqu'un comme lui. C'est un diagnosticien hors pair. Il n'y a que lui, son stéthoscope, son cerveau et son cœur. »

Alors que la plupart des Américains considèrent l'eau chaude et l'électricité comme acquises, le Dr Hodes ne dispose pas de ce confort. Il a apporté d'énormes améliorations à la santé des habitants de toute la région où il vit et travaille, et son engagement a inspiré nombre d'entrepreneurs, d'auteurs et de médias. Son mantra personnel, tiré de son passage préféré du Talmud, donne un aperçu de ses priorités : « Sauver une vie, c'est comme sauver un monde entier. »

Au beau milieu de sa vie, le Dr Rick Hodes est fidèle à ses valeurs – venir en aide à une communauté défavorisée – et connaît un énorme succès dans ce rôle essentiel. Pour lui, la vie est sans aucun doute une mission, et pas seulement une carrière.

Prenez le contrôle et agissez !

Il y a de nombreuses années, j'ai découvert par hasard une pensée fabuleuse qui a littéralement changé ma vie et influencé ma réflexion depuis lors. Bien que je ne sois jamais parvenu à en retrouver la source ou l'auteur, en voici l'essence :

> Il existe un espace entre stimulus et réaction. Cet espace recèle notre liberté et notre pouvoir de choisir notre réaction. C'est dans ces choix que résident notre croissance et notre bonheur.

La seconde perspective de la mentalité crescendo à l'étape de la quarantaine est claire : si vous êtes en crise – bloqué dans une ornière, prisonnier d'un comportement destructeur dont vous voulez vous défaire afin d'améliorer ou réinventer votre vie, vos relations ou votre carrière –, prenez-en conscience, acceptez-le, prenez le contrôle et agissez pour apporter des changements positifs.

Avec ses 180 kilos, le proviseur Ernie Nix ne peut arpenter les couloirs de son collège sans se sentir épuisé. Son taux de cholestérol est de 440, sa tension artérielle à 22/11, et son médecin lui a prédit une mort très douloureuse, probablement d'ici cinq ou six ans.

« Si je voulais être utile à quelqu'un [...], si je voulais mener à bien ma mission au sein de mon école [...], il fallait que je change, reconnaît Nix. Impossible de continuer à traîner ces 180 kilos. »

Ernie décide alors de prendre la responsabilité et le contrôle de sa santé et, en définitive, de son avenir, en apportant d'énormes changements à sa vie. Il se lève à 4 h 30 tous les matins et marche autour du stade de son établissement de 5 à 6 heures, seul moment où son emploi du temps chargé lui permet d'effectuer cette importante modification dans son hygiène de vie. En plus de pratiquer cet exercice régulier, il s'inscrit à *Weight Watchers* pour bénéficier d'une formation et d'un soutien, et il change radicalement d'habitudes alimentaires. Sa femme, qui ne se porte pas très bien non plus, se joint à lui dans cette nouvelle quête d'un mode de vie plus sain.

Bien que le processus soit très lent et exige beaucoup de discipline, il finit par porter ses fruits : Ernie perd près de 80 kilos la première année, ce qui, au sein de l'établissement, incite le proviseur adjoint, la secrétaire, le concierge, certains enseignants et un psychologue à l'imiter, et ils perdent tous beaucoup de poids eux aussi. Comme Ernie veut être un bon exemple, il propose à ses élèves des repas plus sains et rend l'éducation physique plus compétitive et plus amusante. Il vit l'une de ses plus grandes réussites le jour où un élève qui ne l'a pas vu depuis longtemps s'arrête net en le croisant et s'écrie avec enthousiasme, un grand sourire aux lèvres : « Monsieur Nix… Nom d'un chien ! »

Après avoir perdu 68 kilos, Ernie se met à courir, et il finit par participer à des marathons, faisant même l'objet d'un article dans le magazine *Runner's World*. Au bout de deux ans, Nix a perdu 100 kilos (sa femme en a perdu 50), et il a beaucoup plus d'énergie et d'enthousiasme à offrir à ses étudiants et à son personnel. Il se sent en bonne santé et heureux pour la première fois depuis des années.

Ernie a utilisé cet « espace » entre stimulus et réaction pour faire une pause et changer ses habitudes, ce qui lui a finalement sauvé la vie et a contribué à améliorer celle de son entourage. Pour reprendre les termes d'Ernie Nix : « Je choisis de ne pas être malheureux – c'est vraiment un *choix*. »

Si, après la quarantaine, vous avez l'impression de piétiner, la bonne nouvelle est que vous disposez encore d'une grande marge de manœuvre : vous pouvez pivoter, vous pouvez changer et vous améliorer. Comme l'a appris Ernie Nix, notre comportement dépend de nos décisions, et non des circonstances. Vous avez le pouvoir de vous réinventer pour que vos meilleurs jours soient encore devant vous.

Il arrive parfois, au milieu d'une carrière brillante, qu'un événement inattendu se produise et que l'on soit contraint de changer complètement d'orientation.

Steve, chef d'entreprise, s'est soudainement retrouvé évincé par ses partenaires dans la société qu'il avait lui-même fondée vingt ans plus tôt. À quarante-six ans, découragé, sans emploi, et chargé d'une famille de quatre personnes, il craignait pour son avenir. Après mûre réflexion, il a décidé de changer de carrière et entamé des études de droit à l'âge de quarante-sept ans – il était de loin l'étudiant le plus âgé de sa classe.

Au bout de quelques mois, Steve se rappelle s'être garé sur le parking vide de son école par un sombre matin d'hiver. Il était 5 heures, il faisait nuit noire, le froid était glacial. Comme un nuage ténébreux, une pensée terrifiante l'a envahi : « Qu'est-ce que j'ai fait ? » s'est-il demandé. Des années d'études l'attendaient encore et, à son âge, il ne pouvait se départir d'un sentiment de doute et d'anxiété. Presque paralysé par la pensée de l'échec, il a combattu ses peurs et réaffirmé sa détermination à aller jusqu'au bout, quelles que soient les embûches qui l'attendraient en chemin. Il a décidé de se concentrer sur la perspective d'un nouvel avenir, et il a avancé avec courage et optimisme.

Steve a étudié avec acharnement et a fini par obtenir son diplôme en deux ans et demi. À quarante-neuf ans, il a créé son propre cabinet d'avocats. En quelques années, celui-ci était florissant ; Steve avait plus de dossiers qu'il ne pouvait en gérer et jouissait d'une carrière épanouissante[7].

Continuez d'avancer !

Bien qu'un « point d'orgue » inattendu puisse survenir au cours de la fameuse crise de la quarantaine, ne vous découragez pas, n'abandonnez pas, ne renoncez pas. Grâce au nouveau paradigme de la mentalité crescendo, vous savez qu'il reste de nombreuses symphonies à écrire et à jouer. Même si nous ne pouvons pas toujours choisir le cours que prendra notre vie, nous devons nous concentrer sur ce que nous sommes capables de contrôler, considérer l'avenir avec optimisme, travailler dur et persévérer, en restant convaincus que la situation finira par s'améliorer. Utilisez l'espace entre stimulus et réaction pour prendre du recul, observer, réinitialiser et choisir judicieusement.

Souvent, en milieu de carrière, les gens se sentent mécontents de leur travail parce qu'ils ne se sont pas formés aux nouvelles pratiques, méthodes ou technologies. L'ennui et le manque d'épanouissement ne suffisent pas, en effet, à expliquer un sentiment de stagnation ou l'envie de changer de carrière. Le manque d'efforts pour rester à jour et compétents dans le domaine choisi y est également pour beaucoup.

Vous avez peut-être besoin de vous réinventer en reprenant des études, en réfléchissant à ce qui vous passionne ou à ce pour quoi vous avez un talent naturel, et en échangeant avec des personnes susceptibles de vous aider à entreprendre un changement de carrière radical. Pour éviter de devenir obsolètes, nous devons constamment nous mettre à jour.

N'oubliez pas que le présent ne dure pas ! Une fois la crise passée, vous vous rendrez peut-être compte que ce que vous avez appris en chemin constituait la partie la plus précieuse du voyage.

« Je ne connais rien de plus encourageant que la capacité incontestable de l'homme à élever sa vie par un effort conscient. »
– Attribué à Henry David THOREAU

Même si, à l'époque, je ne considérais pas cela comme une « crise de la quarantaine », j'ai moi-même traversé des moments difficiles à cette période de ma vie. Après avoir obtenu un MBA, j'ai senti que ma passion et mes compétences se situaient dans l'enseignement. Alors, au lieu de reprendre l'entreprise hôtelière familiale, qui ne m'intéressait pas, j'ai accepté un poste dans une université privée. J'aimais beaucoup enseigner à mes étudiants de nouveaux concepts et de nouvelles idées qu'ils pouvaient appliquer à leur vie personnelle ainsi qu'à leur future carrière. Pendant plus de vingt ans, j'ai dispensé divers cours sur le commerce et le comportement organisationnel. Au bout d'une dizaine d'années, j'ai travaillé à l'obtention de mon doctorat, ce qui a vraiment élargi ma vision dans le domaine du développement humain.

Dans les années 1970 et au début des années 1980, j'ai commencé à faire du conseil privé en entreprise auprès de divers dirigeants et organismes à travers les États-Unis. J'aimais utiliser les principes que j'avais développés en classe pour les appliquer directement dans les nombreuses sociétés qui faisaient appel à moi. À cette époque, j'ai été très flatté et enthousiaste quand, à l'université, mes collègues de l'unité de comportement organisationnel m'ont proposé de devenir professeur titulaire. Cependant, le chef du département a émis un vote défavorable incitant le comité à retarder ma titularisation, sous prétexte que je n'avais pas effectué suffisamment de recherches ou publié assez d'articles pour justifier cette promotion.

C'était une immense déception, car je sentais que ma véritable passion et ma mission s'inscrivaient dans l'enseignement, et non dans la recherche. Bien que je lise et écrive constamment sur tout ce qui relevait de mon domaine et que j'aie commencé à réfléchir à ce qui allait devenir *Les 7 habitudes de ceux qui réalisent tout ce qu'ils entreprennent*, je n'avais guère envie de publier dans les revues de mon unité. En outre, j'assumais toujours une lourde charge d'enseignement – entre douze et quinze heures de cours par semestre, alors que la plupart des professeurs n'en dispensaient que six à neuf. Cependant, je savais que la recherche et la publication étaient essentielles pour monter les échelons dans une université, et j'ai donc dû revoir sérieusement mes options.

J'avais commencé à faire du conseil auprès des entreprises, et il me devenait difficile de jongler entre l'enseignement et les déplacements tout en aidant ma femme, Sandra, à élever nos jeunes enfants. Mais enseigner ce que j'appelais le « leadership basé sur les principes » à des cadres susceptibles d'appliquer mes idées directement à leurs employés et à leur entreprise était exaltant. Après vingt ans de professorat, j'éprouvais un sentiment de stagnation dans mon travail, et il était temps de changer.

Sandra et moi avons hésité pendant un certain temps, mais nous avons finalement décidé de faire le grand saut et de nous lancer personnellement dans le monde des affaires. À l'âge de cinquante et un ans, renoncer à un salaire régulier et stable était une décision risquée, mais je savais que je voulais créer ma propre société de conseil. Nous avons donc hypothéqué notre maison et notre chalet pour créer une nouvelle société : Stephen R. Covey & Associates. Sandra était décisionnaire dans cette affaire et elle avait une confiance absolue dans le fait que j'allais réussir ; elle m'a offert tout le soutien dont j'avais besoin pour entreprendre cet énorme changement dans notre vie. Avec plusieurs enfants qui vivaient sous notre toit et d'autres qui étudiaient à l'université, nous étions conscients que nous allions devoir nous serrer la ceinture et faire beaucoup de sacrifices. Mais nous avons tous deux senti que c'était le bon moment.

Cette décision s'est révélée judicieuse. Ce travail à plein temps de consultant en entreprise a mis à l'épreuve et élargi mes compétences et mes capacités comme jamais auparavant. Après avoir passé dix ans à élaborer le contenu d'un livre, j'ai soumis celui-ci à Simon & Schuster. Cet éditeur a tenté sa chance avec l'auteur inconnu que j'étais alors et a publié en 1989 *Les 7 habitudes de ceux qui réalisent tout ce qu'ils entreprennent*. À partir de là, ma carrière s'est envolée. Je réalisais un rêve : parler dans le monde entier de principes fondamentaux qui, selon moi, étaient innés, quels que soient la culture et le peuple.

Je me suis toujours considéré comme enseignant dans l'âme, mais je n'aurais jamais eu l'occasion de toucher un si vaste public si je n'avais pas quitté l'université à ce moment précis. Malgré tout, je reste heureux d'avoir consacré tant d'années à l'enseignement : elles m'ont servi de base pour sortir de cette crise du milieu de vie et me lancer dans une carrière de consultant et d'écrivain.

Je partage ici mon expérience personnelle parce qu'il n'est pas toujours aisé de situer ses propres passions, ses talents ou sa mission dans la vie, et qu'il faut parfois du temps et des efforts considérables pour découvrir ce que l'on sait faire et ce que l'on veut faire.

Quoi qu'il en soit, il est essentiel de prendre le contrôle de ce qui stagne dans sa vie et d'agir de manière proactive et courageuse afin d'obtenir des changements positifs. Comme l'indique le symbole crescendo <, pendant cette étape de la quarantaine, il nous faut continuellement progresser et croître, élargir notre champ d'action comme nos occasions, apprendre et accomplir de nouvelles choses pour nous préparer à la prochaine opportunité passionnante qui se présentera.

CHAPITRE 2

Aimez pour servir

« On ne fait pas de grandes choses sur cette terre, mais seulement des petites avec un amour immense. »
– Mère TERESA

L'amour au service d'autrui est une caractéristique essentielle quand on choisit de vivre crescendo. Quelle que soit l'étape de leur vie, les personnes au service des autres regardent au-delà d'elles-mêmes et identifient les besoins auxquels elles peuvent répondre. Bien qu'ordinaires et sans importance apparente, nos petites actions positives peuvent prendre une véritable valeur pour les autres.

Rendre de menus services, c'est un peu comme planter une graine de moutarde. Une graine de moutarde, c'est tellement minuscule qu'on la voit à peine mais, une fois plantée et cultivée, elle devient la plus fabuleuse des plantes. Une graine de moutarde finit par devenir un arbre immense, si grand que les oiseaux viennent nicher dans ses branches. Il en va de même pour les occasions de servir autrui : quand on les cherche, elles sont partout autour de soi, et les gestes minuscules qu'on fait pour aider les autres, quand ils se multiplient, donnent d'immenses résultats.

Soyez reconnaissant

> *« Cultivez l'habitude d'être reconnaissant pour chaque bonne chose qui vous arrive, et ne cessez jamais de remercier. Et parce que tout a contribué à votre avancement, vous devez tout inclure dans votre gratitude. »*
> – Attribué à Ralph Waldo EMERSON

Quand vous commencez à avoir l'impression que la vie vous dépasse, la meilleure conduite à tenir, étrangement, est de l'accepter et d'être reconnaissant pour tout ce que vous avez. Vivre crescendo, c'est notamment faire preuve d'une gratitude constante, même lorsqu'on pense n'avoir guère de raisons d'être reconnaissant. Passer de l'auto-apitoiement à une attitude d'ouverture et de gratitude a quelque chose de réparateur et même de transformateur.

L'amour du service rendu commence par un regard porté vers l'extérieur. Une fois cette démarche effectuée, même au moment où la vie nous malmène, nous percevons ce envers quoi nous pouvons être reconnaissants. Et cette gratitude peut nous offrir une perspective nouvelle sur les revers que nous essuyons.

À l'âge de cinquante-trois ans, John Kralik considérait que sa vie était dans un état désastreux qui le terrifiait. Son petit cabinet d'avocats était en difficulté. Il traversait un second divorce douloureux. Il s'était éloigné de ses deux aînés et craignait de perdre le contact avec sa fille cadette. Il vivait dans un minuscule appartement où il gelait en hiver et cuisait en été. Il avait 20 kilos à perdre. Sa compagne venait de rompre avec lui. Dans l'ensemble, ses rêves semblaient définitivement hors de portée.

Inspiré par un message simple et beau que son ex-petite amie lui avait envoyé pour le remercier de son cadeau de Noël, John s'est dit qu'il pourrait trouver un moyen de ressentir de la gratitude en écrivant des notes de remerciements. Pour se motiver, il s'est fixé l'objectif d'en produire 365 au cours de l'année à venir, quoi qu'il arrive.

Une par une, jour après jour, il a griffonné à la main des cartes de remerciements pour les cadeaux et les attentions reçus de ses proches et de ses collègues, d'anciens associés et même d'avocats de la partie adverse, d'amis de l'université, de médecins, de commerçants, d'hommes à tout faire et de voisins – tous ceux, absolument tous ceux qui lui avaient un jour rendu un service, petit ou grand.

Peu après avoir envoyé ses tout premiers messages, John a vu arriver des bénéfices aussi significatifs que surprenants – gains financiers, amitié véritable, perte de poids et paix intérieure. Pendant que John écrivait ses notes, l'économie s'est effondrée, la banque située en face de son bureau a fait faillite, mais, message après message, la vie de John a changé. Paradoxalement, il a découvert qu'en se concentrant sur l'extérieur et en exprimant une gratitude sincère vis-à-vis de ceux qui avaient laissé une empreinte positive dans sa vie, il avait guéri intérieurement, ce qui lui a permis d'envisager de nouveau l'avenir avec optimisme.

Après avoir pratiqué le droit pendant trente ans en Californie, John Kralik a réalisé son rêve : il a été nommé juge à la Cour supérieure de Los Angeles. Deux ans seulement après avoir touché le fond, John a publié l'histoire du dépassement de son apparente « crise de la quarantaine » dans un livre intitulé *A Simple Act of Gratitude : How Learning to Say Thank You Changed My Life*[8]. Sa philosophie toute simple, qui consiste à rechercher activement des raisons de remercier sincèrement les autres par le biais d'une note manuscrite, a inspiré d'innombrables personnes qui sont devenues les bénéficiaires de ses actes. Bien que dire merci s'apprenne dès la plus tendre enfance, écrire un mot à la main est une pratique peu courante et étonnamment appréciée à l'ère du numérique. C'est bel et bien la mentalité crescendo : à mesure que l'on détourne son attention de soi-même pour la reporter sur les autres, notre vie s'ouvre et notre influence se développe et, comme John l'a découvert, nos meilleures années sont peut-être à venir.

Mère Teresa, qui a passé sa vie à servir les autres, connaissait l'importance de la gratitude et des bénéfices que l'on retire à donner :

> Un jour, un mendiant s'est approché de moi et m'a dit : « Mère Teresa, tout le monde vous donne des choses pour les pauvres. Je veux aussi vous donner quelque chose. Mais aujourd'hui, je ne peux avoir que dix pence. Je veux vous les donner. »
>
> Je me suis dit : « Si je les prends, il ira sans doute se coucher le ventre vide. Si je les refuse, je vais lui faire de la peine. » Alors j'ai accepté. Et je n'ai jamais vu autant de joie sur le visage de quelqu'un qui donnait son argent ou sa nourriture que j'en ai vu sur le visage

> de cet homme. Il était heureux de pouvoir donner lui aussi quelque chose.[9]

Cette modeste offrande de la part d'un homme aussi pauvre a probablement été plus bénéfique à celui-ci qu'à quiconque l'a reçue, mais sa reconnaissance était évidente. Il a éprouvé une véritable joie à être capable de donner à quelqu'un d'encore plus pauvre que lui. Il était empli d'un sentiment de gratitude. De même, si vous trouvez des moyens de vous montrer reconnaissant de ce que vous possédez, même en pleine crise de la quarantaine, je vous promets que vous découvrirez une abondance de joie que vous n'auriez jamais imaginée et que vous comprendrez comment améliorer votre propre situation.

Rendez la pareille

« La meilleure partie de la vie d'un homme bon,
ce sont ses petits actes de gentillesse
et d'amour anonymes et oubliés. »
– William WORDSWORTH

Si vous vous débattez dans les affres de la quarantaine et que vous attendez qu'un événement positif se produise, oubliez-vous et oubliez vos problèmes pendant un moment et sortez aider quelqu'un. En rendant service à une personne ou en l'encourageant, ne serait-ce qu'un peu, vous pouvez alléger son fardeau et la réconforter d'une manière qui vous remontera le moral.

Un jeune couple a constitué un petit groupe pour nettoyer la maison et le jardin d'une de leurs voisines qui était moralement au plus bas et semblait avoir besoin d'une bonne dose d'espoir. Ils ont travaillé dur pendant plusieurs heures en son absence pour rendre sa maison et son jardin plus propres et lumineux. Lorsque la voisine est rentrée chez elle, stupéfaite et pleine de reconnaissance, elle a posté ce message touchant sur Facebook :

> Un grand, un immense merci aux « fées du logis » qui ont décidé de transformer ma maison aujourd'hui, qui que vous soyez. Vous deviez être plusieurs pour arriver à déplacer mon frigo ! Aucun mot ne peut exprimer combien je suis reconnaissante et heureuse d'avoir des amis comme vous dans ma vie. En franchissant ma porte ce soir, j'ai pleuré. Je suis submergée par l'amour que je ressens. Vous savez vraiment ce qu'aider veut dire et je ne pourrai jamais exprimer à quel point je vous apprécie ! Vous m'avez soulagée d'un fardeau, alors du fond du cœur, MERCI ![10]

Outre l'effet positif de cette action sur la vie de cette femme, imaginez celui qu'elle a pu avoir sur les personnes qui en ont pris l'initiative. Parfois, en regardant autour de nous, nous trouvons quelqu'un dont la situation est pire que la nôtre. Peut-être ce jeune couple était-il lui-même confronté à des difficultés, mais le fait d'alléger le fardeau de leur voisine malheureuse ne pouvait qu'insuffler de la joie dans leur propre vie. C'est une chose que l'argent ne peut acheter et dont on ne peut se passer. Donner aux autres sans attendre de retour est une récompense en soi.

Lorsqu'on doit faire face à de graves problèmes, imaginez ce qu'on ressent à tendre une main secourable à quiconque se trouve dans une situation similaire. Une partie de la mentalité crescendo consiste à être convaincu que *vos plus grandes actions sont devant vous*; ainsi, vous offrez activement votre aide à ceux qui en ont besoin, surtout si on vous a vous-même aidé par le passé.

Jorge Fierro a grandi à Chihuahua, au Mexique, et il rêvait depuis toujours de venir en Amérique et de créer une entreprise. Quand il a enfin franchi la frontière, des années plus tard, il était seul, disposait de très peu d'argent et ne parlait pas un mot d'anglais. Il a trouvé son premier emploi à El Paso, au Texas, où il creusait des fossés pour un dollar de l'heure. Ensuite, il a travaillé comme berger dans le Wyoming. Cependant, il était conscient qu'il ne pourrait pas atteindre les objectifs qu'il s'était fixés s'il n'apprenait pas l'anglais, et il était déterminé à travailler dur et à faire le nécessaire pour vivre un jour le rêve américain.

D'autres immigrants ont alors informé Jorge que, s'il parvenait à rallier Salt Lake City, il pourrait apprendre l'anglais grâce à divers programmes déjà en place. Par ses propres moyens, il s'est donc rendu dans l'Utah. À son arrivée, ne connaissant personne, il a aussitôt rejoint la population des sans-abri. Mais, très vite, il a découvert qu'il se trouvait au sein d'une communauté solidaire. D'une manière ou d'une autre, il y avait toujours quelqu'un pour lui donner à manger. Jorge est demeuré dans un refuge deux mois durant, a commencé à apprendre l'anglais et, pour subvenir à ses besoins, a trouvé dans la restauration un emploi de plongeur au salaire minimum.

Un jour, alors qu'il avait vraiment le mal du pays, il a eu envie d'un plat mexicain classique – du riz aux haricots –, mais rien de ce qui était à sa portée ne lui convenait. Il gardait un souvenir attendri de la délicieuse recette de haricots pinto de sa mère. Aussi a-t-il décidé d'en préparer pour les vendre sur un marché du centre-ville. Un certain nombre de personnes se sont laissé tenter par ce plat authentique que Jorge appelle « les haricots de la Olla », ce qui l'a encouragé ; il a donc continué d'en préparer pour quelques clients réguliers. Très vite, il est devenu un vendeur connu sur le marché. Il s'est mis à cuisiner et à vendre de véritables burritos et d'autres classiques de la cuisine mexicaine.

Jorge tenait à partager les saveurs multiples et colorées de sa cuisine natale, devenant une sorte d'ambassadeur de sa culture et de ses recettes. Petit à petit, il a étendu son activité, passant des haricots pinto et des burritos aux tortillas, au riz, aux sauces, au guacamole. Pour finir, il proposait plus de 75 produits différents.

Aujourd'hui, ils sont livrés quotidiennement, sous la marque Rico Brand, à près de cent supermarchés, cafés et restaurants de sa communauté. Au fil des ans, Rico Brand s'est agrandi pour devenir une entreprise pesant plusieurs millions de dollars.

Des amis de Jorge lui ont alors proposé de participer au « Projet Burrito », un mouvement national sans affiliation politique ou religieuse, dont l'objectif est de nourrir les affamés et les sans-abri des villes du monde entier. Jorge, qui était alors au milieu de sa vie, a aussitôt accepté, car il considérait qu'un de ses rôles les plus importants consistait à aider les autres. Ayant lui-même fait partie de la communauté des sans-abri, il s'était moralement engagé à récompenser un jour ceux qui lui avaient tendu la main. *Pay it forward*, « Rendre la pareille », est devenu la devise de Jorge, et il était tellement attaché à ce principe inspirant qu'il a fait tatouer ces mots sur son bras. Devant cette occasion parfaite de soutenir les sans-abri, Jorge a fondé Burrito Project SLC.

Installés dans l'entrepôt de distribution de Rico Brand, les bénévoles du Burrito Project ont confectionné et distribué chaque semaine entre 600 et 1 000 burritos au riz et aux haricots entre avril et décembre 2012. Sous la direction de Jorge, des tortillas fraîches et du riz aux haricots étaient également préparés sur place. Ensuite, des volontaires se réunissaient pour envelopper les burritos dans du papier aluminium et les mettre dans des glacières ou des sacs pour les garder au chaud. D'autres les livraient en voiture, à pied ou à vélo, à raison de 500 par jour.

Depuis 2012, des centaines de bénévoles ont offert leur temps et leurs services pour faire de ce projet humanitaire unique un immense succès et, fidèle à sa mission, le Burrito Project « s'engage à mettre fin à la faim un burrito après l'autre ». Depuis 2017, Burrito Project SLC a cuisiné et distribué à Salt Lake City entre 900 et 1 400 burritos chauds et nourrissants quatre jours par semaine (du lundi au jeudi), une fréquence plus élevée que dans n'importe laquelle des trente autres villes qui gèrent des Burrito Projects en Amérique du Nord.

Jorge explique sa motivation de la façon suivante : « Souvent, on n'a pas conscience de la chance qu'on a. Je voulais devenir un Américain accompli et j'éprouvais une immense gratitude envers ceux qui m'avaient aidé à y parvenir. » Le Burrito Project est une entreprise humanitaire unique, car chacun peut participer et contribuer à changer les choses : il n'est pas nécessaire d'être riche, il suffit de donner de son temps. Selon Jorge, ce programme a eu un effet positif sur la population des sans-abri parce que « plus que tout autre chose [...], en plus de les nourrir, nous leur montrons que nous nous soucions d'eux ».

Cette action profite à Jorge et à ceux qui y sont engagés autant qu'à ses bénéficiaires, car elle leur permet de se concentrer sur les problèmes des autres plutôt que sur les leurs. Sous cet aspect, vivre crescendo, c'est constater un besoin et porter assistance, en contrepartie des services qu'on nous a rendus un jour, quelle que soit la situation dans laquelle nous nous trouvons. Ce sont des éléments essentiels pour surmonter la crise du milieu de vie. En vous tournant vers l'extérieur pour aider les autres, vous trouverez également des moyens de résoudre vos propres difficultés.

« On ne peut jamais payer en remerciant ; on ne peut que payer "en nature" à un autre moment de la vie. »
– Anne Morrow LINDBERGH, *North to the Orient*

Brian LeStarge s'est lancé dans l'enseignement parce qu'il voulait communiquer à ses élèves sa passion pour les sciences. Il aimait élaborer une multitude d'expériences pour ses classes de quatrième. Il savait que, s'ils arrivaient à dépasser la théorie et les règles de fonctionnement, ses élèves prendraient du plaisir à mettre la science en pratique.

Voici comment il explique sa philosophie : « En tant que professeur au collège, il me semble que mon travail consiste à rendre ma discipline plus "glamour" pour mes élèves. J'ai besoin de les rallier à ma cause pour la rendre plus intéressante [...]. Je regarde toujours si les enfants s'amusent en classe, et j'essaie d'insuffler de l'enthousiasme dans mes cours. »

Pour ce faire, chaque année, il faisait construire à ses élèves leurs propres fusées, qu'ils tiraient ensuite sur la pelouse du collège ; ils mesuraient la distance qu'elles parcouraient et cherchaient à comprendre pourquoi certaines étaient propulsées plus loin que d'autres. C'était le meilleur moment de l'année, et les élèves s'escrimaient à concevoir la meilleure fusée pour décrocher le prix de celle qui irait le plus loin. À l'aide de certains produits chimiques, les enfants provoquaient aussi des explosions en classe (sous étroite surveillance) et adoraient découvrir les mélanges qui permettent d'aboutir à une déflagration. M. LeStarge était populaire : il manifestait un intérêt sincère pour ses élèves, connaissait chacun d'entre eux et leur transmettait sa passion pour la science de manière ludique et intéressante.

Cependant, après de nombreuses années d'enseignement, arrivé à la quarantaine, il a commencé à se demander s'il parvenait vraiment à modifier favorablement le rapport des élèves à la science, et si cela aurait un effet sur leur avenir. Il avait du mal à constater des résultats concrets quant aux objectifs qu'il s'était fixés et, en l'absence de retours positifs, il s'est découragé, perdant peu à peu de vue les motivations qui l'avaient poussé à devenir enseignant.

Heureusement, à peu près à la même époque, il a été nommé de façon inattendue à un prestigieux prix d'enseignement dans son secteur scolaire par un groupe de parents qui, à son insu, connaissaient l'effet qu'il avait sur ses classes. Beaucoup de ses anciens élèves ont mentionné l'influence que ses cours avaient eue sur eux au moment de s'orienter vers un cursus scientifique à l'université.

Quand LeStarge a remporté ce prix, sa femme a écrit ce message pour remercier les personnes impliquées :

> Je ne saurais trop vous remercier d'avoir soumis la candidature de mon mari à ce prix d'enseignement. C'est tellement gratifiant de savoir que quelqu'un a pris le temps et la peine d'effectuer cette démarche ! Il s'est investi dans son métier pendant de nombreuses années mais, franchement, c'est un travail épuisant où l'on reçoit peu de reconnaissance ou de respect. Ce prix arrive à point nommé, car mon mari traverse depuis peu une période de découragement et, après tout ce temps, il a même envisagé de passer à autre chose. Mais l'obtention de ce prix lui a montré que ses efforts ont réellement porté leurs fruits dans la vie de beaucoup de ses anciens élèves, et il se sent ragaillardi ! Il a toujours nourri l'espoir que d'autres personnes seraient inspirées par son dévouement et sa passion pour l'enseignement des sciences et, aujourd'hui, il constate que c'est chose faite. Transmettez notre profonde gratitude à tous ceux qui ont contribué à cette nomination.

Au cours des années suivantes, d'anciens élèves de LeStarge débarquaient régulièrement sans prévenir dans sa salle de classe pour le remercier de ce qu'il avait fait pour eux, ce qui ne manquait jamais de le motiver à poursuivre.

Dix ans après avoir suivi ses cours, une étudiante, diplômée en génie mécanique ayant décroché un emploi dans ce domaine, est revenue lui parler de l'importance que ses cours avaient eue dans sa vie : « Je veux que vous sachiez que c'est grâce à vous que j'ai fait ces études et que j'ai ce travail [...]. L'étincelle que vous avez allumée s'est propagée [...], elle a déclenché un incendie. Vous avez fait un excellent travail et cela a orienté ma vie. » Et après vingt-sept ans d'enseignement, c'est toujours agréable à entendre.

Comme nous l'avons vu, après la quarantaine, nous avons rarement conscience des bienfaits que nous apportons dans la vie d'autrui, parce qu'ils ne sont pas immédiatement visibles ou parce qu'on ne reçoit pas de retours concernant l'influence positive qu'on a pu exercer. De nombreuses personnes, pour évaluer leur succès, ont tendance à se comparer aux autres, mais les apparences de la réussite sont souvent trompeuses. Pour qu'une personne éprouve un véritable sentiment de succès, il faut parfois que quelqu'un d'autre prenne acte du bienfait qu'elle a apporté et lui rende la pareille. Un succès en amène généralement un autre, et cela crée un effet boule de neige – dans le bon sens du terme.

Ces services rendus peuvent prendre des formes très variées. Rappelez-vous : pour vivre crescendo après la quarantaine, le premier principe consiste à faire en sorte de jouer brillamment les rôles qui nous tiennent à cœur. Souvent, les personnes qui rendent service ne sont pas conscientes des bienfaits qu'elles produisent dans la vie des autres et qui, en définitive, reflètent le « vrai succès » dans la leur. Les exemples suivants sont ceux de personnes ordinaires faisant des choses extraordinaires qui profitent aux autres.

Une femme nous livre cette histoire : « Ma mère a été abordée dans une épicerie par un monsieur âgé qui connaissait sa mère, Cleo Smith, et qui voulait lui confier combien celle-ci avait influencé sa vie. Il a raconté que lui et son frère, élevés par un père alcoolique, avaient eu une enfance très dure et malheureuse. Leur maman était partie quand il était petit, et il n'avait aucun souvenir d'elle. Ils vivaient loin de la ville, dans une maison délabrée, et recevaient rarement des visites. Mais chaque année, le jour de son anniversaire, il entendait frapper à la porte et, lorsqu'il ouvrait, Cleo Smith était là, avec un gâteau ! C'était la seule personne à lui avoir fait des gâteaux d'anniversaire pendant son enfance, et la seule dans sa vie à lui avoir donné le sentiment d'être unique et aimé. Elle était un phare dans son monde très sombre. Des années plus tard, cet homme s'est souvenu que, parmi tout ce qu'il avait vécu dans son enfance, cet événement l'avait marqué et avait modifié favorablement son estime de soi. Pour finir, il a été en mesure de recréer une vie meilleure et plus heureuse pour lui-même et sa propre famille. »[11]

Robyn est la présidente attentive et dynamique d'une association de parents d'élèves. Ses enfants fréquentent un lycée accueillant plus d'une centaine de réfugiés originaires de trente pays différents. Elle a constaté que beaucoup de ces élèves ne pouvaient pas se concentrer pendant les heures de soutien scolaire après les cours parce qu'ils avaient trop faim. Elle a alors obtenu l'autorisation de remettre en état une vieille salle de stockage de la cafétéria, demandé aux parents de faire des dons de nourriture et, bientôt, ces élèves ont pu profiter des collations nourrissantes mises à leur disposition après les cours. Robyn a été surprise lorsqu'un jeune homme lui a demandé s'il pouvait apporter quelque chose à manger à ses frères et sœurs, et cette requête l'a incitée à transformer ces réserves de collations limitées en un garde-manger à part entière. La communauté s'est aussitôt mobilisée pour fournir conserves et fournitures, et des bénévoles et des donateurs ont commencé à se présenter pour aider à remplir le garde-manger et à distribuer de la nourriture aux élèves dans lc besoin.

Depuis, ce lieu est devenu une banque alimentaire efficace et bien garnie qui distribue chaque semaine des centaines de conserves, des articles d'hygiène, des surplus de pain et de produits de boulangerie provenant des épiceries locales, et souvent des fruits et légumes frais, toujours très demandés. La petite salle de collation de Robyn est désormais un lieu d'accueil efficacement géré où plus de cent familles de réfugiés viennent se fournir une ou deux fois par semaine. Comme le grain de moutarde, ce tout petit projet s'est transformé en une coopérative importante et indispensable[12].

« Les services rendus par amour
recèlent une poésie immortelle. »
– Harriet Beecher STOWE

Il existe une multitude de façons de rendre service. Une femme se porte volontaire dans l'association Meals on Wheels pour distribuer de la nourriture et décide d'emmener les aînés de ses enfants : elle veut qu'ils participent et puissent rencontrer des personnes âgées merveilleuses, mais parfois oubliées, qui ont besoin d'aide et aspirent dans leurs vieux jours à un peu de chaleur humaine. Un avocat surchargé de travail donne son temps le week-end pour offrir une assistance juridique gratuite aux sans-abri afin qu'ils aient accès aux ressources nécessaires, qu'ils trouvent un emploi correct et disposent d'un avenir meilleur. Un autre conduit un camion renfermant des douches et un salon de coiffure et propose des services gratuits aux personnes qui n'ont pas accès à l'hygiène, leur permettant ainsi d'améliorer leur confiance en eux et leur capacité à trouver un emploi.

Une mère à qui son fils Mike confiait que son nouvel ami, TJ, n'apportait jamais de repas à l'école, ou qu'il achetait parfois seulement un paquet de chips, a découvert que TJ et ses frères vivaient seuls avec leur père. Celui-ci faisait de son mieux, essayant de jongler entre l'éducation de trois jeunes garçons et deux emplois. Comme TJ jouait avec Mike dans l'équipe de basket-ball, elle savait que, quand ils s'entraînaient juste après l'école, il avait le ventre vide. Dès lors, chaque jour, lorsqu'elle préparait le déjeuner pour ses enfants, elle en faisait un peu plus pour que Mike le donne à TJ. Elle n'a jamais trouvé pénible de cuisiner cette part supplémentaire, parce qu'elle savait qu'ainsi, TJ bénéficierait d'un repas nourrissant, tout comme Mike.

Elle a continué à rendre ce petit service à TJ du collège au lycée, et les garçons restés de bons amis ont continué à jouer ensemble dans des équipes sportives. Un jour, alors que quelqu'un demandait à TJ de parler de sa famille, il a répondu fièrement : « Oh, j'ai une mère qui veille sur moi. » Cette bonne action, si minime soit-elle, a tissé un lien très fort entre eux, et cette mère a été très heureuse de voir TJ progresser au fil des années[13].

« Si vous ne pouvez pas nourrir cent personnes,
alors nourrissez-en une seule. »
– Mère TERESA

Rendre service aux autres n'est pas toujours facile, commode ou agréable, mais c'est absolument nécessaire. Quand on arrive au milieu de sa vie, avoir l'esprit de générosité renforce l'estime de soi comme la gratitude, et enrichit notre vie ainsi que celle des personnes qu'on aide. Marian Wright Edelman, fondatrice et présidente du Children's Defense Fund, a fait cette observation judicieuse : « Le service rendu est le loyer qu'on paye pour exister. C'est le but même de la vie et non quelque chose qu'on fait pendant son temps libre. »

Quelle idée fabuleuse ! Le service rendu est le but même de la vie ! Comme ceux qui « font de petites choses avec beaucoup d'amour », vous avez vous aussi le pouvoir et la capacité d'aimer pour servir et, ce faisant, vous faites du bien aux autres autant qu'à vous-même.

« J'ai dormi et rêvé que la vie était joie.
En me réveillant, j'ai vu que la vie était don.
J'ai agi, et j'ai vu que le don était joie. »
– Rabindranath TAGORE

Au fil des ans, j'ai demandé à de nombreuses personnes qui était leur modèle ou leur mentor le plus marquant. Presque chacun a aussitôt pu nommer quelqu'un – un professeur, un parent, un ami, un supérieur hiérarchique – qui a eu une influence significative sur sa vie. S'employer à réussir dans un rôle de mentor est un moyen efficace d'avoir un effet bénéfique sur les autres, en particulier après quarante ans. Et, pendant qu'on cherche à soutenir quelqu'un et à l'aider à développer pleinement son potentiel, on peut par la même occasion développer le sien. Examinons un autre exemple de « vrai succès » tel que nous l'avons défini à l'étape du milieu de vie.

Seuls sa famille et ses amis proches le savent, mais Michael Clapier a été le mentor de près de deux mille jeunes hommes tout en élevant ses propres enfants. Pendant des années, Mike a gratuitement consacré son temps libre à des garçons voulant améliorer leurs compétences de lutteurs et renforcer leur confiance en eux afin de participer à des compétitions au sein du collège, du lycée et des clubs. Il a encouragé leurs progrès, leur a donné une vision positive d'eux-mêmes pour l'avenir, et a célébré leurs moindres succès comme s'ils étaient ses propres enfants.

Lui et sa femme Linda ont également accueilli certains de ces athlètes sous leur toit et leur ont donné l'amour et l'attention dont beaucoup d'entre eux manquaient dans leur propre famille. Certains de ces garçons venaient de foyers où ils n'étaient pas vraiment appréciés, et quelques-uns étaient même négligés par leurs parents. Ils avaient besoin de l'amour et de l'attention que leur offraient les Clapier, qui élevaient eux-mêmes six enfants. Linda les a accueillis à bras ouverts et les a souvent invités à déguster un repas fait maison ou à partager une fête ou une occasion spéciale en famille.

Michael et Linda n'étaient pas riches, mais ils partageaient ce qu'ils avaient en se montrant très généreux dès lors qu'un besoin surgissait, quelle que soit leur propre situation financière. Sans chercher à en tirer aucune reconnaissance et sans même attendre qu'on le leur demande, ils achetaient des vêtements et des équipements sportifs quand c'était nécessaire et nourrissaient régulièrement plusieurs garçons des années durant. Les Clapier sont devenus les « seconds parents » de nombre d'entre eux, gagnant l'amour et la gratitude de jeunes hommes vulnérables en manque de repères et de confiance.

L'un des pères dont Michael avait entraîné le fils lui a avoué avec regret : « Vous avez passé plus de temps à aider mon fils pour la lutte que moi en tant que père. » La générosité de Michael et Linda a eu pour conséquence directe de faire de ces « fils adoptifs » des jeunes hommes exceptionnels, mieux armés pour affronter le monde et mener une vie productive. Des années plus tard, ils ont obtenu des diplômes universitaires, se sont mariés, ont fondé leur propre famille et jouissent maintenant de belles carrières, ce qui est très gratifiant pour les Clapier ayant grandement contribué à leurs années de formation.

Il y a des années, lors d'un match de lutte auquel participait son fils, Michael a rencontré Lewis, un brillant professeur à la retraite qui avait enseigné l'ingénierie au MIT. Au cours de leur conversation, Michael a découvert que Lewis avait soixante-douze ans, était divorcé et se sentait seul, sans famille proche. La famille Clapier l'a immédiatement adopté, passant avec lui de nombreux dimanches, vacances et anniversaires. Lewis était apprécié des enfants devenus adultes des Clapier comme de leurs conjoints ; quant à leurs petits-enfants, qui aimaient sa compagnie, ils le considéraient comme un « grand-père » adoptif. En échange, Lewis a donné des cours particuliers de mathématiques et de sciences aux plus jeunes Clapier et les a fait profiter de ses expériences de vie.

Lewis est décédé à l'âge de quatre-vingt-douze ans, après avoir été, vingt ans durant, partie intégrante de la famille Clapier dans laquelle il s'est senti aimé et apprécié. Une vie emplie de joie, bien différente de celle que Lewis aurait connue s'il n'avait pas été accueilli dans ce foyer, lui qui n'en avait jamais eu auparavant[14].

Un vrai succès ? Sans aucun doute ! La mentalité crescendo nous rappelle que la véritable réussite n'est pas forcément telle qu'elle semble être ou que les autres la perçoivent. Les Clapier jouissent d'une riche culture familiale que tout l'argent du monde ne saurait acheter. Outre celle des six enfants exceptionnels qu'ils ont élevés, bien d'autres vies ont été embellies grâce à l'implication de Michael et Linda dans leur rôle de mentors. Et, fort probablement, beaucoup de personnes qui semblent avoir « réussi » sauteraient sur l'occasion d'échanger leur succès contre le leur si elles le pouvaient.

Le meilleur reste à faire

En octobre 2000, Garth Brooks, star de la country, choque le monde de la musique en annonçant sa retraite alors qu'il est au sommet de sa carrière. À cette époque, il a remporté quatre fois le titre d'artiste de l'année aux Country Music Awards. Il s'est produit devant environ un million de personnes à Central Park en 1997, lors d'un concert spécial diffusé en direct sur HBO. Il a vendu le nombre impressionnant de 100 millions d'albums.

Mais en dépit de ces succès professionnels, il était confronté à des difficultés personnelles. Sa mère, Colleen, qui était son plus grand soutien, venait de succomber à un cancer, et son mariage avec sa femme, Sandy, touchait à sa fin. Son plus grand chagrin, cependant, provenait de l'impression d'avoir perdu le lien avec ses trois petites filles. « Quelqu'un d'autre les élevait », dit-il avec regret. Il a pris conscience qu'il lui restait « un travail important à accomplir » – élever ses filles – et qu'il devait se concentrer sur son rôle le plus crucial, celui de parent. « Tout me disait que je devais être présent pour mes enfants [...]. On m'a demandé : “Comment as-tu pu abandonner la musique?" Mais être un père – il n'y a rien de comparable à cela. »

C'est ainsi qu'à trente-huit ans, alors qu'il entrait dans la fleur de l'âge, il a courageusement suivi son cœur et ses instincts paternels et tourné le dos à une carrière musicale florissante pour en entamer une autre : élever ses enfants... pendant les quatorze années suivantes !

Il ne l'a jamais regretté. Lui et son ex-femme ont fait en sorte que leurs trois jeunes filles puissent passer du temps avec leurs deux parents chaque jour. Il est devenu un père très impliqué, organisant des projets qui leur prenaient tout l'été, comme la construction d'un pont de 15 mètres de long pour enjamber leur propriété. Après qu'ils ont accompli cette tâche monumentale tous ensemble, ses filles étaient si fières de leur travail qu'elles se croyaient capables de tout, et il a éprouvé une intense satisfaction à savoir qu'il s'était réellement impliqué dans leur éducation.

En 2005, il a épousé la célèbre chanteuse Trisha Yearwood, qu'il appelle « l'amour de sa vie ». Et, lorsque sa fille cadette est partie étudier à l'université, Brooks a décidé d'offrir une nouvelle chance à la musique. Revenir dans le monde de la country et repartir en tournée était un pari hasardeux. « J'avais peur que personne ne vienne, une peur bleue. Parce qu'on ne veut pas décevoir les gens [...]. Je voulais qu'ils disent : C'est mieux que dans mon souvenir. »

Malgré ses craintes, le « Garth Brooks World Tour with Trisha Yearwood » a démarré à Chicago avec 140 000 billets vendus en trois heures. Les fans se sont pressés à ses concerts comme s'il n'était jamais parti, et la tournée mondiale s'est déroulée avec succès de 2014 à 2017. Après sa « retraite », il a remporté le prix de l'Entertainer of the Year en 2016, 2017, puis en 2019, en en cumulant sept au total, un record sans précédent.

Parfaite illustration du symbole crescendo <, Brooks continue de cultiver et de développer ses talents et ses opportunités au lieu de les voir diminuer et s'amenuiser. Toujours à l'affût des besoins qui émergent autour d'eux, Garth et Trisha ont parrainé, en mars 2020, une émission musicale en *prime time*, réalisée dans leur studio d'enregistrement personnel, offrant ainsi à leurs fans une échappatoire bien nécessaire au stress du confinement imposé par le coronavirus, et répandant un message important : Ensemble, nous pouvons nous en sortir. « Nous voyons combien nous pouvons faire de grandes choses en agissant tous ensemble. En plus de cette émission spéciale, CBS et nous ferons don d'un million de dollars à des organismes de bienfaisance qui luttent contre la Covid-19 », ont-ils annoncé dans une déclaration conjointe.

Alors qu'il répétait pour sa tournée 2019, dans *The Road I'm On*, le documentaire consacré à son histoire, Garth a parlé à son équipe musicale de la mentalité crescendo, qui consiste à regarder devant soi, et non en arrière :

> J'aime l'histoire que nous vivons, mais l'histoire, c'est dans le passé. Cette tournée va être la plus difficile que nous ayons connue. Ne pensez jamais que ce que nous avons fait est suffisant [...]. Si vous pensez qu'en termes de défis musicaux, le plus dur est derrière, détrompez-vous.

Tout comme le fait de croire que « l'essentiel est toujours à venir », s'efforcer d'exceller dans les rôles qui vous tiennent à cœur et d'améliorer ce qui doit l'être dans votre existence vous donnera la motivation nécessaire pour continuer à essayer, à apprendre et à vous adapter aux nouveaux défis et aux revers de la vie. En gardant la foi et en réagissant de manière positive, vous reprendrez les rênes de votre vie et serez en mesure de vous créer un avenir radieux… quel que soit votre âge.

DEUXIÈME PARTIE

L'APOGÉE DU SUCCÈS

forte (for-tay), adjectif ou adverbe : fort, énergique, vif ; un domaine dans lequel quelqu'un excelle.

f

« Le succès [...], c'est rendre le monde un peu meilleur, savoir qu'un être au moins respire mieux parce que vous avez vécu. »
– Ralph Waldo EMERSON

Imaginez que vous conduisez une voiture et qu'au lieu de regarder devant vous, vous jetez constamment un coup d'œil dans votre rétroviseur et par-dessus votre épaule pour voir ce que vous avez laissé derrière. Il ne faudrait pas longtemps pour que vous finissiez dans le décor. Nous devons résister à la tentation de contempler sans cesse, dans le rétroviseur, ce que nous avons accompli dans notre carrière et dans la vie, et plutôt considérer avec optimisme ce qui nous attend.

Comme nous l'avons vu, la mentalité crescendo est si puissante qu'elle peut propulser une personne en pleine crise de la quarantaine sur la voie du succès et de l'épanouissement. Mais elle n'est pas seulement destinée aux personnes en difficulté ayant besoin de se remettre en selle. Vivre crescendo peut également apporter beaucoup de joie à ceux qui pensent avoir déjà atteint un certain sommet dans la réussite.

Tout comme la crise de la quarantaine, avec ses hauts et ses bas, la réussite à son apogée comporte ses propres défis. Il est si facile de se relâcher et de ne pas se sentir détaché de toute obligation de service quand on a atteint un niveau confortable de réussite pour soi et sa famille. Mais le meilleur est encore devant nous !

La *clé*, pour vivre crescendo, est de croire sincèrement que *l'essentiel est toujours à venir* : ce sur quoi vous travaillez actuellement est votre tâche la plus cruciale. C'est celle à laquelle vous devez vous consacrer ici et maintenant, car ce que vous avez accompli dans le passé appartient au passé. Les personnes tournées vers l'avenir se projettent dans ce qu'elles peuvent accomplir demain.

Pourquoi est-ce aussi vital ? Quelle motivation et quel désir vous pousseraient à vous lever le matin si vous pensiez n'avoir rien de plus à offrir – si vos contributions les plus significatives étaient déjà derrière vous ? Quel serait votre objectif ? Lorsque vous abordez une nouvelle journée, vous devez avoir un but, une vision et des objectifs à atteindre. Ceux-ci peuvent être complètement différents des précédents, mais vos plus grandes contributions sont peut-être encore à venir.

Je vais être plus concret : un jour, l'une de mes filles m'a demandé si j'écrirais à nouveau une œuvre dans la veine des *7 habitudes de ceux qui réalisent tout ce qu'ils entreprennent*. Sa question, bien qu'elle parte d'une bonne intention, m'a blessé. Toutes mes bonnes idées et tous mes enseignements se résumaient-ils aux *7 habitudes* ? N'avais-je rien d'autre à apporter ? Avais-je déjà « tout donné » ? Si je n'avais plus rien de valable à produire, alors que faisais-je, jour après jour ? Je lui ai répondu que mes meilleures idées étaient à venir et que j'avais encore plusieurs livres en tête.

Je n'ai pas dit cela pour me vanter ou me surestimer, mais parce que c'est ce que je ressentais, et qu'y avait-il de mal à ça ? J'ai toujours pensé que, quelle que soit l'étape de mon existence, mes meilleures performances étaient à venir, elles attendaient seulement que je les découvre et les enseigne. Conserver cette attitude – la mentalité crescendo – est la clé de la passion, du rêve, de l'enthousiasme et de l'engagement. C'est la raison qui nous motive, vous et moi, à nous lever chaque jour.

Peter Jackson a travaillé quatorze années durant pour porter à l'écran *Le Seigneur des anneaux* de J. R. R. Tolkien. Après son incroyable succès et ses nombreux oscars, on lui a demandé si c'était là sa plus grande œuvre et l'héritage qu'il laisserait. Sa réponse reflète exactement ce que nous devrions tous ressentir : « Si je dis oui, c'est que je pense ne jamais rien faire de meilleur. C'est peut-être le cas, mais je ne vais pas l'accepter maintenant – j'ai encore beaucoup à produire. » Et c'était le cas, en effet.

Jackson a ensuite réalisé la trilogie du *Hobbit*, *King Kong*, *Lovely Bones* et *Pour les soldats tombés*, ainsi que de nombreux autres films encore en production. Imaginez, s'il s'était dit qu'après *Le Seigneur des anneaux*, il n'avait plus rien à offrir ? Pourtant, après tous les succès financiers obtenus au cours de sa carrière, Jackson a beaucoup donné en retour. Lui et sa femme, Fran, ont versé 500 000 dollars à la recherche sur les cellules souches dans l'espoir que d'autres en bénéficient. Ils ont également sauvé de la démolition l'église St Christopher de Wellington, en Nouvelle-Zélande, faisant don de plus d'un million de dollars pour rénover ce monument historique très apprécié de leur communauté. De toute évidence, après ses multiples réussites professionnelles, Peter Jackson a continué à contribuer de manière significative dans de nombreux domaines par le biais de ses dons caritatifs.

L'idée de vivre crescendo est très stimulante et, comme je l'ai dit, j'en ai fait ma mission personnelle. Lorsque j'ai partagé ce principe dans le cadre professionnel, j'en ai obtenu des réactions aussi positives qu'avec mes enseignements précédents. J'ai vu ce concept exalter et motiver des personnes qui pensaient n'avoir plus rien de nouveau à offrir et en avoir fini avec l'œuvre de leur vie. J'ai vu de la lumière dans les yeux de ceux qui se sont découvert une nouvelle passion pour leur profession, ou pour une grande cause sociale qu'ils avaient envie de promouvoir grâce à cet état d'esprit. Beaucoup y ont puisé l'espoir et l'inspiration de croire que leur contribution la plus importante et la plus significative était peut-être encore à venir, indépendamment des accomplissements et des succès passés.

« Soyez le changement
que vous voulez voir dans le monde. »
– Attribué à Mahatma GANDHI

Dans chacune des quatre étapes de l'existence identifiées dans ce livre, mon objectif est de fournir des éléments pratiques et utiles pouvant être directement appliqués à notre vie personnelle pour vivre crescendo, quels que soit l'âge et la situation dans laquelle on se trouve. À la fin de cette section, vous trouverez un inventaire personnel qui, je l'espère, vous aidera à fixer vos propres objectifs pour atteindre l'apogée du succès.

CHAPITRE 3

Les êtres comptent plus que les objets

« Ce qui compte, dans notre vie, ce n'est pas ce que nous avons mais qui nous avons. »
– J. M. LAURENCE

Au cours de l'hiver 1999, ma femme et moi avons engagé Chip Smith, un entrepreneur, pour construire un chalet familial dans le Montana. Chip nous raconte son expérience :

> Au moment où j'étais en train de bâtir le chalet de Stephen et Sandra, je traversais un divorce que je n'avais pas souhaité et ma vie avait vraiment basculé. Quelques problèmes critiques et urgents devaient être résolus quant à ce projet de construction, et ils avaient accepté de parcourir près de 600 kilomètres pour discuter deux heures avec moi autour d'un dîner, se reposer à l'hôtel, puis rentrer chez eux à 5 heures du matin le lendemain, car Stephen devait repartir en voyage d'affaires dès leur retour. Je savais que le peu

de temps dont nous disposions ensemble serait bref mais crucial ; j'avais donc préparé un ordre du jour et j'avais tous les plans et les matériaux sous la main pour que cette réunion soit aussi efficace que possible. Au restaurant, nous nous sommes salués et nous sommes aussitôt assis pour nous mettre au travail.

Nous avons commandé, puis Sandra a dit : « Chip, Stephen et moi avons appris que tu traversais des moments difficiles dans ta vie privée, en ce moment. » J'ai remercié Sandra pour sa sollicitude et j'ai essayé de changer de sujet pour en venir au chantier du chalet. Sandra m'a interrompu, demandant si elle et Stephen pouvaient faire quoi que ce soit pour m'aider. Je lui ai dit que j'allais bien, vraiment, et que j'avais juste besoin de continuer à gérer mes problèmes.

Sandra m'a pris la main. « Chip, nous sommes là pour toi. Sache que ce que tu vis en ce moment est bien plus important pour nous que les décisions que nous devons prendre pour le chalet. »

Inutile de dire que j'ai fondu en larmes et que nous avons passé les trois heures suivantes à évoquer mes problèmes et mes préoccupations. J'étais tellement gêné qu'ils aient fait tout ce chemin sur des routes glacées et qu'on n'aborde pas les problèmes du chantier avant leur départ ! En cette occasion, j'ai établi des liens très forts avec eux, car j'ai pris conscience qu'ils se souciaient réellement de moi et que j'avais plus d'importance à leurs yeux que la construction de leur chalet familial.

Quelque temps après, Chip a pu se ressaisir et se remettre à bâtir un superbe chalet pour notre famille. Des années plus tard, lorsque mon père est décédé, nous y sommes tous retournés et avons découvert qu'il était infesté de chauve-souris. Encore sous le coup de l'émotion des funérailles, et ne sachant que faire puisque papa s'était toujours occupé de ce genre de choses, j'ai appelé Chip et lui ai expliqué la situation. Sans hésiter, il est venu immédiatement, accompagné de toute une équipe, et il a travaillé la journée durant pour résoudre le problème. Sans qu'on le lui demande, il a même nettoyé le garage, et il a refusé toute compensation pour son travail. Il a insisté sur le fait que c'était là l'occasion de remercier mes parents d'avoir été présents pour lui pendant la période la plus sombre de sa vie[15].

– Cynthia Covey HALLER

Au sein des relations, les personnes comptent infiniment plus que les objets. Renouveler continuellement votre engagement fondamental envers ce principe vous permettra d'entretenir le lien avec les personnes les plus importantes dans votre vie : loin d'être insignifiant, ce changement est considérable ! Le problème ou le point de vue ne sont jamais aussi cruciaux que la relation. Vous vous féliciterez toujours d'avoir choisi de consacrer du temps à construire et entretenir vos relations avec votre famille et vos amis plutôt qu'à acquérir des biens matériels.

« Celui qui sait montrer et accepter la gentillesse sera un meilleur ami que n'importe quelle possession. »

– SOPHOCLE

La vie, c'est contribuer et non accumuler

« J'ignore quel sera votre destin, mais je sais une chose, mais je suis sûr d'une chose, c'est que seuls, seront vraiment heureux ceux qui auront cherché et trouvé comment servir. »
– Albert SCHWEITZER

Lors de mes conférences, j'ai souvent dit que personne, sur son lit de mort, ne se dit qu'il aurait dû passer plus de temps au bureau. En revanche, le mourant regrette bien souvent de s'être éloigné d'un enfant, déplore les rancœurs futiles, les occasions manquées de se rendre utile, les rêves non réalisés ou le temps qu'il n'a pas consacré à sa famille et aux êtres chers. Lors d'obsèques d'un ami ou d'un membre de ma famille, quand je m'approche du cercueil, cela me rappelle, souvent de façon surprenante, qu'il ne renferme rien d'autre que le corps de la personne décédée. Tout ce qui reste en réalité, c'est le bien qu'elle a pu faire de son vivant, ses relations avec sa famille et ses amis – ceux qu'elle aimait et qui l'aimaient en retour. Voilà son héritage.

Au fil des ans, j'ai acquis la conviction que ce sont nos *contributions* au bien-être des autres qui illuminent notre regard et font vivre notre âme. Il existe une myriade de façons de rendre service tout au long de notre existence, et ainsi de connaître l'épanouissement et le bonheur – que l'argent ne peut tout simplement pas acheter. Et pour ceux d'entre vous qui ont atteint un certain niveau de réussite financière ou d'influence, les possibilités de donner et de contribuer sont encore plus grandes. Je suis profondément convaincu que le grand secret du bonheur est la contribution, et non l'accumulation.

Après la Seconde Guerre mondiale, Alexandre Soljenitsyne a critiqué ouvertement l'Union soviétique, et il a été emprisonné pendant huit ans dans les camps de travaux forcés. Cette expérience difficile lui a offert une perspective unique sur la richesse et la contribution. Il écrit : « L'accumulation sans fin de possessions n'apportera pas la plénitude. Les possessions doivent être subordonnées à d'autres principes plus élevés, de sorte qu'elles doivent avoir une justification spirituelle, une mission. »[16] Il est clair que, si nous n'avons pas une perspective juste sur les biens que nous possédons, ceux-ci peuvent nous posséder. Cette section enseigne que la mentalité crescendo consiste à regarder vers l'extérieur – vivre une vie de contributions –, afin d'acquérir un sentiment de paix intérieure et de sécurité que tous les biens terrestres ne sauraient offrir.

Mère Teresa, qui s'est adressée aux peuples de plus de mille pays, nous a appris que le *but* de la fortune était de profiter aux autres :

> Je pense qu'une personne qui est attachée à la richesse, qui vit avec le souci de la richesse, est en réalité très pauvre. Si elle met son argent au service des autres, alors elle est riche, très riche [...]. Beaucoup de gens pensent, surtout en Occident, que l'argent rend heureux [...]. Si Dieu vous a fait ce don de richesse, alors utilisez-le comme il se doit : aidez les autres, aidez les pauvres, créez des emplois, donnez du travail aux autres. Ne gaspillez pas votre richesse.[17]

Il est clair que, selon Mère Teresa, la richesse n'est pas le problème en soi – en fait, elle peut permettre d'atténuer bon nombre des problèmes majeurs dans le monde.

Mais j'ai découvert que le fait de se concentrer sur l'accumulation de richesses ne peut nous apporter un bonheur et un épanouissement durables si nous n'utilisons pas également ces richesses pour aider les autres. Vous chérirez ces contributions plus que l'argent lui-même.

Prenons l'exemple de Karl Rabeder, un entrepreneur autrichien spécialisé dans l'ameublement d'intérieur et qui, après des débuts modestes, a connu une réussite extraordinaire sur le plan mondial. « Je viens d'une famille très pauvre où la règle était de travailler plus pour obtenir plus de biens matériels, et j'ai appliqué cette règle pendant de nombreuses années, a déclaré M. Rabeder. Mais la fortune ne crée pas le bonheur. Je le sais parce que, pendant vingt-cinq ans, j'ai vécu cette vie, en me sentant de plus en plus mal à mesure que je m'enrichissais. »

Pilote de planeur enthousiaste, Karl a beaucoup voyagé en Amérique du Sud et en Afrique, constatant *de visu* l'immense pauvreté de ces pays, ce qui l'a profondément marqué. Après avoir mené un train de vie luxueux, il s'est aperçu qu'au fond, il était malheureux, qu'il travaillait comme un forcené pour obtenir des choses qu'il ne voulait même pas ou dont il n'avait pas besoin. Après des années de ce qu'il a décrit comme un « style de vie infâme, sans âme et sans sentiment », il a fini par écouter la voix intérieure qui lui serinait : « Arrête ce que tu es en train de faire – tout ce luxe et ce consumérisme – et commence à vivre ta vraie vie ! »

Pendant de nombreuses années, il n'a pas eu le courage de renoncer aux pièges de sa confortable existence mais, après trois semaines de vacances avec sa femme dans les îles hawaïennes, il a eu cette prise de conscience : « Si je ne le fais pas maintenant, je ne le ferai jamais. » Suivant courageusement cette injonction intérieure, il a vendu sa luxueuse villa dans les Alpes d'une valeur de 1,4 million de livres sterling, sa magnifique ferme en pierre estimée à 613 000 livres sterling, ses six planeurs, cédés pour 350 000 livres sterling, ainsi que son Audi, pour environ 44 000 livres sterling. Il a quitté sa belle retraite alpine pour s'installer dans un petit chalet de montagne et a commencé à vivre simplement. Pour la première fois depuis très longtemps, confie-t-il, il était heureux.

Après avoir vendu ses biens, il a investi 3 millions de livres sterling dans une organisation caritative de microcrédit, offrant de minuscules prêts commerciaux à des travailleurs indépendants d'Amérique centrale et d'Amérique latine qui luttaient chaque jour pour garder à flot leur petite entreprise. Il leur a proposé des microcrédits à des taux d'intérêt faibles ou nuls afin qu'ils puissent acheter des produits et développer leur entreprise. Il a trouvé remarquable qu'ils puissent réussir avec si peu de capital. Ils ont alors commencé à gagner suffisamment d'argent pour faire vivre décemment leur famille tout en conservant leur dignité, et ils ont fini par rembourser leur prêt.

Karl a découvert que la clé d'un bonheur durable n'est pas l'accumulation de biens mais le service rendu aux autres. En parcourant le monde, il a rencontré de nombreuses personnes et, selon ses propres mots, il a commencé à comprendre : « Je n'avais pas besoin de ma maison, de belles voitures, de planeurs ou de dîners hors de prix. L'étape suivante était d'entrer en contact avec les gens [...]. Pendant vingt-cinq ans, j'ai travaillé comme un forcené pour des choses que je ne voulais pas ou dont je n'avais pas besoin. Maintenant, s'exclame-t-il joyeusement, mon rêve est de ne rien avoir ! »

N'est-ce pas paradoxal ? *Rien* en termes de richesse matérielle, mais *tout* en termes de contribution et de valeur réelles. Imaginez l'importance que ses microcrédits ont eue pour des entrepreneurs en difficulté qui pouvaient désormais subvenir aux besoins de leur famille, aider leurs enfants à bénéficier d'une éducation et même espérer un avenir meilleur. Karl a trouvé le vrai bonheur non en accumulant une fortune, mais en aidant les autres à bâtir la leur.

« Pour quoi vivons-nous si ce n'est pour nous rendre mutuellement la vie moins difficile ? »
– Mary Ann EVANS, nom de plume George ELIOT

Je n'affirme évidemment pas que nous devons renoncer à tout notre argent, vendre nos biens et vivre dans un simple chalet comme Karl Rabeder, mais il y a une grande leçon à tirer de son histoire : Karl a trouvé un sens à sa vie en se concentrant sur le service aux autres plutôt que sur sa richesse matérielle.

L'auteur Jeff Brumbeau a écrit pour les enfants un livre des plus pertinents intitulé *The Quiltmaker's Gift*, dont le message est tout aussi bénéfique pour les adultes. L'histoire qu'il raconte est celle d'un roi avide possédant tous les biens matériels qu'il peut désirer, mais que sa fortune ne rend pas heureux.

Le roi entend parler d'une vieille femme qui fabrique les plus beaux patchworks du monde et les distribue gratuitement aux personnes n'ayant pas les moyens d'en acheter. Elle coud sans relâche et, en dépit du fait qu'elle possède peu de biens matériels, elle est très heureuse de sa vie simple. Le roi souhaite alors plus que tout posséder l'un de ces patchworks et reste stupéfait lorsque la couturière refuse de lui en vendre un, quelle que soit la somme qu'il lui offre. Elle lui explique qu'ils sont réservés à ceux qui n'ont pas les moyens de les acquérir. Il est furieux, mais la vieille femme refuse de céder, quoi qu'il fasse pour la menacer ou la punir... et il ne recule devant rien !

Elle finit par conclure un marché avec le roi, car elle sait combien il est égoïste et n'aime pas partager les belles choses qu'il possède. Elle lui propose de lui coudre un carré de patchwork pour chaque objet qu'il donnera. Il accepte à contrecœur, car, bien qu'il chérisse tous ses trésors, ce bel édredon est l'unique bien qu'il ne puisse pas avoir. Au début, il ne trouve rien, parmi toutes ses possessions, dont il consente à se séparer, mais il choisit finalement de faire don d'une bille. À sa grande surprise, le garçon auquel il l'offre est si heureux que le roi décide de faire d'autres cadeaux, et, chaque fois qu'il voit la joie sur le visage de ceux qui les reçoivent, il ne peut s'empêcher de sourire.

« Comment est-ce possible ? s'écrie le roi. Comment puis-je me sentir si heureux de distribuer mes biens ? » Stupéfait, il ordonne à ses serviteurs de « tout sortir ! Sortez tout, d'un coup ! »

Et ainsi, chaque fois qu'il offre quelque chose, la couturière ajoute une autre pièce à son patchwork. Lorsque tous les habitants de son royaume ont reçu un cadeau de sa part, il commence à donner ses trésors aux gens du monde entier, les échangeant contre des sourires.

Bientôt, le roi n'a plus rien à donner, et alors que ses vêtements fastueux tombent désormais en lambeaux, la vieille femme les enveloppe du joli patchwork qu'elle a terminé. « Comme je te l'ai promis il y a longtemps, dit la vieille femme, le jour où tu seras toi-même pauvre, alors seulement je te donnerai un patchwork. »

« Mais je ne suis pas pauvre, proteste le roi. J'ai peut-être l'air pauvre mais, en vérité, mon cœur est plein à craquer, rempli des souvenirs de tout le bonheur que j'ai donné et reçu. Je suis l'homme le plus riche que je connaisse. »

Dès lors, la couturière se met à fabriquer ses magnifiques patchworks le jour, et le soir venu, le roi les emporte dans la ville, en quête des pauvres et des malheureux, heureux comme jamais d'avoir quelque chose à offrir.

« Vous donnez, mais bien peu quand vous donnez de vos possessions. C'est lorsque vous donnez de vous-même que vous donnez véritablement. »
– Khalil GIBRAN

Vivez hors de vous-même

« La question la plus persistante et la plus urgente du monde est : Que faites-vous pour les autres ? »
– Martin LUTHER KING Jr.

Cette question cruciale, fréquemment posée par Martin Luther King, devrait tous nous frapper et motiver chacun à agir.

En 2014, Adam Grant était le plus jeune professeur titulaire et le mieux noté de la Wharton School of Business de l'université de Pennsylvanie. Il a écrit un livre intitulé *Give and Take**, qui explique pourquoi le

* Adam Grant, *Give and Take* [Prendre et donner], Penguin Group, 2014, non traduit.

don doit faire partie de la formulation de nos objectifs personnels.

Grant écrit : « Quand je pense aux gens qui donnent, je les définirais simplement comme le genre de personnes qui aiment aider les autres et le font souvent sans condition. » Selon Grant, la plupart des gens pensent qu'ils doivent d'abord réussir et qu'ensuite, seulement, ils peuvent donner – mais ses recherches suggèrent en fait le contraire. « Il y a des personnes, comme Bill Gates, qui réussissent avant de décider de donner en retour, mais la majorité des gens qui réussissent ont commencé à donner bien avant de devenir fortunés. » Grant ajoute : « J'aimerais redéfinir le succès en disant qu'il ne réside pas seulement dans ce qu'on accomplit, mais aussi dans ce qu'on aide les autres à accomplir. »

Imaginez maintenant l'importance que vous auriez si votre argent, votre influence et vos efforts sauvaient littéralement d'innombrables vies, comme nous allons l'illustrer de façon inspirante dans l'exemple suivant.

Bill Gates s'est fait un nom avec Microsoft, qu'il a cofondé et transformé en une entreprise pesant plusieurs milliards de dollars, célèbre pour avoir révolutionné la technologie en rendant l'informatique accessible aux consommateurs du monde entier. Il a même figuré tout en haut de la liste *Forbes* des personnes les plus riches du monde. Cependant, l'histoire pourrait un jour dire de lui qu'il était aussi le plus grand philanthrope de notre temps. On pourrait se souvenir de lui non seulement pour son esprit d'innovation, mais aussi pour les millions de personnes dont il a embelli l'existence grâce à ses initiatives mondiales en matière de santé et d'éducation. Le plus important est peut-être qu'il incite d'autres personnes, tout aussi fortunées et influentes, à l'imiter. Comme une pierre jetée dans un lac, son influence de bienfaiteur se propage de plus en plus largement, et ses ricochets affectent tout ce qu'ils touchent.

Dans le film *Spider-Man*, Ben confie à son neveu Peter un axiome devenu familier – qui lui permettra d'utiliser son don à bon escient: « Un grand pouvoir implique de grandes responsabilités. » Bill Gates a été élevé par des parents qui tenaient à se rendre utiles auprès de la communauté et à rendre service à leur entourage. Cette éducation a été renforcée par l'influence de sa femme, Melinda, qui a eu un parcours similaire, étant elle aussi dotée d'un grand sens de la solidarité. En outre, l'étude de la vie de philanthropes tels que Rockefeller et Carnegie a inculqué à Bill un sens du devoir consistant à donner aux œuvres caritatives – essentiellement de son vivant, afin qu'il puisse s'en occuper personnellement. Bien que Bill Gates n'ait jamais rencontré Rockefeller, il admire la manière stratégique dont celui-ci a consacré, avant de mourir, la majeure partie de sa fortune à des causes qui lui tenaient à cœur.

« Au-delà d'un certain point, l'argent n'a pas d'utilité pour moi. Son utilité réside entièrement dans le fait de mettre en place une organisation afin de distribuer les ressources aux plus démunis dans le monde entier. »
– Bill GATES

En 2000, Bill Gates a quitté son poste de PDG de Microsoft et consacré plus de temps à la Fondation Bill et Melinda Gates, afin de changer le monde grâce au don. Warren Buffett, cofondateur de la fondation et ami du couple, leur a un jour donné un excellent conseil en termes de philanthropie : « Ne vous contentez pas de projets sûrs, attaquez-vous aux problèmes vraiment difficiles. » Ils ont pris son conseil à cœur et se sont mis au travail en agissant de manière décisive.

Convaincus que « toutes les vies ont la même valeur », les Gates ont créé le plus grand fonds philanthropique du pays et consacrent leur temps et leur argent à certains des problèmes les plus urgents du monde, notamment les soins de santé, la prévention des naissances prématurées, la lutte contre les maladies infectieuses (en particulier le paludisme), contre l'extrême pauvreté, les problèmes d'assainissement, les inégalités en matière d'éducation (plus précisément pour les filles et les femmes) et l'égalité d'accès à l'information et aux technologies dans le monde entier.

Bill et Melinda ont été stupéfaits d'apprendre qu'un demi-million d'enfants dans les pays pauvres du monde entier – mais pas aux États-Unis – mouraient chaque année de maladies diarrhéiques. Des solutions réhydratantes peu coûteuses pouvaient leur sauver la vie, mais personne ne se sentait tenu d'intervenir en leur faveur.

Les Gates ont compris qu'ils devaient saisir l'occasion qui se présentait de sauver la vie de ces enfants. Ils ont appris qu'au travers de leur fondation, ils pouvaient agir efficacement en identifiant les problèmes que les gouvernements et les marchés n'abordaient pas et en cherchant des solutions que personne ne mettait en œuvre. Sauver des enfants a été leur tout premier objectif mondial, avec un gros investissement dans des vaccins qui n'étaient pas encore arrivés dans les pays les plus pauvres.

Une première campagne de vaccination des enfants de cinq ans et moins a contribué à réduire de moitié la mortalité infantile, passée alors de 12 à 6 millions par an.

« Nous pensons que toutes les vies ont une valeur égale, mais nous avons constaté que le monde ne fonctionnait pas ainsi, que la pauvreté et la maladie frappaient certains endroits plus que d'autres. Nous voulions créer une fondation pour combattre ces inégalités. »
– Melinda GATES

Avant leur campagne de vaccination, la poliomyélite – éradiquée presque partout dans le monde – faisait encore rage en Afghanistan, en Inde, au Nigeria et au Pakistan, détruisant des vies. En 2012, plus de la moitié des cas de polio dans le monde étaient recensés au Nigeria. L'Assemblée mondiale de la santé a lancé l'Initiative mondiale pour l'éradication de la poliomyélite, en grande partie grâce à une campagne de vaccination massive à laquelle se sont joints la Fondation Bill et Melinda Gates et le Rotary International. Deux ans plus tard, la Fondation Gates s'est engagée à payer 76 millions de dollars de la dette du Nigeria pour la poliomyélite (sur une période de vingt ans) et, grâce à leurs actions, aucun nouveau cas de polio n'a été signalé au Nigeria en 2017.

En 2017, la Fondation Gates a contribué à hauteur de près de 3 milliards de dollars à l'Initiative mondiale pour l'éradication de la poliomyélite, réduisant au final le nombre de cas de polio de 99,9 % et sauvant plus de 13 millions d'enfants de la paralysie. Ce qui représentait 350 000 cas de polio chaque année est tombé à moins de 20, signalés dans seulement deux pays, l'Afghanistan et le Pakistan.

Bill Gates a découvert que travailler à plein temps pour la Fondation Gates était aussi exigeant et prenant que d'être PDG de Microsoft, et restait aussi intéressant et stimulant. Et, en tant que riche Américaine excellant elle aussi dans le domaine de la technologie, Melinda Gates aurait pu emprunter un chemin beaucoup moins tortueux et ne pas s'impliquer personnellement dans les problèmes complexes et critiques de l'extrême pauvreté dans le monde, mais elle a volontairement décidé de suivre cette voie.

Melinda a exercé une influence importante sur l'orientation et les priorités de leur fondation. Elle ne s'est pas contentée d'étudier des données et d'analyser des théories depuis sa confortable maison : elle s'est rendue en personne dans les communautés avec lesquelles travaille la fondation. Elle est allée à plusieurs reprises, avec son équipe, dans des pays à faible revenu d'Afrique et d'Asie du Sud, où elle s'est entretenue avec des mères, des sages-femmes, des infirmières et des dirigeants communautaires afin de mieux connaître leur vie et leurs problèmes. Refusant d'ignorer les difficultés, Melinda a travaillé dur pour comprendre diverses cultures afin de promouvoir le changement et le progrès pour les femmes dans des domaines importants. Nombre des percées culturelles réalisées par son équipe grâce à l'éducation et à l'autonomisation ont permis non seulement d'enrichir mais aussi de sauver des vies.

Melinda a rapidement découvert que « dans les sociétés où règne une grande pauvreté, les femmes sont marginalisées. Les femmes sont des laissées-pour-compte [...]. Surmonter notre besoin de créer des marginaux est notre plus grand défi en tant qu'êtres humains. C'est ce qui permettra de mettre fin à l'inégalité [...]. C'est pour cela qu'il y a tant de personnes âgées, faibles, malades et pauvres en marge de la société [...]. Sauver des vies requiert la participation de tous. Nos sociétés seront plus saines lorsqu'elles n'auront plus de parias. Nous devons continuer à travailler pour réduire la pauvreté et la maladie. » Après des années d'observation sur le terrain, d'apprentissage et de travail actif pour trouver des solutions à des problèmes très lourds, Melinda a écrit un récit éclairant de ses expériences et de son appréhension de la vie des personnes vivant dans une extrême pauvreté : *Prendre son envol. Les combats de l'une des femmes les plus inspirantes au monde**.

Après avoir atteint l'apogée du succès, Bill et Melinda ont choisi de vivre en se tournant vers l'extérieur et ont élargi leur cercle d'influence dans le monde entier. Bien que les Gates aient divorcé en 2021, tous deux restent engagés dans la fondation en tant que coprésidents et administrateurs, déterminés à poursuivre le travail qu'ils accomplissent depuis 2000. Comme il leur aurait été facile de se reposer sur leur fortune ! Qu'avaient-ils de plus à prouver ou à conquérir ? Pourtant, *la vie est une question de contribution, pas seulement d'accumulation*, et leurs contributions à l'échelle mondiale sont incommensurables.

En 2010, Bill et Melinda, ainsi que Warren Buffett, ont créé la campagne *Giving Pledge*, dont la mission est d'« inviter les personnes et familles fortunées à s'engager à donner la plus grande partie de leur patrimoine à des causes philanthropiques et des organisations caritatives de leur choix, de leur vivant ou après leur mort ». Le *Giving Pledge* « s'inspire de l'exemple offert par des donateurs de tous horizons quels que soient leurs moyens financiers. Nous sommes inspirés par l'exemple de millions d'Amé-

* Melinda Gates, *Prendre son envol. Les combats de l'une des femmes les plus inspirantes au monde*, éditions Michel Lafon, 2019.

ricains qui donnent généreusement (et souvent au prix de sacrifices personnels) pour rendre le monde meilleur».

« Quelqu'un, aujourd'hui, est assis à l'ombre parce que quelqu'un, il y a longtemps, a planté un arbre. »
– Warren BUFFETT

Depuis sa création, le *Giving Pledge* compte 231 signataires de vingt-huit pays du monde entier, âgés de trente à quatre-vingt-dix ans, s'engageant à consacrer leur fortune à un large éventail de causes. Ce groupe d'entrepreneurs et de dirigeants d'entreprises représente également de multiples secteurs tels que la technologie, la médecine, la biotechnologie, l'immobilier et la production laitière. Des soins de santé à l'éducation en passant par la réduction de la pauvreté, cette initiative de grande envergure constitue une nouvelle approche mondiale et multigénérationnelle pour traiter certains des plus grands problèmes sociétaux.

Bill Gates a promis de donner 95 % de sa fortune, principalement de son vivant. En 2006, Warren Buffett s'est engagé à consacrer 99 % de son patrimoine à la philanthropie, de son vivant ou après sa mort. Il a expliqué : « La réaction de ma famille et de moi-même à notre extraordinaire bonne fortune n'est pas la culpabilité, mais plutôt la gratitude. Si nous dépensions plus de 1 % de mes indemnités pour nous-mêmes, ni notre bonheur ni notre bien-être n'en seraient améliorés. En revanche, les 99 % restants peuvent avoir un effet considérable sur la santé et le bien-être des autres. »

Al Ueltschi, le père de la formation au pilotage moderne, a donné une grande partie de sa fortune pour combattre la cécité. La cataracte est à l'origine de 51 % des cas de cécité, et pourtant, une opération de cinq minutes payée 50 dollars peut y remédier. M. Ueltschi a offert 5,1 millions de dollars à HelpMeSee, qui réalise ce type d'opérations révolutionnaires. Lorsqu'il a rejoint *Giving Pledge*, il a incité les autres à ne pas attendre qu'il soit trop tard : « Je n'ai jamais vu un corbillard tirant une remorque de poids lourd. Vous ne pourrez pas l'emporter avec vous ! » Il est mort un mois plus tard, en 2012, à l'âge de quatre-vingt-quinze ans, après avoir fait don de 260 millions de dollars.

Si tous ceux qui ont atteint l'apogée du succès relevaient le défi et signaient le *Giving Pledge*, quelle différence incroyable cela ferait pour les causes philanthropiques et organisations caritatives ! Leurs milliards de dollars bouleverseraient la vie d'innombrables personnes. Leur cercle d'influence (qui contient les causes qu'ils apprécient et choisissent de soutenir) serait perceptible dans le monde entier ; cela n'aurait pas pour seule conséquence de changer des vies, mais d'en sauver.

La plupart d'entre nous disposent d'un cercle d'influence plus restreint, touchant des individus ou un groupe plus proche. Pourtant nos contributions sont tout de même très précieuses. Qu'elles soient à grande ou à petite échelle, elles sont nécessaires pour promouvoir un changement positif et un bien durable dans notre société.

Au lieu de se concentrer inutilement sur les succès ou les échecs passés, les personnes proactives à l'apogée de leur succès consacrent leur temps et leur énergie aux actions qu'elles peuvent entreprendre pour construire un avenir radieux, à identifier et répondre aux besoins qu'elles constatent autour d'elles ; elles s'appuient sur les connexions et les ressources dont elles disposent et qui peuvent apporter un changement bénéfique aux autres.

« Donner nous libère du territoire familier de nos besoins et nous propulse dans les territoires inconnus occupés par les besoins des autres. »
– Barbara BUSH

Prenez Kerry et Kevin, par exemple. Après des années de dur labeur pour s'intégrer dans une petite ville du nord du Texas où ils élèvent leurs six enfants, Kerry et Kevin ont connu une sorte d'apogée de la réussite au sein de leur communauté. Au lieu de se reposer sur leurs lauriers et de se concentrer uniquement sur leur famille, ils ont généreusement choisi de donner d'eux-mêmes en s'impliquant dans les nombreux besoins de leur ville.

Kevin est dentiste, a été président du Rotary Club et, pendant de nombreuses années, il a entraîné la plupart des équipes sportives de jeunes garçons et filles. Une année, alors que la ville n'avait pas payé la préparation du terrain de baseball local et l'arrosage de la pelouse, Kevin a fait le travail et payé l'eau lui-même, s'assurant ainsi que les enfants ne manqueraient pas la saison de baseball ce printemps-là. Tous les ans, Kevin et l'autre dentiste de la ville posaient gratuitement aux enfants du coin des scellements dentaires pour prévenir les caries.

Outre l'aide qu'elle apportait pour gérer ce programme de soins dans le cabinet dentaire, Kerry participait activement, au fil des ans, à l'organisation d'une visite guidée de Noël, à la levée de fonds pour d'autres organismes de bienfaisance locaux, y compris des collectes de nourriture.

Chaque semaine, elle offrait des cours gratuits aux élèves de l'école primaire de ses enfants dans le cadre du programme *Title I.*

Un jour, Maria, une fillette de CE1, est entrée en classe en pleurant. Kerry l'a spontanément serrée dans ses bras, ce qui a rapidement calmé la jeune élève. Pendant les semaines suivantes, Kerry a gardé un œil sur Maria. Elle a remarqué qu'elle avait une forte personnalité et qu'elle était généralement prise en grippe, voire maltraitée, par certains élèves de sa classe. Outre ces problèmes d'intégration, Maria présentait de grosses difficultés en lecture et en mathématiques, ses compétences dans ces domaines étant bien inférieures à celles requises en CE1, mais son enseignant ne s'en préoccupait absolument pas.

Kerry a décidé de se lier d'amitié avec Maria et a demandé au directeur de l'établissement les coordonnées de ses parents afin d'inviter la fillette à jouer avec ses propres enfants après l'école. Elle a été choquée par sa réponse abrupte : « Oh, non ! Crois-moi, ce n'est pas une bonne idée de les fréquenter, ni elle ni son père. La mère est en prison, et ça ne date pas d'hier ! Toute cette famille est malhonnête – ils mentent, ils volent… Tu ferais mieux de garder tes distances. »

Pour Kerry, cela expliquait en grande partie les troubles émotionnels et comportementaux de Maria. Malgré la mise en garde du directeur, elle tenait à s'occuper de celle-ci et de sa jeune sœur, Angie, et elle a fini par contacter leur père.

Kerry a alors découvert que la famille vivait en périphérie de la ville. Le père, ne possédant pas de voiture et étant lui-même analphabète, ne pouvait guère s'impliquer dans l'éducation de ses filles. Avec son accord, Kerry a fait en sorte que celles-ci viennent un jour chez elle après l'école, en compagnie de ses propres enfants. Lors de leur première visite, elles étaient si heureuses d'être là qu'elles en ont pleuré. Kerry s'est rapidement aperçue que le moment qu'elles préféraient était celui où elles s'asseyaient autour d'elle pour qu'elle leur lise des livres, en général des albums pour les tout-petits. Elles étaient avides d'attention et de toute manifestation d'affection maternelle. Pendant l'une de ces lectures, Angie s'est penchée vers Kerry et lui a demandé timidement : « Tu peux faire semblant d'être ma mère ? » Il était bouleversant de constater combien elles avaient besoin d'une vie de famille normale, avec des parents aimants, et Kerry s'est vite rendu compte que, même si les deux fillettes aimaient jouer avec ses propres enfants, elles réclamaient avant tout son attention et son amour.

Après l'école, Maria et Angie adoraient aller chez Kerry qui en avait fait un événement hebdomadaire, prenant l'habitude de les aider à faire leurs devoirs avant de jouer, et les invitant généralement à rester pour le dîner. Leur père n'était pas un mauvais homme, mais il ne possédait pas les compétences nécessaires à un parent isolé et il peinait à gagner sa vie. Kerry a commencé à le conduire aux programmes et activités scolaires, et il a pu constater à quel point sa présence était importante pour ses filles. Il s'est rendu compte que s'il ne venait pas, elles étaient les seules à ne pas avoir de parent pour les soutenir.

Maria et Angie ont commencé à s'épanouir. Il n'a pas fallu longtemps pour que leurs problèmes de comportement s'atténuent, et leurs capacités en lecture et en mathématiques se sont considérablement améliorées grâce à l'aide de Kerry après la classe. En jouant avec les enfants de celle-ci, elles ont appris à être plus sociables, ce qui leur a permis d'être plus sympathiques aux yeux de leurs camarades d'école. À mesure qu'elles progressaient scolairement, elles prenaient rapidement confiance en elles.

À l'occasion de l'activité annuelle du Musée de cire organisée dans la classe d'Angie, Kerry s'est assurée que la fillette disposerait d'un costume de personnage historique, comme les autres élèves, ainsi que d'une affiche et d'une vidéo d'information pour qu'elle puisse bien s'investir dans ce projet important. À la fin de la présentation, Kerry a pu constater que, pour la première fois, Angie savait qu'elle était capable de réussir[18].

Quelle belle dose d'espoir cette mère de substitution a injectée dans la vie de ces deux filles délaissées ! Après avoir créé un foyer idéal pour sa propre famille et être devenue une personne influente dans sa communauté, Kerry a contribué à créer pour ces fillettes une nouvelle vie où elles pouvaient elles aussi réussir et se sentir aimées et valorisées.

La clé du bonheur consiste à vivre hors de soi-même – à travailler avec d'autres personnes –, animé par une vision ou une mission commune afin d'apporter sa contribution. Une jeune mère se souvient que sa grand-mère lui disait toujours : « La journée a été difficile. Allons trouver quelqu'un à aider. » Quelle perspective aussi remarquable que sage ! Réagir aux besoins des autres et leur rendre service comme vous seul êtes capable de le faire est un élément essentiel de la mentalité crescendo.

« Mais si vous voulez être un vrai professionnel, vous agirez en dehors de vous-même pour réparer les fractures de notre communauté, pour améliorer l'existence des personnes moins bien loties que vous. Pour moi, c'est ainsi que la vie prend du sens. On ne vit pas seulement pour soi, mais pour sa communauté. »

– Ruth Bader GINSBURG

CHAPITRE 4

Exercer le leadership, c'est communiquer sa valeur et son potentiel

Mon père avait de nombreuses compétences, mais le bricolage n'en faisait pas partie. La légende familiale raconte qu'un jour, au début de son mariage, il a engagé un électricien pour réparer une lampe qui ne marchait pas, et celui-ci l'a informé qu'il avait juste besoin d'une nouvelle ampoule. Ma mère prétend que papa a alors demandé à l'électricien combien il facturait pour en installer une ! Cette anecdote l'a poursuivi toute sa vie.

Après le décès de mon père, cette anecdote m'est revenue grâce à un homme merveilleux, John Nuness, sur lequel il a compté année après année pour s'occuper des équipements de notre villégiature familiale dans le Montana. Toujours de bonne humeur et attentionné, John offrait des services de qualité, et il était aussi fier de nos machines que si c'étaient les siennes. Papa se reposait entièrement sur lui, et John se rendait souvent au lac, le soir après son travail, pour que nos jet-skis et autres équipements soient en état de marche le lendemain. C'était extrêmement précieux pour nous, car certains membres de notre famille disposaient d'un temps de vacances limité.

Quand mon père est mort, John a continué à nous aider, ce qui nous a beaucoup touchés. Un jour, lorsque je l'ai remercié, il m'a surprise par sa réponse :

> Il faut que je te dise quelque chose. Stephen est la seule personne qui ait jamais réellement apprécié ce que je fais pour gagner ma vie. J'ai toujours aimé travailler avec lui, principalement parce qu'il m'a permis de me sentir bien dans ma peau et qu'il a accordé une valeur sincère à mes compétences et aux services que je rends à ta famille. Je suis heureux de continuer à vous aider parce que ton père m'a donné le sentiment d'être estimé en tant que personne et professionnel – ça signifie beaucoup pour moi.[19]

Je n'aurais jamais cru qu'il était si simple de dire : « J'apprécie beaucoup ce que vous faites, merci. » Combien de fois remercions-nous sincèrement quelqu'un qui nous fait du bien ?

– Cynthia Covey Haller

Il y a longtemps, Kenneth Blanchard a écrit un petit livre marquant intitulé *Le Manager minute**. L'une des grandes idées de cet ouvrage était la déclaration suivante, abrupte mais juste : « Les bonnes pensées non exprimées ne valent rien ! » Blanchard écrit encore :

* Kenneth H. Blanchard et Spencer Johnson, *Le Manager minute*, Éditions d'Organisation, 1987.

> De tous les principes que j'ai enseignés au fil des ans, le plus important consiste à « surprendre une personne dans ses actes de bienfaisance ». Il ne fait aucun doute pour moi que le secret de l'épanouissement de chacun réside dans le fait d'être surpris en train de faire quelque chose de bien et d'être félicité pour ses performances. Vous remarquerez qu'alors [...], l'attention de cette personne s'accroît.

Prenez dès maintenant cet engagement : sitôt que vous pensez du bien d'une personne, faites-lui-en part au moment même où cette pensée vous vient. Si vous atermoyez, l'occasion sera peut-être perdue – probablement pour toujours. En adoptant cette bonne habitude, qui ne prend que quelques secondes, vous pouvez illuminer la journée de quelqu'un, l'inciter à adopter un bon comportement, lui insuffler de la confiance en soi, lui témoigner votre approbation voire l'aider à affronter un besoin ou un problème imprévu. Exprimer des pensées positives à l'égard des gens les motive à donner le meilleur d'eux-mêmes. Un vieux proverbe japonais affirme qu'« un mot gentil peut réchauffer trois mois d'hiver ».

Ne laissez pas passer cette chance, car, comme le dit une chanson populaire : « Nous ne passerons peut-être plus jamais par là. » Aucun être humain digne de ce nom n'a jamais dit ou pensé : « Je regrette d'avoir été aussi gentil avec mes enfants ! »

J'ai pleuré dans la nuit
Sur ma vue bien trop courte
Qui me rend aveugle aux besoins d'autrui.
Mais je n'ai encore jamais éprouvé le moindre regret
D'être un peu trop gentil.
– Auteur inconnu

Tous les parents savent qu'il n'est pas facile d'inciter ses jeunes enfants à bien se tenir lorsqu'on sort dîner, surtout si l'on est seul. Un week-end, une jeune mère a emmené ses enfants dans un Pizza Hut à Raleigh, en Caroline du Nord. Elle traversait un divorce éprouvant, et deux de ses jeunes enfants demandaient une attention particulière. Elle s'est approchée d'un homme assis non loin de leur table et s'est excusée à l'avance du bruit et du remue-ménage qu'ils allaient faire. Il lui a assuré qu'étant lui-même père, il comprenait la situation.

C'est seulement quand cette mère est allée régler l'addition que la gentillesse de l'homme s'est pleinement révélée. Il avait déjà payé le repas de sa famille, leur avait acheté une carte-cadeau pour qu'ils puissent revenir, et avait écrit au dos de son reçu un mot qui l'a fait pleurer :

> Je ne connais pas votre histoire, mais j'ai eu le privilège de vous voir vous occuper de vos enfants pendant une demi-heure. Je tiens à vous remercier d'élever vos enfants avec autant d'amour. Je vous ai vue leur enseigner l'importance du respect, des bonnes manières, de la communication, de la maîtrise de soi et de la gentillesse, tout en restant patiente. Je ne croiserai plus jamais votre chemin mais je suis certain que vos enfants auront un avenir extraordinaire. Continuez sur cette voie et, quand les choses commencent à se corser,

n'oubliez pas que d'autres personnes vous regardent et ont besoin d'être encouragées en étant témoins de la bonne éducation qu'on peut donner à des enfants. Dieu vous bénisse. Jake.

Folle de reconnaissance, elle a contacté une chaîne de télévision locale pour tenter de remercier Jake de lui avoir donné cet énorme coup de pouce à un moment particulièrement difficile de sa vie. « On ne sait jamais ce que les gens traversent, a déclaré cette mère à ABC 11. J'ai vécu les pires années de ma vie et je n'ai jamais reçu une telle marque de reconnaissance ! Je fais juste ce que je peux pour m'en sortir. Je veux que lui et sa famille sachent qu'il est génial ! On ne sait jamais qui nous regarde. »

L'admiration qu'a exprimée Jake pour la patience et le courage de cette mère divorcée, qui se bat pour élever des enfants difficiles, a été d'une valeur incommensurable. En plus d'offrir un repas et une carte-cadeau, Jake a reconnu la valeur et l'importance d'élever de jeunes enfants.

« Trop souvent, nous sous-estimons la puissance d'une caresse, d'un sourire, d'un mot gentil, d'une oreille attentive, ou d'un petit geste prévenant – tout ceci a le pouvoir de bouleverser une vie. »
– Leo BUSCAGLIA

Le principe de Dulcinée

J'adore la comédie musicale *Man of La Mancha*, tirée du *Don Quichotte* de Cervantès, qui enseigne le message inspirant de croire au potentiel d'une autre personne.

Don Quichotte est un chevalier médiéval qui tombe amoureux d'Aldonza, simple paysanne et prostituée. Tout le monde la traite en tant que telle, mais le vaillant chevalier est aveugle à cette réalité – il est le seul à la considérer selon ce qu'il croit qu'elle peut devenir, à entrevoir son potentiel de femme vertueuse.

Au début, Aldonza ne le pense pas sincère. Mais Don Quichotte persiste dans la vision qu'il a d'elle et l'appelle par un nouveau nom, Dulcinée, lui fournissant une nouvelle identité à travers laquelle elle peut se percevoir. Il s'entête patiemment jusqu'à ce qu'Aldonza finisse par être réceptive à ses affirmations. Peu à peu, elle change et accepte la perception qu'il a d'elle, à la grande déception de ceux qui ne voient que la prostituée. Grâce à ce nouveau paradigme, elle finit par devenir Dulcinée, une femme incarnant beauté et vertu, qui, dotée de cette nouvelle image, voit se profiler une vie complètement différente et pleine de perspectives.

Enfin, alors que Don Quichotte est sur son lit de mort, elle se rend à son chevet, où il renouvelle l'estime qu'il lui porte et lui chante cette chanson exaltante, « The Impossible Dream ». Le message qu'il lui adresse est clair : Ne renonce jamais à ton potentiel. Ni à tes rêves ! Crois toujours à ce qu'il y a de meilleur en toi. Il la regarde dans les yeux et lui confirme sa nouvelle identité, lui disant en substance : « *N'oublie jamais que tu es Dulcinée.* »

« On ne voit bien qu'avec le cœur.
L'essentiel est invisible pour les yeux. »
– Antoine DE SAINT-EXUPÉRY, *Le Petit Prince*

Don Quichotte a vu en Aldonza quelque chose de plus que ce qu'elle était, quelque chose que même elle ne pouvait voir. Grâce à un amour inconditionnel, il le lui a révélé. Nous avons beaucoup à apprendre de Don Quichotte. La « prophétie autoréalisatrice » du principe de Dulcinée est la suivante : les gens s'adaptent à la vision que l'on a d'eux si elle leur permet de s'élever. Chacun d'entre nous a le pouvoir d'opérer ce miracle pour les autres – surtout quand on a atteint l'apogée du succès dans un domaine de sa vie, au moment où son influence potentielle peut avoir sur les autres des répercussions positives bien plus importantes qu'on ne l'imagine. J'ai souvent conseillé aux personnes d'influence de saisir cette opportunité et de se concentrer sur d'autres qu'eux-mêmes : en d'autres termes, « cherchez à faire le bien, pas à impressionner ».

Regardez autour de vous pour trouver quelqu'un qui a besoin qu'on croie en lui. Ayez foi en sa grandeur d'âme et encouragez-la, même si elle n'a pas encore porté ses fruits. Ainsi, le potentiel de cette personne devient une réalité. Vous pouvez aimer et inspirer quelqu'un pour qu'il soit la personne qu'il est censé devenir, indépendamment de son passé et de la réalité du présent.

« Traitez un homme comme il est, il restera ce qu'il est. Traitez-le comme il peut et doit l'être et il deviendra comme il peut et doit l'être. »

– Johann Wolfgang VON GOETHE

Appliquer le pouvoir des affirmations positives est le rôle des vrais mentors, enseignants et leaders. Il n'y a rien de plus gratifiant que d'aider un être humain à percevoir son potentiel et l'inciter à la grandeur.

- Soyez ouvert à l'inspiration : celle de votre propre conscience et celle de sources extérieures. Acceptez-les, et vous aurez bientôt une plus grande influence sur les autres.
- Soyez conscient que les autres doivent d'abord sentir que vous les comprenez et que vous vous souciez vraiment d'eux ; alors seulement ils seront ouverts à votre influence.
- Après avoir établi une relation avec une personne que vous souhaitez guider, recherchez les « moments d'enseignement » naturels qui vous permettront de transmettre ce que vous savez et pensez être important.
- Recourez à des exemples concrets pour leur apprendre à réagir – même les jeux de rôle peuvent se révéler utiles.
- Offrez-leur une nouvelle vision exaltante d'eux-mêmes.
- Aidez-les à croire qu'ils sont capables de relever les défis auxquels ils sont confrontés et d'opérer des choix judicieux.
- Apprenez-leur à vivre à partir de leur imagination, pas de leur passé.

Savoir qu'une autre personne nous aime et croit en nous, même quand nous manquons de confiance en nous, est un puissant vecteur de sécurité intérieure. La valeur et le pouvoir des affirmations que vous établissez sont souvent essentiels à l'épanouissement des autres et à la réalisation de leur potentiel, car ils offrent une grande paix de l'esprit et un sentiment de sécurité, et leur permettent de sortir de leur zone de confort en ayant moins peur de l'échec.

Ces affirmations doivent être personnelles, positives, actuelles, visuelles et émotionnelles. Elles doivent être simples, sincères et applicables aux capacités d'autrui :

- « Je sais que ces cours de finance sont vraiment difficiles et qu'il y a beaucoup de concurrence, mais tu as toujours été une étudiante si consciencieuse que je suis persuadé que ton travail acharné sera payant. Tiens bon, Angie, même si tu dois redoubler ce cours. Dans cette matière importante, il faut généralement un certain temps pour assimiler les concepts, mais je connais ton éthique de travail – tu finiras par réussir. »
- « Tu es un artiste né, John. Tu es créatif et tu peins avec tant d'émotion que tes tableaux offrent une perspective différente de celle de la plupart des gens. À présent, tu as assez de cran pour tenter la peinture à l'huile. Tu vas pouvoir développer un évantail de nouveaux talents. »
- « Tu es un meilleur père que tu ne le penses. Ne t'en veux pas pour les bêtises d'adolescents dont tu es témoin, elles n'ont rien d'anormal ! Tu passes tellement de temps sur le terrain de baseball à discuter avec Sam qu'il sait que tu l'aimes. Tisser des relations a toujours été ton point fort. »
- « J'ai aimé la façon dont vous avez interagi avec les membres de votre équipe aujourd'hui, quand des opinions divergentes ont été exprimées. Cela aurait pu être explosif, mais vous avez mené la discussion de manière si ouverte et tolérante que chacun s'est senti libre de partager ses idées. Ce n'est pas facile à faire – vous avez des capacités naturelles de meneur qui peuvent vraiment aider notre équipe. »
- « Merci de toujours écouter quand les autres veulent être entendus. Les conseils que tu donnes à tes frères

et sœurs sont précieux, car tu les laisses vraiment s'exprimer et ils sont alors plus ouverts à ton influence. Tu es doué pour prendre des décisions difficiles. Je peux vraiment compter sur toi. »

Certes, toutes les affirmations restent subjectives par rapport à la personne qu'on essaie d'encourager, mais si on les exprime de manière étudiée et sincère, elles peuvent avoir un effet notable, car la plupart des gens réfléchissent à ce que les autres pensent et croient d'eux. À l'apogée du succès, on se trouve dans une position idéale pour guider efficacement les autres en suivant quelques pratiques simples mais cruciales. Faites-en une habitude, et votre influence sera considérable :

Changez le nom ou l'étiquette de la personne que vous encouragez.

- Les anciens noms, étiquettes, titres, surnoms et identités sont une entrave au progrès. Dans presque toutes les sociétés, les rites de passage comportent l'attribution d'un nouveau titre ou d'un nouveau nom, car ceux-ci facilitent grandement les changements de comportement. Vous n'avez pas besoin de donner *littéralement* un nouveau nom à quelqu'un, comme avec Dulcinée, mais vous devez dépasser votre propre perception de cette personne et l'aider à faire de même.
- Aidez les autres à modifier leur perception d'eux-mêmes. Il est important d'apprendre aux personnes dont vous vous occupez à vivre en fonction de leur imagination et non de leur passé.

- Faites-leur prendre conscience qu'on est souvent soi-même son pire ennemi. On se fait du mal en entretenant de vieilles croyances à son sujet au lieu de se recréer.

Confortez-les dans leur nouvelle identité.

- Aider quelqu'un à réécrire sa vie et sa mission demande du courage, mais c'est en votre pouvoir. Les anciens scénarios peuvent être changés, surtout si quelqu'un nous aime et croit en nous.
- Quand c'est le cas, une grande force et un grand pouvoir émergent, surtout lorsque ces personnes ne croient pas encore totalement en elles-mêmes. Quand quelqu'un a foi en une autre personne, cela permet à celle-ci d'échapper à la victimisation et l'oblige à assumer la responsabilité de ses actes.
- Cela l'oblige également à devenir actrice du changement au lieu de se complaire dans l'auto-apitoiement.

« En le rendant conscient de ce qu'il peut être
et de ce qu'il doit devenir,
il fait de ces possibilités une réalité. »
– Viktor FRANKL, *Man's Search for Meaning*

Le fondement de l'affirmation est la foi – une croyance profonde dans le potentiel invisible d'une personne, d'un produit ou d'un projet. Cette croyance provient généralement de la vision que vous avez de tout cela. Les fruits de l'innovation et de la créativité résultent naturellement d'une vision stimulante, d'une foi innocente et d'un travail patient et assidu :

Foi + Travail = Fruit

Croire au potentiel invisible d'autrui est comparable à la plantation d'un bambou, comme cela se fait en Chine : pendant quatre ans, on ne voit absolument rien sortir du sol, en dehors d'un bulbe et d'une pousse minuscules. Toute la croissance, durant cette période, est consacrée au développement de la structure racinaire. Mais, chose incroyable, au cours de la cinquième année, la plante pousse de 25 mètres !

Sans racines, nous n'obtenons pas de fruits. Quand on veut développer la confiance en soi d'autrui et sa croyance en son potentiel invisible, les fruits dépendent de la capacité des racines à s'enfoncer profondément dans le sol et à former une base solide. Ensuite seulement – et cela peut prendre des années, comme pour le bambou – les racines produisent des fruits. Et quels fruits merveilleux pour celui qui a trouvé l'épanouissement, ainsi que pour le guide qui a contribué à poser ces fondations ! Il est essentiel de ne jamais définir une personne par ses faiblesses ; au contraire, il faut la définir par ses forces.

Le leadership est un choix conscient

Pendant des années, lors de mes conférences, j'ai posé cette question révélatrice aux membres du public :

Combien d'entre vous ont atteint leur niveau de réussite actuel en grande partie parce que quelqu'un leur a fait confiance alors qu'ils ne croyaient pas en eux-mêmes ?

Immanquablement, environ deux tiers des personnes présentes levaient la main. Je leur demandais ensuite :

Qui a cru en vous ? Comment cette confiance s'est-elle manifestée ? Quel effet cela a-t-il eu sur vous ?

Je faisais ensuite le tour de la salle et invitais quelques-unes de ces personnes à partager leurs expériences. Souvent, elles devenaient très émotives en racontant leur histoire. Enfin, je leur soumettais la question la plus importante de toutes :

Essayez-vous de faire la même chose avec les autres ?

Ma meilleure définition du leadership est la suivante : *communiquer la valeur et le potentiel d'une personne de façon si claire qu'elle en vient à les voir en elle-même.* La plupart d'entre nous ont été inspirés, encouragés et guidés par quelqu'un qui avait vraiment confiance en eux, et c'est ce qui a fait toute la différence. Nous n'avons probablement pas conscience de l'effet que nous pouvons avoir sur les autres, et que cet effet peut s'étendre à la génération suivante et au-delà.

> « *Dans la vie de chacun, à un moment donné, le feu intérieur s'éteint. Il est ensuite ravivé par une rencontre. Soyons reconnaissants à ces humains qui rallument la flamme en nous.* »
> – Albert SCHWEITZER

J'ai eu la chance, dans ma vie, de rencontrer bien des personnes qui ont cru en moi et m'ont incité à réaliser ce qu'elles considéraient comme mon potentiel, à commencer par mes parents. Un jour, je me suis réveillé au milieu de la nuit et j'ai découvert ma mère penchée au-dessus de moi, me murmurant des mots d'encouragement pour un devoir important le lendemain matin. Je reconnais qu'à l'époque, cela m'a semblé un peu étrange, mais je n'avais aucun doute sur le fait qu'elle croyait en moi et faisait son possible pour m'aider, tout comme mon père. Leur confiance a eu des conséquences énormes sur ma vie.

À l'âge de vingt ans, j'ai eu l'occasion d'effectuer en Angleterre un service volontaire qui a profondément marqué ma vie. A. Heimer Reiser, qui chapeautait les adultes sur place, m'a invité au bout de quelques mois à former dans quelques grandes villes d'Angleterre des responsables locaux dont certains avaient deux ou trois fois mon âge. J'avais du mal à croire qu'il puisse me faire une pareille demande, car j'avais de sérieux doutes sur mes capacités à entreprendre une tâche aussi éloignée de ma zone de confort. Pourtant, il m'a dit: «J'ai une grande confiance en toi. Tu peux y arriver.» Il croyait bien davantage en moi que je ne croyais en moi-même.

À ma grande surprise, j'ai découvert que j'avais des prédispositions pour communiquer des idées de manière motivante, et j'en ai conçu une passion pour l'enseignement. M. Reiser est devenu un fidèle mentor qui a su percevoir mon potentiel pour former des leaders et, en raison du respect que je lui portais, je me suis révélé à la hauteur de sa confiance et de ses attentes. Je me suis épanoui, j'ai vu les autres s'épanouir et j'ai trouvé ma voie. Cette expérience a modifié mes références personnelles – la façon dont je me voyais – et, en définitive, a orienté toute ma vie professionnelle. L'enseignement m'a mené à l'écriture, qui est devenue un moyen de toucher un public bien plus vaste que je ne l'aurais imaginé.

Je suis convaincu que le véritable leadership est un choix conscient. J'ai découvert trois stratégies d'influence qui sont l'œuvre des vrais mentors.

Donnez l'exemple : Les personnes que nous encadrons *voient* ce que nous faisons. Nous encourageons l'obéissance aux lois de la vie quand nous vivons les lois de l'amour. Les humains sont intérieurement très sensibles, en particulier ceux qui paraissent solides et indépendants. Nous devons leur prêter notre « troisième oreille » – le cœur. Nous pouvons accroître notre influence auprès d'eux en leur témoignant de l'amour, en particulier de l'amour inconditionnel, qui leur donne un sentiment de valeur intrinsèque et de sécurité sans leur imposer un comportement ou les comparer aux autres. Si nous ne montrons pas l'exemple de ce que nous aimerions que les autres deviennent, nos mots sont vides de sens. Ce que nous sommes est un moyen de communication bien plus éloquent et persuasif que nos paroles ou même nos actes.

Établissez des relations attentionnées : Les personnes que nous encadrons *ressentent* ce que nous faisons. Nos tendances à classifier et catégoriser, à juger et mesurer découlent souvent de nos propres insécurités et frustrations face à des réalités complexes et mouvantes. Chaque individu possède de nombreuses facettes. Parfois, le potentiel d'une personne est évident mais, pour beaucoup, il est en sommeil. Les gens ont tendance à réagir à notre façon de les traiter et à nos croyances à leur sujet.

Certains, nous pensant naïfs ou crédules, peuvent abuser de notre confiance. Mais la plupart répondront à nos attentes, simplement parce que nous croyons en eux.

Ne freinez pas cette majorité d'individus prometteurs par crainte des quelques-uns qui risquent de nous décevoir ! Chaque fois que nous faisons preuve d'honnêteté, que nous sommes animés de bonnes motivations et que nous nous sentons mentalement en sécurité, nous faisons appel à la bonté des autres. Partir du principe que les autres sont de bonne foi est productif.

Méditez avant de parler : Les personnes que nous encadrons *entendent* ce que nous disons. Si l'on veut vraiment avoir de l'influence, il est essentiel de préparer son cœur et son esprit avant de préparer ses paroles. Le contenu de notre discours est peut-être moins important que notre manière de le livrer. Vous aurez l'occasion de servir de guide à ceux qui vous admirent et vous suivent, notamment les membres de votre famille.

Voici un exemple pratique si vous avez des enfants. Avant que ceux-ci ne rentrent de l'école, chargés de leurs besoins spécifiques, ou lorsque vous-même revenez du travail, prenez le temps de vous préparer. En d'autres termes, avant d'être confronté à une situation, faites une pause, ressaisissez-vous et décidez de la manière dont vous allez réagir aux signaux qu'on vous envoie.

- Rassemblez vos ressources.
- Ajustez votre esprit et votre cœur.
- Optez pour l'amabilité et la gaieté.
- Décidez de prêter toute votre attention à leurs besoins.
- Préparez-vous à écouter ce qu'ils disent (mais aussi à ce qu'ils ne disent pas) au lieu de préparer mentalement votre discours pendant qu'ils parlent.
- Le fait de choisir de donner le meilleur de vous-même fera obstacle à la fatigue et vous confortera dans vos bonnes résolutions.

Formez ceux que vous encadrez à ce que j'appelle la *loi des moissons*: « On récolte ce qu'on sème. » Pour la plupart des choses qui importent vraiment, il n'y a pas de raccourci, pas d'échappatoire, pas de solution miracle. Ce que vous plantez et la manière dont vous en prenez soin conditionnent clairement le résultat obtenu. En matière de cultures, on ne peut pas faire appel aux subterfuges – frénésie ou procrastination. Impossible de tromper Mère Nature pour qu'elle produise une récolte abondante sans en payer le prix au préalable.

En fin de compte, il en va de même en termes de relations humaines. Expliquez à ceux que vous encadrez les « principes agricoles » intemporels de la préparation du sol, de l'ensemencement, de la culture, de l'arrosage, du désherbage et de la moisson pour qu'ils récoltent le succès dans leur vie. Gardez à l'esprit que nous sommes toujours en train d'enseigner quelque chose, car ce que nous sommes rayonne constamment autour de nous.

Construire des ponts

Il existe un vieux poème fort pertinent intitulé « The Bridge Builder », écrit par une poétesse américaine du nom de Will Allen Dromgoole. De façon remarquable, ce texte a été publié en 1931, une époque moins égocentrique et plus orientée vers le service aux autres que la nôtre.

Un vieil homme, seul sur la route,
Parvint par un soir froid et gris
Au bord d'un gouffre immense, profond et vaste
Où coulait une eau lente.
Le vieil homme le franchit dans l'ombre du crépuscule.

La rivière maussade ne lui faisait pas peur ;
Mais, l'ayant traversé sans encombre, il s'arrêta
Pour bâtir un pont qui enjambait les flots.

« Vieil homme, lui dit un autre voyageur,
Tu gâches tes forces à construire par ici ;
Ta route s'achèvera sitôt le jour fini,
Jamais plus tu n'emprunteras ce chemin ;
Tu as traversé le gouffre, profond et vaste,
Pourquoi bâtir ce pont alors que vient la nuit ? »

Le bâtisseur de pont leva sa tête chenue ;
« Mon ami, dit-il, le chemin que j'ai emprunté
Sera arpenté très bientôt
Par un jeune homme qui doit suivre mes pas.
Ce gouffre qui n'était rien pour moi
Pourrait mettre en péril ce garçon prometteur ;
Lui aussi le traversera dans l'ombre du crépuscule ;
Mon ami, c'est pour lui que je construis ce pont ! »[20]

Parfois, nos actions ne nous profitent pas directement, mais elles bénéficient à ceux qui marchent dans nos pas. Comme il est précieux, à la croisée des chemins, de trouver quelqu'un de sage et d'expérimenté pour nous montrer la voie ! Nombre de personnes généreuses ont considérablement influencé la jeune génération en montrant le meilleur exemple et en pavant la voie pour la rendre plus praticable.

« Nous sommes tous façonnés par des gens
que nous n'avons jamais croisés. »
– David MCCULLOUGH

Alors qu'il était encore à l'université, un jeune homme a eu la chance d'être pris en stage comme assistant personnel de Scott, le PDG d'une grande banque régionale. Dès son arrivée, Scott a surpris le nouveau venu en le prenant à part pour lui dire : « Vous ne serez pas un stagiaire qui remplit de la paperasse, mais un stagiaire qui apprend à gérer une entreprise de plusieurs millions de dollars. »

Le PDG a tenu parole. Voici ce que raconte le stagiaire :

> Scott ne s'est pas contenté de me confier une tâche pour ensuite se rétracter. Il s'intéressait vraiment aux projets sur lesquels je travaillais et me soutenait lorsque je lui donnais mon avis. Il m'a souvent dit combien il tenait à entendre mon opinion et mes propositions, et il m'a demandé de présenter mes conclusions aux cadres du conseil d'administration lors des réunions hebdomadaires le lundi matin. Je savais que je devais donner le meilleur de moi-même, et nous étions donc tous deux gagnants : j'ai eu l'occasion extraordinaire de faire une intervention devant des cadres supérieurs en tant que jeune stagiaire, et Scott a obtenu de ma part un rapport de qualité soigneusement préparé et qui a profité à l'entreprise. J'ai naturellement voulu faire de mon mieux pour lui et m'améliorer de semaine en semaine.
>
> Pour être honnête, cet exposé était complexe et intimidant, et cela m'a vraiment poussé à affiner mes compétences. Heureusement, Scott commençait toujours par me présenter et par souligner l'importance du projet sur lequel je travaillais. Une fois mon rapport achevé, il en reprenait les principaux points pour s'assurer que le

conseil d'administration avait bien retenu mes propos. Il assurait toujours un suivi, ce qui me donnait le sentiment d'avoir ma place et de faire partie de l'équipe.

Parfois, lorsque des personnes haut placées venaient voir Scott dans son bureau, celui-ci me laissait assister aux réunions pour me permettre d'entendre leurs conversations et en discuter ensemble par la suite. J'ai appris tellement de choses rien qu'en écoutant ! J'étais étonné de voir qu'il semblait fier de me présenter à ces personnalités. Il déclarait avec enthousiasme : « Il faut que tu rencontres mon nouveau stagiaire », comme si j'étais quelqu'un d'important !

Scott m'a invité à l'accompagner lors de certains voyages d'affaires et, pendant nos déplacements, il en a profité pour m'enseigner de nombreuses compétences pratiques qu'il avait acquises en tant que PDG d'une grande entreprise. Il me donnait également des conseils sur mon parcours professionnel et me mettait en relation avec des personnes qui, selon lui, pourraient m'être utiles. Scott me recommandait de bons livres, et il s'intéressait tellement à moi, dans le cadre non seulement de mon travail, mais aussi de ma vie scolaire et sociale, que j'ai fini par le considérer comme un véritable mentor. Le fait qu'il ait cru en moi a renforcé ma confiance et m'a incité à l'imiter et à suivre un parcours professionnel similaire. Ce stage d'été a été une expérience remarquable, et je me suis fixé comme objectif de parvenir un jour à exercer sur d'autres la même influence positive qu'il avait eue sur moi.[21]

Voici un autre exemple de la façon dont une personne d'influence peut bâtir un pont pour qu'on marche dans ses pas :

> Lorsque j'ai décroché mon premier emploi dans le secteur de la haute technologie, tout le monde a dû se dire que je n'étais pas très doué dans ce domaine. En effet, après avoir entendu quelqu'un au bureau parler de Code 3, j'ai naïvement demandé : « On doit parler en code, ici ? » Tout le monde s'est moqué de moi, et j'ai appris que Code 3 était le nom d'un de nos clients ! C'est à ce moment-là, j'en suis sûr, que mon responsable a compris que, puisque je commençais à peine, j'avais besoin d'une personne capable de m'enseigner les ficelles du métier, et j'ai eu la chance d'être affecté à une femme qui travaillait dans le secteur depuis quatorze ans. Elle m'a pris sous son aile et s'est assurée que je connaissais le jargon et la terminologie de l'industrie informatique afin que je ne me retrouve plus en pareille situation. Elle m'a invité à l'accompagner lors de rendez-vous et de réunions, et m'a formé à la stratégie et à l'efficacité des ventes, s'assurant que je réussissais ce que j'entreprenais.[22]

La mentalité crescendo repose sur la conviction que certaines des plus grandes contributions sont apportées de manière désintéressée en bâtissant des ponts – sans se soucier des éloges. Leur influence est incommensurable dans la vie d'autrui et peut susciter l'excellence et le changement.

« Si seulement vous pouviez sentir combien vous êtes important dans la vie de ceux que vous rencontrez, et combien vous pouvez l'être pour des personnes dont vous n'avez peut-être même jamais rêvé. Chaque fois que vous croisez quelqu'un, vous laissez quelque chose de vous. »
– Fred ROGERS

Le leadership forme le caractère

Dans le livre coécrit par John Wooden (avec Don Yaegar), *A Game Plan for Life : The Power of Mentoring*, le célèbre entraîneur de basket-ball cite sept grands mentors qui l'ont influencé – son père, quelques-uns de ses entraîneurs, sa femme Nellie, Mère Teresa et Abraham Lincoln. La seconde moitié du livre se concentre sur plusieurs personnes qu'il a encadrées à son tour, leur transmettant les enseignements qu'il a lui-même reçus : Kareem Abdul-Jabbar, Bill Walton, et d'autres moins connues, comme sa petite-fille.

Alors qu'il enseignait l'anglais et entraînait l'équipe de basket-ball lors de sa première année à la Dayton High School dans l'Indiana, Wooden a perdu la première et l'unique saison de sa carrière. Imaginez qu'il ait baissé les bras à ce moment-là, pensant qu'il n'avait pas l'étoffe d'un bon entraîneur ! Mais en douze ans, John Wooden a mené les Bruins de l'UCLA à 665 victoires et au nombre record de dix titres de champions – dont sept d'affilée – dans le cadre de la NCAA, quatre saisons sans défaite, une série de 88 victoires consécutives (un record, là encore) et huit saisons de conférences parfaites. Il a été la première personne à être intronisée au Naismith Memorial Basketball Hall of Fame en tant que joueur et entraîneur. En 2009, *Sporting News* l'a nommé « plus grand entraîneur de l'histoire du sport américain ».

Sans nul doute, John Wooden a atteint l'apogée du succès sur les terrains de basket, mais le rôle qui lui tenait le plus à cœur était celui d'enseignant. Sa plus grande vocation, pensait-il, était d'apprendre à ses joueurs à devenir non seulement de grands basketteurs mais aussi des hommes de caractère. Voici ce qu'il a écrit :

> Je me suis toujours efforcé d'expliquer que le basket-ball n'est pas le *nec plus ultra*. Ce sport a peu d'importance par rapport à l'ensemble de la vie que nous menons [...]. J'ai vécu pour guider – et pour être guidé – en permanence [...]. Beaucoup considèrent cet encadrement comme une sorte de mission [...]. Être un mentor, c'est agir de façon à inspirer une autre personne, quel que soit le geste.

Le mentorat ne doit pas nécessairement être une relation formelle, affirme-t-il. Il s'agit de traiter les autres avec gentillesse, de les encourager ou de les inspirer, de leur enseigner des valeurs fondamentales auxquelles ils peuvent croire – une confiance sacrée.

« Les leaders ne créent pas des suiveurs,
ils créent d'autres leaders. »
– Tom PETERS, *Le Prix de l'excellence*

Quand John Wooden et ses frères ont obtenu leur bac, leur père leur a offert un simple bout de papier sur lequel figurait son credo en sept points. John l'a toujours conservé dans son portefeuille, comme un rappel et un héritage transmis de père en fils. Depuis lors, il l'a partagé avec des milliers et des milliers d'autres personnes :

1. Soyez fidèle à vous-même.
2. Faites de chaque jour votre chef-d'œuvre !
3. Aidez les autres.
4. Abreuvez-vous abondamment de bons livres, avant tout des textes sacrés.
5. Faites de l'amitié un art.
6. Construisez un abri en prévision des mauvais jours.
7. Priez pour être guidés et soyez reconnaissants pour le bien qu'on vous fait, jour après jour.

Pour John Wooden, le succès ne se limitait pas à la victoire qui, selon lui, découle accessoirement du comportement et de la préparation. Il considérait que le succès consiste à « faire le plus gros effort possible » et à « se préoccuper davantage de son caractère que de sa réputation, car notre caractère est ce que nous sommes vraiment, alors que notre réputation est simplement ce que les autres pensent qu'on est ».

Wooden a consacré plus d'un tiers de sa vie à se rendre utile après la fin de son incroyable carrière d'entraîneur (son apogée du succès). Aussi incroyable que cela paraisse, il est resté en pleine forme jusqu'à l'âge de quatre-vingt-seize ans – vivant sa vie crescendo, écrivant des livres, prononçant vingt à trente discours par an, et demeurant disponible pour nombre de ses joueurs, amis et supporters. Il est décédé en juin 2010, à quelques mois de ses cent ans. En hommage, l'équipe de basket-ball des Bruins de l'UCLA a arboré des triangles noirs symbolisant la Pyramide du succès qu'il a promue tout au long de sa vie. Wooden a reçu d'innombrables récompenses et bien des éloges, mais il voulait avant tout qu'on se souvienne de lui comme d'une personne qui avait enrichi la vie d'autrui.

« Il n'y a rien, dans tout ce que vous savez,
que vous n'ayez appris d'un autre. Tout, en ce monde,
a été transmis [...]. Si, comme moi, vous comprenez cela,
vous ferez du mentorat votre véritable héritage.
C'est le plus beau legs que vous pouvez faire aux autres.
C'est pour cela que vous vous levez chaque matin
– pour enseigner et apprendre. »
– John WOODEN, *A Game Plan for Life*

CHAPITRE 5

Élargissez votre cercle d'influence

« On peut élargir son cercle d'influence en élargissant son cercle de générosité. »
– Joseph GRENNY, auteur d'*Influencer*

Les personnes proactives travaillent sur les choses pour lesquelles elles peuvent agir – elles concentrent leurs efforts à l'intérieur de leur cercle d'influence, qu'elles peuvent étendre et amplifier grâce à l'énergie positive.

Chaque personne a des dons et des talents uniques qu'elle peut offrir à des membres spécifiques de son cercle d'influence. Il existe toujours une raison d'apprendre, de contribuer et de se développer, ou encore d'inciter les autres à faire de même. C'est ce qui rend la vie passionnante.

« Aucun homme n'est une île, un tout complet en soi ;
chaque homme est un fragment du continent [...].
Aussi, n'envoie jamais demander
pour qui sonne le glas ; il sonne pour toi. »
– John DONNE, Méditation XVII

En 1782, le jeune William Wilberforce était un membre populaire du Parlement britannique qui se sentait le devoir moral de proposer une loi visant à abolir l'esclavage en Angleterre. Cependant, presque tous les députés défendaient les intérêts de la traite des esclaves. Ils tenaient rigueur à Wilberforce de renoncer à son projet de loi qu'ils rejetaient chaque fois sans difficulté.

L'engagement de Wilberforce dans la cause de l'abolition se renforça lorsqu'il retrouva son ancien mentor, John Newton qui, dans sa jeunesse, avait été capitaine d'un navire négrier – un homme d'affaires intraitable et sans cœur qui contribuait aux horreurs de l'esclavage. Déterminé à expier ses péchés passés, Newton avait définitivement tourné le dos au commerce des esclaves pour devenir pasteur anglican – celui qui composerait plus tard les paroles d'*Amazing Grace*, l'un des plus célèbres cantiques chrétiens de tous les temps.

Wilberforce en appela alors à la compassion et aux valeurs chrétiennes de ses collègues législateurs, leur montrant les instruments de l'esclavage – menottes, entraves et fers à marquer – afin qu'ils puissent constater par eux-mêmes la cruelle réalité. Il incita également le gouvernement et d'éminents citoyens à participer à une excursion lors de laquelle ils purent découvrir de leurs propres yeux les horreurs d'un navire négrier et sentir l'odeur de la mort. Sur une période de vingt ans, les efforts de Wilberforce, peu à peu, commencèrent à éveiller la conscience d'un plus grand nombre de députés, et son influence s'accrut. Davantage de législateurs se mirent à reconsidérer leur position. En 1806, le moment propice arriva enfin, et le projet de loi de Wilberforce visant à abolir le commerce des esclaves en Grande-Bretagne fut adopté par 283 voix contre 16. Bien qu'ils se soient farouchement opposés à lui pendant des décennies, les membres du Parlement se levèrent et l'acclamèrent avec ferveur, le remerciant de n'avoir jamais renoncé à sa noble cause.

Le commerce des esclaves était désormais illégal, mais le Parlement refusa encore pendant vingt-six longues années d'interdire l'esclavage en tant qu'institution. Wilberforce fut contraint de poursuivre la lutte et, en 1833, la Chambre des communes proscrivit l'esclavage dans tout l'Empire britannique. Des messagers s'empressèrent d'aller annoncer la bonne nouvelle à Wilberforce, alors gravement malade. Il mourut trois jours plus tard.

Au départ, William Wilberforce n'avait ni le pouvoir ni l'influence nécessaires pour obtenir des autres législateurs l'abolition de l'esclavage. Pourtant, au terme de vingt années de lutte acharnée, il est parvenu à leur montrer sa sincérité dans le soutien de cette noble cause : un peu comme le signe crescendo qui se prolonge vers l'extérieur (<), son cercle d'influence s'est élargi jusqu'à englober l'ensemble du Parlement, ce qui a changé l'histoire à jamais. Vivre crescendo, c'est s'efforcer de défendre des causes vitales quand le besoin s'en fait ressentir ; ainsi, notre cercle d'influence s'élargit naturellement et en englobe d'autres pour le bien commun. Vos efforts n'auront peut-être pas la même portée que ceux qu'a accomplis Wilberforce, mais ils font partie de votre travail *le plus important*, unique et *toujours à venir.*

« Un petit groupe d'esprits déterminés,
habités d'une foi inextinguible dans leur mission,
peut changer le cours de l'histoire. »
– Mahatma GANDHI

Trouvez votre voie et inspirez les autres à trouver la leur

Quinze ans après avoir écrit *Les 7 habitudes de ceux qui réalisent tout ce qu'ils entreprennent*, je me suis senti obligé d'en ajouter une huitième : « Trouvez votre voie et inspirez les autres à trouver la leur. » On ne peut pas aider efficacement les autres à trouver leur voie tant qu'on n'a pas trouvé la sienne. Découvrez ce pour quoi vous êtes doué, puis aidez les autres à faire de même pour eux.

Rendre service à quelqu'un qui ne peut pas vous rendre la pareille, aider un individu sur le plan financier lorsque se présente pour lui une occasion unique de s'épanouir et d'apprendre, montrer aux gens leur incroyable potentiel quand ils ne parviennent pas à le déceler en eux-mêmes, croire et encourager les enfants tout au long de leur vie – tout cela et bien d'autres choses encore contribuent à former le tout que sont et peuvent devenir les autres.

« Nous tombons comme des cailloux
dans l'étang de nos âmes respectives,
et l'orbite de nos ondes continue de s'accroître,
en croisant d'innombrables autres. »
– Joan Z. BORYSENKO

Si chacun s'efforçait d'agir de la sorte à chaque étape de sa vie, imaginez quel impact cela aurait sur le monde : comme un effet domino ou des ronds dans l'eau – l'un poussant l'autre, l'un en déclenchant un autre –, les bénéfices seraient infinis.

Depuis 1970, il existe un prix très convoité dans le monde du football, le NFL Man of the Year Award, qui récompense l'engagement du football américain professionnel dans la philanthropie et le service à la communauté. Chaque année, ce prix rend honneur à un sportif qui fait preuve d'excellence non seulement sur le terrain mais aussi en dehors, en consacrant du temps à des œuvres caritatives. Certains des plus grands noms de l'histoire du football américain ont reçu ce prix prestigieux, notamment Johnny Unitas, Roger Staubach, Dan Marino et Peyton Manning.

Walter Payton, considéré comme l'un des plus grands *running backs* de la NFL de tous les temps, a reçu ce trophée en 1977 pour son action en faveur de la défense des enfants maltraités, négligés et défavorisés de l'État de l'Illinois. Payton a déclaré :

> Les enfants m'ont toujours apporté énormément de joie et je pense que, si on intervient dès leur plus jeune âge, on peut vraiment changer leur vie. De nombreuses études montrent qu'un seul acte de bonté envers un enfant a 40 % de chances de modifier radicalement l'existence de celui-ci. Ce qu'on souhaite faire, c'est amener un enfant à croire en quelque chose et à croire en lui-même.

Lorsque Payton est décédé d'un cancer en 1999, à l'âge de quarante et un ans, la NFL lui a rendu hommage en rebaptisant son prix Walter Payton NFL Man of the

Year Award. En 2015, Anquan Boldin a été le premier 49er* à recevoir cette récompense. Boldin a la particularité d'avoir été nominé quatre fois au cours de ses quatorze années de carrière. Son engagement caritatif s'est étendu aux trois communautés distinctes où il a vécu tout en étant footballeur professionnel.

Des années avant d'obtenir ce prix, Boldin avait créé une fondation destinée à l'amélioration des conditions d'éducation et de vie des enfants défavorisés, qui offrait notamment un camp d'études estival, des collectes de nourriture pour Thanksgiving, des sorties d'achats pour la rentrée scolaire et les fêtes de fin d'année, etc. En 2014, Anquan et son épouse, Dionne, ont fait don d'un million de dollars à la fondation. L'action la plus marquante reste les treize bourses d'études de 10 000 dollars que Boldin a accordées sur quatre ans à des étudiants méritants pour qu'ils puissent suivre des études supérieures.

Boldin évoque son désir de ne pas se cantonner au football, de faire une vraie différence en rendant ce qu'il a reçu :

> Quand je suis entré dans la NFL, je n'écoutais personne. C'était la grande vie ! J'avais réalisé mon rêve, mais j'ai vite pris conscience que l'existence ne se résumait pas à cela. J'ai compris que mon but dans la vie n'était pas de faire partie de la NFL et de marquer des essais. Dieu m'a mis sur cette terre pour faire bien davantage, et je réalise et comprends maintenant quel est mon objectif [...]. Je prie et espère que je pourrai vivre le reste de ma vie en honorant Dieu et en aidant autant de personnes que possible.

* On appelle 49ers les joueurs de San Francisco.

Quel rôle il a chez les jeunes, au sein de son cercle d'influence toujours croissant, pour qu'ils puissent eux aussi tirer le meilleur parti de leur vie !

Des ronds dans l'eau

Connaissez-vous quelqu'un qui vous considère comme son mentor ? Quelqu'un qui, dans sa vie, a besoin de votre soutien, de vos convictions et de votre inspiration ? Prenez un moment pour identifier cette personne. Ensuite, passez du temps avec elle, apprenez à bien la connaître – ses objectifs, ses rêves, ce qui importe pour elle – et aidez-la à trouver sa voie. Prenez conscience que, ce faisant, vous n'êtes pas propriétaire de ses problèmes, vous êtes simplement une source d'aide, de conseils et d'encouragements. Vous serez surpris du peu de temps et d'efforts qu'il faut pour changer de façon positive et marquante la vie de cette personne.

Tout ce que vous lui offrirez – votre attention, votre temps, vos convictions, vos compétences – peut la mettre sur les rails pour découvrir sa propre passion et sa propre voie. Ainsi, vous éprouverez un profond sentiment de joie en la voyant progresser et réussir.

Si vous connaissez quelqu'un que vous pourriez aider à trouver sa voie, mais que vous ne savez pas encore comment procéder pour la guider, permettez-moi de vous présenter une méthode simple. Commencez par lui poser quatre questions élémentaires pour identifier ses besoins et la manière dont vous pouvez lui apporter votre meilleur soutien :

1. Découvrez comment elle se comporte dans la vie, en particulier face aux défis.

2. Demandez-lui ce qu'elle apprend actuellement quant à ce qu'elle aimerait être capable de faire.
3. À la lumière de sa situation et de ce qu'elle apprend, aidez-la à définir des objectifs.
4. Demandez-lui simplement ce que vous pouvez faire pour l'aider à atteindre ses objectifs.

L'influence commence réellement à se manifester lorsque les autres sentent que *vous-même* êtes influencé par eux, lorsqu'ils sentent que vous les comprenez, que vous les avez écoutés attentivement et sincèrement, et que vous êtes ouvert. N'oubliez jamais que ce que vous faites a beaucoup plus d'efficacité que ce que vous dites.

Le père de William Ernest Henley est mort jeune, laissant six enfants à la charge de son épouse. Tout jeune, William entre à la Crypt School de Gloucester, en Angleterre, et, pendant cinq ans, il est accompagné par un brillant directeur nommé Thomas Edward Brown, un poète et « un homme de génie – le premier que j'aie jamais rencontré ». Henley et Brown ont noué une amitié qui durera toute leur vie. Henley a écrit plus tard : « Il [Brown] a été extrêmement gentil avec moi à un moment où j'avais davantage besoin de bonté que d'encouragement. »

À l'âge de seulement douze ans, Henley a contracté une tuberculose osseuse menant à l'amputation de sa jambe gauche, sous le genou. La maladie ayant également touché son pied droit, il a dû faire un séjour de trois ans à l'hôpital. Comme son mentor avait allumé en lui la flamme de la poésie, Henley s'est mis à écrire des vers. Bien qu'Henley ait succombé à la tuberculose alors qu'il n'avait que cinquante-trois ans, sa poésie a perduré, inspirant et influençant d'innombrables lecteurs.

Des années plus tard, son poème le plus connu, *Invictus*, est devenu une immense source d'inspiration pour un homme emprisonné en Afrique du Sud, Nelson Mandela. Et Mandela, à son tour, a fini par influencer son pays tout entier et la vie des millions de personnes qui se sont libérées de l'apartheid.

Une personne qui en influence une autre – une voix qui en fait naître d'autres.

Rendez le monde meilleur

Il est impossible de savoir si nous avons accompli notre tâche la plus importante ou apporté notre contribution la plus marquante. C'est pourquoi nous devons continuer à apprendre, à faire des efforts et à progresser à tous les âges et toutes les étapes de la vie, malgré les obstacles rencontrés. Nous devons renoncer à la tentation de regarder derrière nous, dans le rétroviseur, ce que nous avons déjà fait, et plutôt contempler devant nous, avec optimisme, les œuvres que nous pouvons encore accomplir.

« Ce que nous faisons pour nous-mêmes disparaît avec nous. Ce que nous faisons pour les autres et le monde est immortel et demeure. »
– Albert PIKE

Nous connaissons tous des personnes qui ont la chance d'avoir de l'argent, une renommée, du talent et des ressources, et qui répandent un bien incroyable autour d'elles *après* avoir atteint le sommet de leur réussite. Mais beaucoup d'autres vivent encore à l'image de ce couple âgé conduisant une voiture de rêve ornée d'un autocollant qui proclame fièrement: « Nous dépensons l'héritage de nos enfants! »

Paul Newman est l'incarnation de la vie crescendo; il a toujours vécu comme si son œuvre la plus importante était encore à venir. Adulé par des générations de cinéphiles, Paul Newman était une icône du cinéma qui a joué dans soixante-cinq films sur une période de plus de cinquante ans. Bien qu'il ait remporté l'oscar du meilleur acteur en 1987, à l'âge de soixante-deux ans, il a refusé de prendre sa retraite et a travaillé jusqu'à soixante-dix ans, réalisant son dernier film à soixante-dix-sept ans tout en continuant à tourner dans des rôles principaux, pratiquement jusqu'à sa mort due à un cancer, en 2008, à l'âge de quatre-vingt-trois ans. Malgré sa brillante carrière d'acteur, sa plus grande joie et sa plus grande satisfaction provenaient de son engagement caritatif.

En 1980, à l'occasion de Noël, Paul et son ami A. E. Hotchner décident de concocter une vinaigrette pour en faire un cadeau de fin d'année à leur entourage. L'accueil est enthousiaste et, en février, voisins et amis frappent à la porte de Paul Newman pour lui réclamer d'autres bouteilles. Un épicier du coin suggère alors que le seul moyen de la vendre vraiment est de coller la « bobine de Paul Newman sur le produit ».

N'étant pas du genre à se mettre en avant, Paul Newman s'oppose d'abord à cette idée. « Si nous devions nous abaisser au point d'afficher ma photo sur une bouteille de vinaigrette juste pour nous remplir les poches, ce serait lamentable! déclare-t-il à Hotchner. Mais s'abaisser ainsi pour une grande cause – par charité, pour le bien commun –, voilà une idée qui vaut un peu de battage, un accord de réciprocité! »

Convaincu qu'il a l'occasion unique de rendre le monde meilleur grâce à cette entreprise, Newman proclame avec ferveur : « Donnons tout à ceux qui en ont besoin ! » Il s'engage à verser chaque centime à une œuvre de bienfaisance, car, comme il l'a expliqué avec logique : « On ne peut pas ranger dans un placard plus qu'il ne peut en contenir ! » C'est ainsi, et sous le slogan de « l'exploitation éhontée dans le souci du bien commun », que la marque Newman's Own est lancée. L'entreprise vend 10 000 bouteilles de sauce en quelques semaines et, à la fin de l'année, les recettes atteignent 3,2 millions de dollars.

D'emblée, Newman's Own s'est engagée à donner 100 % de ses redevances et bénéfices (après impôts) à des organismes de bienfaisance. Comme le disait Paul Newman, « c'est ce qu'il est juste de faire ». Dix ans plus tard, plus de 50 millions de dollars ont été versés à des œuvres de charité. Newman a toujours affirmé être un peu gêné que sa vinaigrette rapporte beaucoup plus que sa carrière d'acteur !

« Les besoins sont grands, tout comme les opportunités de changer les choses [...]. Que peut-il y avoir de mieux que tendre la main à ceux qui ont moins de chance que vous ? »
– Paul NEWMAN

L'organisation caritative qu'il a personnellement créée, Hole in the Wall Gang Camps (elle porte le nom de la célèbre bande de hors-la-loi du film *Butch Cassidy et le Kid*), est ce qui lui tient le plus à cœur. Il a injecté 7 millions de dollars issus des bénéfices de Newman's Own dans des camps d'été où les enfants atteints de maladies graves pouvaient séjourner gratuitement, profitant pendant une semaine de multiples loisirs et aventures. Depuis 1988, plus d'un million d'enfants a bénéficié de ce réseau de trente colonies et programmes de vacances, ce qui a permis à l'organisation de devenir le plus grand groupe de camps familiaux au monde. Les camps Hole in the Wall offrent aux enfants gravement malades, et qui passent souvent de nombreux mois de l'année à l'hôpital, la possibilité de pêcher, nager, faire du camping, monter à cheval, faire des travaux manuels et, tout simplement, d'être des enfants. L'objectif de Newman était de créer un lieu d'espoir leur permettant de découvrir que, malgré leur maladie, ils pouvaient profiter des plaisirs de la vie.

Paul Newman a constaté que la générosité profitait aussi à ceux qui la dispensaient. « On pense avoir créé quelque chose pour les enfants qui n'ont pas autant de chance que nous, et on découvre que les gens qui se mettent au service de ces enfants reçoivent plus qu'ils ne donnent », a-t-il déclaré. Il a raconté qu'un jour, alors qu'il se rendait à la cantine d'un de ses camps, une petite fille lui a pris la main, l'a regardé et lui a dit : « Vous savez, M. Newman, toute l'année, je ne vis que pour cette semaine ! » « C'est ça ! s'est-il exclamé. C'est ça, les applaudissements ! C'est ça qu'on veut vraiment dans la vie ! Que peut-il y avoir de mieux que tendre la main à des gens qui ont moins de chance que vous ? »

Paul Newman était un exemple inspirant de vie crescendo, créant son œuvre majeure après avoir atteint l'apogée du succès en tant qu'acteur de premier plan. Depuis son décès en 2008, à l'âge de quatre-vingt-trois ans, sa famille, ses employés et ses fans continuent de gérer sa fondation en faisant don de tous les bénéfices, comme il le souhaitait. La marque Newman's Own a contribué à la création du Committee Encouraging Corporate Philanthropy, du Safe Water Network, du Discovery Center et d'autres organisations favorisant l'éducation nutritionnelle et l'accès à des aliments frais pour améliorer la qualité de vie du personnel militaire, des vétérans et de leur famille – entre autres. Newman's Own génère plus de 300 produits et accorde plus de 22 000 subventions, pour un total stupéfiant de 570 millions de dollars (et ce n'est pas fini) offerts à des milliers d'organisations caritatives dans le monde.

En janvier 2018, la fondation a mis au défi les habitants du monde entier de devenir des « *Newmanitarians* » en faisant des dons, des actes charitables, de bonnes actions et, de manière générale, en se montrant généreux vis-à-vis des autres. « En en appelant à la bonté des gens, nous espérons diffuser l'idée que la philanthropie n'est pas seulement une question d'argent. Nous pouvons tous faire quelque chose pour rendre notre monde meilleur », a expliqué le président de Newman's Own.

« Nous dilapidons tellement notre vie [...].
Je n'aspire pas à la sainteté [...]. Il se trouve seulement
qu'à mon avis, il faut essayer de faire comme
les agriculteurs, qui redonnent à la terre
ce qu'ils en ont extrait. »
– Paul NEWMAN

Nombreux sont ceux qui connaissent Muhammad Yunus et son modèle de microcrédit. Cet homme a redonné de l'espoir à des millions de personnes tentant d'échapper à la pauvreté. Yunus est né en 1940, troisième d'une fratrie de quatorze enfants, dans un petit village du Bangladesh situé à la frontière nord-est de l'Inde. Son père l'a incité à poursuivre des études supérieures, mais Yunus est avant tout influencé par sa mère qui vient en aide aux pauvres frappant régulièrement à leur porte. Elle lui a inspiré le désir de contribuer à l'éradication de la pauvreté.

En 1974, le Bangladesh est en proie à une terrible famine qui fera des centaines de milliers de morts. À l'époque, Yunus est un jeune professeur d'économie à l'université de Chittagong. Il s'aperçoit très vite que les théories qu'il enseigne n'apportent aucune solution à la terrible réalité qui sévit pratiquement sous ses yeux.

« Rien, dans les théories que j'enseignais, ne reflétait la vie autour de moi. Comment pouvais-je continuer à raconter à mes élèves des histoires inventées au nom de l'économie ? J'avais besoin de m'éloigner de ces théories et de mes manuels pour découvrir l'économie réelle de l'existence des indigents. »

Il discute alors avec une femme ayant besoin d'une très petite somme d'argent pour acheter du bambou brut et fabriquer des tabourets. Cependant, ne disposant d'aucune garantie, elle est considérée comme cliente à haut risque, si bien qu'aucune banque n'accepte de lui prêter de l'argent à un taux raisonnable. Obligée d'emprunter à un intermédiaire à des taux absurdement élevés – souvent jusqu'à 10 % par semaine –, elle se retrouve avec un bénéfice si faible qu'elle a à peine de quoi survivre, ce qui l'enferme dans le cycle sans fin de la pauvreté.

Conscient que les entrepreneurs les plus pauvres ne seront jamais en mesure de sortir de ce cercle vicieux avec des taux d'intérêt aussi élevés, Yunus prête, de sa poche, l'équivalent de 27 dollars à quarante-deux femmes du village, qui réalisent par la suite un bénéfice de 0,2 centime chacune sur ce prêt. Il découvre alors qu'il est possible, avec cette somme minime, non seulement d'aider les plus démunis à survivre, mais aussi d'encourager l'initiative personnelle et l'esprit d'entreprise nécessaires pour se sortir de la pauvreté. Selon Yunus, l'accès au crédit est un droit humain fondamental. En donnant aux individus la possibilité d'emprunter sans garantie, il peut leur enseigner des principes financiers salutaires et les libérer de la pauvreté. Grâce aux actions de Muhammad Yunus, le microcrédit naît alors au Bangladesh.

Lui et ses partenaires finissent par fonder la Grameen (qui signifie « village »), une banque qui offre des microcrédits aux personnes les plus pauvres. Ce modèle de microfinancement a inspiré des programmes similaires dans une centaine de pays en développement, ainsi qu'aux États-Unis, au Canada, en France, aux Pays-Bas et en Norvège. À ce jour, la Grameen Bank a fourni 4,7 milliards de dollars à 4,4 millions de familles dans les zones rurales du Bangladesh. Elle est allée à l'encontre des principes bancaires les plus élémentaires en accordant la quasi-totalité de ses prêts à des femmes, sans tenir compte des exigences classiques en matière de garantie, et en ne proposant ses services qu'aux emprunteurs les plus pauvres. Ce système révolutionnaire repose en grande partie sur la confiance mutuelle et l'esprit d'entreprise et de responsabilité de millions de villageoises. Étonnamment, plus de 94 % des prêts de la Grameen ont été accordés à des femmes, que la pauvreté frappe de manière disproportionnée au Bangladesh. Il a été démontré qu'elles étaient plus enclines que les hommes à consacrer leurs gains à leur famille.

Un jour, Yunus a posé la question suivante : Pourquoi les gens escaladent-ils l'Everest ? Certains le font pour relever un défi, certains étant même aveugles ou infirmes, et la plupart risquent leur vie pour atteindre la cime, mais il n'y a pas de grosses sommes d'argent à récolter au sommet. Yunus pense que les gens ne sont pas simplement motivés par l'argent ou les profits, mais aussi par leurs intentions. Il ne s'agit pas là de la rhétorique classique d'un manager ! Selon lui, les personnes qui veulent changer le monde entendent non seulement améliorer leur propre vie mais aussi celle des autres et, pour elles, les résultats concrets sont plus gratifiants que les récompenses financières.

Yunus a établi un partenariat avec Danone pour offrir un yaourt riche en nutriments à un prix très faible ; il s'est également associé à Adidas pour commercialiser des chaussures à moins d'un euro. Il a créé une entreprise d'énergie solaire fournissant de l'électricité à plus d'un million de foyers au Bangladesh au même prix que le kérosène et a découvert un moyen de proposer des aliments et des légumes sains pour aider à guérir les enfants bangladais souffrant d'héméralopie, une affection courante provoquée par une carence en vitamine A. Chaque entreprise avec laquelle il s'est associé est rentrée dans ses frais et, en plus de récupérer leur argent, les investisseurs ont goûté à ce « bonheur ultime » que l'argent ne peut acheter.

En 2006, Yunus a reçu le prix Nobel de la paix pour avoir accordé des millions de microcrédits aux plus démunis. En 2009, au moins 128 millions de personnes parmi les plus pauvres du monde avaient bénéficié de tels prêts. Aujourd'hui, plus de 250 institutions gèrent des programmes de microcrédit basés sur le modèle de la Grameen Bank, et des milliers d'autres programmes de microcrédit se sont inspirés de ses principes.

Nombreux sont ceux qui pensent que ce concept de microcrédit créé par Yunus est l'outil de développement le plus important du tiers-monde au cours des cent dernières années !

À la veille de son soixante-quinzième anniversaire, Muhammad Yunus* a déclaré que « la pauvreté devrait être reléguée dans un musée » et expliqué comment, avec un peu de volonté, les Américains pourraient y mettre fin. Bien qu'il ait atteint l'apogée du succès, Yunus continue de vivre crescendo et ne compte pas prendre sa retraite. Il semble même gagner en énergie avec l'âge.

Chaque fois qu'il s'exprime, Muhammad Yunus met son auditoire au défi de passer à l'action : « Trouvez un moyen d'aider cinq personnes à sortir du chômage. Si vous réussissez, continuez. Vous changerez peut-être le monde. » Son héritage, c'est le service rendu aux autres.

Inventaire personnel

Certes, la plupart d'entre nous ne disposent pas du talent, de l'argent ou de l'influence de personnalités comme Muhammad Yunus, Bill et Melinda Gates ou Paul Newman. Leurs contributions sont vastes et touchent un grand nombre de personnes – leur action

* Mohamed Yunus a 75 ans environ lors de la rédaction de cet ouvrage, un peu plus de 80 lors de sa traduction. Il est né le 28 juin 1940.

change le monde. Mais il existe d'innombrables exemples inspirants de personnes moins célèbres, qui réussissent pourtant tout aussi bien, ou même de personnes tout à fait ordinaires qui accomplissent des actes extraordinaires bénéficiant à la vie de leur entourage.

Votre propre défi ne consiste pas à changer *le* monde, mais seulement *votre* monde – votre propre cercle d'influence, sur lequel vous pouvez agir directement pour le bien commun.

À vous de déterminer ce à quoi vous allez consacrer votre temps, vos ressources et vos talents. Il peut s'agir d'actions minimes comme la collecte de livres pour une bibliothèque, la confection de couvertures polaires avec vos petits-enfants pour un hôpital pédiatrique, ou la plantation de fleurs dans le jardin d'un voisin âgé et isolé. Vous pouvez offrir de donner des cours de soutien hebdomadaires aux enfants d'une classe surchargée dans une école primaire, organiser un comité de nettoyage dans une zone dégradée de votre quartier, ou collecter des vêtements et des équipements d'hiver usagés pour un refuge local. Même un simple service peut être utile : gardez par exemple dans votre voiture des fruits secs ou des barres protéinées que vous distribuerez aux personnes dans le besoin. Pensez aux amis ou aux membres de votre famille qui auraient besoin d'un appel ou d'une visite pour leur remonter le moral. Pendant la pandémie, certaines personnes ont pris l'initiative d'organiser des collectes de nourriture au sein de leur quartier ou de leur communauté, souvent dans leur propre garage. Leurs voisins et amis ont réagi avec enthousiasme à l'idée de se rendre utiles au cours de cette période difficile, afin de soutenir ceux d'entre eux qui avaient perdu leur emploi.

Après avoir guéri d'un cancer du sein, une femme se rend régulièrement auprès d'autres malades pendant leur traitement afin de prodiguer les encouragements nécessaires, leur insuffler de l'optimisme et le désir de lutter et de s'accrocher. Une autre œuvre activement sur Internet pour les réfugiés, collectant des fournitures et des aliments pour que ces familles puissent s'intégrer dans leur communauté. Un groupe de personnes âgées qui se sentaient un peu coupables du temps qu'elles passaient chaque jour à jouer au pickleball* a décidé de joindre l'utile à l'agréable. C'est ainsi qu'est né « Pickleball with a Purpose ». Aujourd'hui, ces vieux amis participent ainsi régulièrement à l'approvisionnement de la banque alimentaire locale, à la confection de sacs de collations saines « à emporter » pour les étudiants dans le besoin, à la fabrication de couvertures polaires pour un hôpital pédiatrique et à d'autres projets solidaires.

Regardez autour de vous : il existe de multiples possibilités de rendre service dans votre cercle d'influence. Il n'est pas nécessaire d'accomplir un acte extraordinaire pour obtenir une différence extraordinaire – choisissez simplement quelque chose qui vous intéresse et lancez-vous. Ensuite… continuez !

Réfléchissez à ce que vous avez à offrir et à ce que vous pouvez faire pour influer de manière positive sur la vie de ceux qui vous entourent. Procédez à un inventaire personnel comme cela vous est proposé ci-dessous, et découvrez les possibilités qui se présentent à vous. Selon la mentalité crescendo, le fait d'aider les autres à n'im-

* Le pickleball est un sport de raquette qui se joue avec une raquette et une balle perforée en plastique sur un terrain de badminton au-dessus d'un filet de type tennis.

porte quel stade de votre vie bénéficie autant à celui qui reçoit qu'à celui qui donne. En vous concentrant sur ce qu'il vous reste à accomplir et en cessant de vous référer à vos accomplissements passés, vous pouvez démontrer activement que « l'essentiel reste à venir ». Vous serez surpris de constater que ces contributions pourraient être les plus belles que vous ayez jamais offertes.

Vous êtes parfaitement apte à changer *votre* monde si vous possédez une ou plusieurs des caractéristiques suivantes :

- Temps
- Désir
- Influence
- Talents
- Intérêt
- Argent
- Compétences
- Vision
- Passion

En gardant à l'esprit vos capacités et caractéristiques spécifiques, pensez de manière créative aux besoins que vous constatez autour de vous et à la manière dont vous pouvez y répondre. Inscrivez vos réponses dans l'espace prévu dans cet inventaire personnel. Vous serez sans doute surpris de découvrir que vous avez bien plus à offrir que vous ne le pensiez au départ.

1. Pour quoi êtes-vous doué ? Qu'avez-vous appris dans votre profession ? Quels talents (ou caractéristiques innées) possédez-vous qui pourraient aider les autres ?

___

___

___

2. Qu'est-ce qui vous passionne, qu'est-ce qui est important pour vous ? À qui pourriez-vous transmettre cette passion, ou quelle cause pourriez-vous soutenir ?

____

____

____

3. Quels besoins constatez-vous autour de vous, dans votre voisinage et votre communauté ? Quelles actions spécifiques pourriez-vous entreprendre pour répondre à ces besoins, même de façon minime ?

____

____

____

4. Comment s'en sort votre famille (proche et intergénérationnelle) ? Connaissez-vous des membres de votre famille – enfants, petits-enfants, arrière-petits-enfants ; frères et sœurs, cousins, oncles ou tantes – qui se trouvent en difficulté, d'une manière ou d'une autre ? Que pouvez-vous faire pour aider ces personnes ?

____

____

____

5. Faites la liste des personnes qui vous admirent et déterminez de quelle façon vous pourriez les encourager et les soutenir pour devenir à leurs yeux un mentor de confiance.

6. Pour quoi voulez-vous être reconnu ? Quel héritage voulez-vous laisser derrière vous ?

7. En gardant à l'esprit la mentalité crescendo et l'idée que « la vie est faite de contributions », qu'allez-vous décider de faire ?

« Faites du bien à d'autres que vous-même. »
– Toni MORRISON

TROISIÈME PARTIE

LES REVERS DE LA VIE

staccato (stac-ca-to), adverbe ou adjectif : notes piquées, jouées de façon détachée ; déconnecté, abrupt, disjoint.

Le 16 août 2008, Christian et Stephanie Nielson ont embarqué pour la journée à bord d'un Cessna 177 Cardinal, sans se douter que ce vol allait changer leur vie à jamais. Après avoir fait le plein à St. Johns, en Arizona, le petit avion s'est écrasé subitement et a pris feu. Christian s'est extirpé de l'avion en pensant que Stephanie en était également sortie, mais elle était restée prisonnière des flammes, incapable de se libérer. Persuadée qu'elle allait mourir brûlée, elle a soudain senti sa grand-mère décédée guider sa main pour détacher sa ceinture de sécurité et la conduire vers la porte. Au moment où elle s'extrayait de l'avion, le corps en feu, elle a entendu sa grand-mère lui dire : « Roule ! »

Christian Nielson souffrait d'une fracture du dos et de brûlures sur 40 % du corps mais, des trois occupants de l'avion, c'est celui qui s'en est le mieux sorti : Doug Kinneard, ami et instructeur de vol de Christian, a eu le corps brûlé à 90 %. Après avoir été transporté par avion au centre des grands brûlés de l'Arizona à Phoenix, il a succombé à ses blessures. Quant à Stephanie, elle était brûlée à 80 %. Pour permettre à leur corps de guérir, les médecins ont plongé Christian et Stephanie dans un coma artificiel. Christian s'est réveillé environ cinq semaines plus tard, mais il a encore fallu attendre près de trois mois pour que Stephanie reprenne conscience.

Le 5 novembre 2008, Stéphanie, émergeant enfin du coma, a découvert que ses mains, ses bras, ses jambes et son visage étaient couverts de brûlures aux troisième et quatrième degrés. Sa sœur Page et sa mère sont restées à ses côtés tandis que ses autres sœurs s'occupaient des jeunes enfants de Stephanie, âgés de six, cinq, trois et deux ans.

Bientôt, les Nielson ont été transférés dans un centre pour grands brûlés, plus proche de leurs enfants, où ils ont entamé un long parcours de rétablissement physique et émotionnel. Stephanie avait toujours été une très belle jeune femme et, au début, elle ne pouvait se résoudre à contempler son reflet dans le miroir. Lorsqu'elle a fini par trouver le courage de se confronter à son nouveau visage, elle a déclaré qu'elle avait l'impression d'être « un monstre ». Au départ, ses enfants ont eu beaucoup de mal à affronter les dommages physiques causés par les brûlures. « Mon plus jeune fils, Nicholas, alors âgé de deux ans, ne se souvenait pas du tout de moi, raconte Stephanie. Il ne voulait plus me voir ! Cela m'a brisé le cœur. Ma fille aînée, Jane, est devenue blanche comme un linge et refusait de me regarder. » Quant à Claire, elle est restée dans le couloir et n'a plus voulu entrer après que Jane lui a lancé : « N'entre pas là ! » Seul Oliver, trois ans, semblait à l'aise avec sa mère, jouant gaiement sur son lit.

Il a fallu beaucoup de temps aux enfants pour s'adapter au nouveau visage de leur mère, et Stephanie a dû assumer sa terrible métamorphose. « J'ai toujours du mal à accepter mes cicatrices, avoue-t-elle. Mais je me dis que j'ai beaucoup de chance d'avoir encore un visage ou un nez [...]. Puis je regarde ma famille et mes amis et je songe que tout cela en vaut la peine. Je suis une épouse et une mère. L'accident n'a pas pu m'enlever cela. Je m'inquiète moins de mon physique parce que j'ai la chance d'avoir cette belle famille autour de moi, et c'est ce qui compte le plus. Ils ne me considèrent pas comme une personne différente ou incapable de faire ce que je faisais avant. Mon mari continue de me voir comme la femme qu'il a épousée, et mes enfants me considèrent simplement comme leur maman. Je me sens belle parce que j'ai une belle vie. »

Plusieurs milliers de « mamans blogueuses » ont réagi à l'histoire de Stephanie en réunissant des fonds par le biais de vide-greniers, de lâchers de ballons, de concerts de bienfaisance et autres collectes d'argent pour aider le couple à payer leurs énormes factures médicales. Plus de 250 000 dollars ont afflué du monde entier, y compris de Chine et d'Australie.

Alors que Stéphanie était dans le coma, elle a senti près d'elle la présence de sa grand-mère décédée, et elle se souvient qu'on lui a donné le choix entre rester avec ses enfants et vivre avec la douleur, ou rejoindre Dieu et ne plus souffrir. Elle a décidé de rester et a demandé à sa grand-mère ce qu'elle pouvait faire pour améliorer les choses à son retour. Stephanie se rappelle que sa grand-mère lui a simplement dit : « Partage ton espoir ! »

Et c'est ce qu'elle a fait. Ce tragique accident n'a pas empêché Stephanie de vivre crescendo en incitant des gens du monde entier à surmonter leurs difficultés avec espoir, courage et endurance. Stephanie a reçu assez de lettres et de cartes d'amour et de soutien pour remplir une pièce entière. Elle était bouleversée et, quelques mois après l'accident, elle a écrit dans son blog : « Mes larmes jaillissent chaque fois que je pense au soutien que m'apporte chacun d'entre vous. Je vous aime tous. » À l'heure où nous écrivons ces lignes, elle compte un nombre impressionnant de lecteurs – 30 millions – qui consultent son blog chaque mois pour y lire des messages d'encouragement et d'inspiration. Près de cent mille personnes la suivent sur Instagram, exaltées par son esprit passionné et la vie incroyablement remplie qu'elle mène.

Stephanie a raconté son extraordinaire histoire et son parcours plein d'espoir et de triomphe dans un livre à succès, *Heaven Is Here**. Son attitude optimiste et son choix délibéré de mener une vie heureuse ont poussé d'innombrables personnes à s'inspirer de son message d'espoir. Elle a participé à de célèbres émissions télévisées aux États-Unis, a répondu à de nombreuses interviews et est devenue une conférencière populaire. Stephanie a opéré une prise de conscience : « Je pouvais devenir amère ou devenir meilleure. » Elle a décidé de tirer parti de son expérience pour soutenir d'autres personnes ayant vécu des revers écrasants.

« La vie que vous avez menée n'est pas forcément la seule que vous aurez. »
– Anna QUINDLEN

Quand elle fait référence à sa vie, Stephanie fait la distinction entre « avant le crash » (BC, *before the crash*) et « après le crash » (AC, *after the crash*), car elle a parfois l'impression d'avoir eu deux vies distinctes. Mais aujourd'hui, elle a pleinement accepté sa nouvelle vie et adopté ce credo : « Partagez votre espoir ! » Elle s'est donné pour mission d'aider les personnes qui ont connu des situations dramatiques, personnellement ou dans leur famille.

Bien que cet accident d'avion leur ait fait subir de terribles pertes, les Nielson ont en tiré de précieux bénéfices qu'ils n'auraient pas connus autrement. Stephanie a été fondamentalement changée, et elle veut que ses nom-

* Stephanie Nielson, *Heaven Is Here : An Incredible Story of Hope, Triumph, and Everyday Joy* [Le paradis est ici], Hachette Books, 2012, non traduit.

breux admirateurs et amis sachent que, malgré l'adversité, la vie peut encore être belle. De façon surprenante, à certains égards, elle peut même l'être plus qu'avant.

Le couple des Nielson s'est rapproché d'une manière qu'eux seuls comprennent et, au sein de leur famille, les liens sont encore plus forts. Stephanie écrit les lignes suivantes :

> Je veux que mes enfants se souviennent que notre expérience a donné lieu à des miracles. Aussi difficile que ce parcours ait été, je suis emplie de gratitude, et très fière de ce que nous avons accompli ensemble. À un très jeune âge, nos enfants ont vécu beaucoup de choses et s'en sont merveilleusement bien sortis.

De nombreux lecteurs ont réagi au blog de Stephanie ou lui ont écrit des lettres pour la conforter dans sa détermination à retrouver une vie heureuse, et son exemple a incité d'autres personnes à faire face à leurs difficultés avec le même optimisme. Une jeune fille, les larmes aux yeux, lui a déclaré : « Tu m'aides à faire des choses difficiles. »

« Seuls la joie et le chagrin permettent d'avoir la connaissance de soi-même et de son destin. »
– Attribué à Johann Wolfgang VON GOETHE

Alors, que feriez-vous si votre vie bien réglée s'écroulait ? Comment réagiriez-vous ? Comment ramasseriez-vous les morceaux afin de continuer ? Avez-vous déjà été confronté à une telle situation, ou l'un de vos proches a-t-il vu sa vie bouleversée d'un coup ? Il est généralement impossible de maîtriser ce qui nous arrive.

Nous pouvons cependant décider de notre réaction aux événements, et elle influe sur ce qui se produit ensuite. Stephanie vit toujours sa vie crescendo, même si son existence s'est révélée bien différente de ce qu'elle avait prévu. Elle a appris que, comme le malheur, le bonheur est un choix conscient et que l'on peut continuer de mener une vie heureuse si l'on ne s'abandonne pas à la défaite et au désespoir.

Dans cette section, vous trouverez l'histoire vraie de personnes connues ou inconnues qui ont vécu des expériences bouleversantes et qui, avec le temps et grâce à des efforts constants, ont décidé de croire qu'elles avaient encore beaucoup à accomplir. Malgré la tragédie et la dévastation, elles ont choisi, d'une manière ou d'une autre, de vivre crescendo et d'améliorer leur vie, puis celle des autres.

En m'inspirant de personnes comme les Nielson, qui ont retrouvé le bonheur après des revers dramatiques, j'ai identifié certains des « éléments constitutifs » permettant de se relever de telles expériences :

- Acceptez les défis qui se présentent à vous.
- Ayez foi dans le fait que la vie peut redevenir belle – choisissez le bonheur, en pleine conscience.
- Cherchez des moyens d'aider les autres – partagez votre espoir.

J'espère que vous tirerez des leçons de ces exemples courageux et qu'ils vous aideront et vous inspireront lorsque vous serez vous-même confronté à l'adversité.

CHAPITRE 6

Vivez crescendo, pas diminuendo

« Nous ignorons à quel point nous sommes forts jusqu'à ce que nous soyons contraints de révéler cette force cachée. »
– Isabel ALLENDE

Anthony Ray Hinton a été jugé coupable avant même que son procès ne commence. En 1985, dans une petite ville d'Alabama, « Ray », victime de racisme, est accusé à tort de deux meurtres. Alors qu'il dispose d'un alibi solide et qu'il a été soumis sans résultat au détecteur de mensonges, il n'a pas les moyens de s'offrir les services d'un bon avocat, ce qui est pourtant essentiel pour obtenir un procès équitable dans sa communauté et sa juridiction pétries de préjugés raciaux. Bien que l'accusation ne dispose d'aucune véritable preuve à charge, Ray est rapidement condamné et envoyé dans le couloir de la mort de la prison d'Holman, en Alabama.

Se sachant innocent, Ray avait une confiance aveugle dans le système judiciaire. Pourtant, après sa condamnation, il s'est retrouvé dans un tel état de fureur et de désespoir qu'il a jeté sa bible sous le lit de sa cellule et décidé de se renfermer complètement. De nature ouverte et amicale, Ray s'est tout à coup muré dans le silence. À l'exception de sa famille et de ses amis, qui lui rendaient régulièrement visite, pendant trois longues et misérables années il n'a interagi avec personne, ni avec ses codétenus ni avec les gardiens.

Une nuit, Ray a été réveillé par les sanglots et les cris d'un détenu écrasé de chagrin qui appelait à l'aide. À cet instant, Ray a senti renaître en lui une profonde compassion qu'il avait consciemment refoulée jusque-là. Bien qu'il ne puisse pas concrètement changer les réalités de la vie en isolement dans le couloir de la mort, Ray a découvert qu'il pouvait opérer des choix importants.

Plus tard, il tirera de son expérience un livre intitulé *Dehors, le soleil brille**. « Le désespoir était un choix, écrit-il. La haine était un choix. La colère était un choix. J'avais encore le choix, et cette prise de conscience m'a ébranlé […]. Je pouvais choisir de renoncer ou de tenir le coup. L'espoir était un choix. La foi était un choix. La compassion était un choix. Et, plus que tout, l'amour était un choix. »

Dans ce moment de révélation, Ray a compris qu'il avait « le choix de tendre la main […] ou de rester seul dans l'obscurité […]. Je suis né avec le même don de Dieu que nous avons tous reçu à la naissance – l'impulsion de tendre la main et d'atténuer la souffrance d'un

* Anthony Ray Hinton, *Dehors le soleil brille*, éditions Kero, 2019.

autre être humain. C'était un don, et chacun de nous avait le choix d'utiliser ce don ou non. »

À travers les barreaux de sa cellule, Ray, rompant trois ans de silence, a entrepris de réconforter un détenu éploré dont la mère venait de mourir. Il a passé la nuit à écouter un parfait inconnu raconter l'histoire de sa mère et à lui donner le courage de s'accrocher. Ray a décidé qu'il était temps de retrouver lui-même l'espoir et la foi. Il a épousseté la bible qui se trouvait encore sous son lit et s'est engagé à rester fidèle à ses valeurs et à la personne pleine de bonté qu'il savait être, et à ne pas céder à l'abattement malgré la terrible réalité du couloir de la mort.

Et ce n'est pas tout : il est devenu, pendant les vingt-sept années qui ont suivi, un phare et une lumière pour les autres, non seulement en transformant sa propre mentalité, mais en propageant cette métamorphose à ses codétenus, dont cinquante-quatre seront exécutés à 10 mètres de sa propre cellule. Et son influence a continué de s'accroître : il a fait naître l'espoir dans le couloir de la mort. Il a créé un esprit de compassion qui a incité d'autres personnes à l'imiter ; il a embelli la vie de dizaines de détenus autour de lui avec gentillesse et humour, et a répandu la conviction qu'« une personne ne se résume pas à son pire méfait », comme l'affirmait son avocat Bryan Stevenson.

Même s'il a dû lutter quotidiennement pour conserver son optimisme et la force de se battre année après année, Ray a fait preuve d'humanité dans des conditions de vie inhumaines, s'évadant de son environnement et élargissant ses horizons et son imagination en dévorant des livres qui lui permettaient de sortir de sa prison. Et il s'est férocement accroché à l'espoir qu'un jour, son innocence serait reconnue et qu'il serait récompensé en obtenant justice et liberté.

Après quatorze ans d'isolement sans avancée dans son dossier, Ray finit par obtenir une assistance juridique compétente en la personne de Bryan Stevenson, avocat et défenseur de la justice, et membre de l'Equal Justice Initiative. Stevenson, reconnaissant aussitôt l'effroyable injustice dont Ray a été victime, s'est battu sans relâche pour plaider sa cause durant les quatorze années suivantes lors de longues procédures comprenant des dizaines de requêtes et d'appels. Enfin, en 2015, Bryan Stevenson obtient de la Cour suprême des États-Unis un verdict unanime : Anthony Ray Hinton est déclaré innocent et lavé de toutes accusations. Il est libéré après presque trente ans d'incarcération, devenant ainsi en Amérique l'un des plus anciens condamnés à mort risquant l'exécution à être jugé innocent et libéré. Alors qu'il quittait enfin sa cellule, Ray, fou de reconnaissance, a crié à sa famille et à ses amis : « Oui, le soleil brille ! »

À l'instar de Mandela, incarcéré pendant vingt-sept ans, Ray Hinton est sorti de sa longue peine de prison sans aigreur ni ressentiment. « L'amertume tue l'âme, a-t-il expliqué. À quoi me servirait-il de haïr ? » Il a délibérément décidé de pardonner à ceux qui l'ont poursuivi en justice. « Ils m'ont pris mes trente ans, mes quarante ans, mes cinquante ans, mais ce qu'ils n'ont pas pu prendre, c'est ma joie ! »

Bien qu'il regrette profondément ce que ces décennies d'incarcération lui ont fait perdre – la possibilité de faire une carrière, de se marier et d'élever des enfants, ce qu'il désirait depuis toujours –, il n'a pas laissé ces revers le consumer et détruire le reste de sa vie. Ray est convaincu que « nous devons trouver des moyens de nous relever des malheurs qui nous arrivent ». Il croit profondément qu'un travail important l'attend, qu'il est seul à pouvoir faire : se battre au profit d'autres personnes injustement poursuivies et emprisonnées.

Trois ans après sa libération, Ray a consigné ses mémoires dans *Dehors, le soleil brille*, un livre aussi perturbant que marquant, devenu un best-seller du *New York Times*. Il y relate son parcours difficile, au cours duquel il a non seulement appris à survivre dans le couloir de la mort, mais aussi trouvé un moyen de vivre.

L'histoire de Ray montre que, aussi tragiques que soient les circonstances ou les adversités auxquelles nous sommes confrontés, nous avons toujours le choix. Nous pouvons choisir de nous fermer, comme Ray l'a fait initialement, et de vivre diminuendo >, ce qui signifie la fin de tout pouvoir.

Malgré sa condamnation injustifiée par un système juridique raciste, personne, en fin de compte, n'a pu priver Ray de sa capacité à choisir d'utiliser sa foi, son espoir, son esprit, son imagination, sa compassion, son humour et sa joie. Lorsque nous exerçons nous-mêmes ces choix dans notre vie, comme Ray l'a fait alors même qu'il croupissait dans le couloir de la mort, nous grandissons en influence et en puissance, et notre vie va crescendo <.

Aujourd'hui, Ray se consacre à l'œuvre de sa vie en tant qu'activiste et défenseur des droits humains. Orateur extraordinaire et éducateur social infatigable, il collabore avec Bryan Stevenson et l'équipe de l'Equal Justice Initiative. Ensemble, ils s'efforcent d'obtenir une réforme de la justice pénale et l'égalité dans le système juridique afin que d'autres innocents ne subissent pas le même sort que Ray. Grâce à cette mission de lutte contre l'injustice, la vie et l'influence de Ray n'ont fait que grandir et constituent un espoir pour ceux qui tirent des leçons de sa courageuse histoire, de ses choix et de son triomphe.

> *« La capacité de choisir ne peut être ni enlevée ni même donnée, elle ne peut qu'être oubliée. »*
> – Greg MCKEOWN

Si vous n'avez jamais commis de graves erreurs ou si vous n'avez jamais eu besoin d'un nouveau départ, il est probable que vous n'avez pas vécu assez longtemps. Les échecs sont inévitables. Je trouve inspirant d'apprendre de ceux qui ont opéré de mauvais choix – ou de ceux qui ont souffert aux mains d'autres personnes ou ont subi la cruauté du destin – et qui sont parvenus à se pardonner ou à pardonner aux autres, à changer leur vie, puis à aider les autres à faire de même.

Nelson Mandela a résumé tout cela très succinctement : « Ne me jugez pas sur mes succès ; jugez-moi sur le nombre de fois où je suis tombé et où je me suis relevé. » Grâce à lui, l'Afrique du Sud a été transformée à jamais.

C'est exactement ainsi que nous pouvons changer le monde : il suffit parfois d'une seule personne pour déclencher un effet domino. Comme nous le verrons, c'est souvent en offrant une seconde chance, à soi ou aux autres, que les miracles se produisent et que l'on peut vivre crescendo.

Seconde chance

Le 5 septembre 2011, Anna Beninati a pris une décision insensée qui a changé sa vie à jamais. Jeune étudiante à l'université d'État du Colorado, elle s'est laissé entraîner par ses camarades dans une pratique dangereuse, inscrite dans la culture universitaire, consistant à sauter dans des trains en marche. Elle l'avait déjà fait avec succès à plusieurs reprises mais, ce jour-là, elle a vu l'un de ses amis se faire traîner le long du train après avoir échoué à monter à bord. Heureusement, il est parvenu à se libérer à temps, mais Anna a continué à courir sans se rendre compte qu'un autre camarade, derrière elle, lui hurlait de ne pas sauter, car le train allait maintenant trop vite.

Le bruit était trop fort pour qu'elle l'entende. Anna a réussi à poser le pied droit sur le bord du wagon mais sa jambe gauche a glissé par terre. Comprenant qu'elle ne parviendrait pas à se hisser, elle a fait la seule chose possible – lâcher prise. Mais, au lieu de rouler sur le sol comme son ami, elle s'est enfoncée sous le train. En entendant son fémur craquer, elle s'est dit qu'elle allait mourir.

Heureusement, une technicienne médicale et une infirmière attendaient dans leur voiture au passage à niveau, non loin de là. Témoins de la scène, elles se sont ruées auprès d'elle et ont entrepris de comprimer ses artères pour stopper l'hémorragie. Le jeune homme qui avait essayé d'alerter Anna était un ancien infirmier militaire et, par miracle, il avait des garrots neufs dans son sac à dos. Il les a appliqués, lui sauvant la vie.

Sa jambe gauche était complètement sectionnée et il ne restait que la moitié de sa jambe droite. Ce moment affreux a changé sa vie, et elle ne l'oubliera jamais.

Avant son accident, Anna était une adolescente triste et malheureuse, distante, nerveuse, cynique et anorexique, comme elle se décrit elle-même. Elle n'a jamais aimé les règles, « et c'est pour ça que je suis en fauteuil roulant », a-t-elle déclaré aux élèves d'une école primaire. Aujourd'hui, elle raconte aux enfants son expérience et les leçons qu'elle en a tirées, espérant que son histoire et son manque de discernement leur seront profitables. Les enfants admirent sa fougue et son sens de l'humour – des traits qui l'ont aidée à survivre. Montrant une photo de ses frères et sœurs, elle dit, avec un sourire en coin : « Avant, j'étais la grande sœur, maintenant je suis la petite sœur ! » Les enfants sont manifestement fascinés par son histoire, et elle les met en garde contre les décisions absurdes, surtout lorsqu'on en connaît les dangers.

Les élèves sont tout ouïe lorsqu'elle leur raconte comment elle a réagi à sa nouvelle situation : « La première semaine après mon retour de l'hôpital, j'étais très en colère et j'ai compris que je devais faire un choix : soit je restais là à m'apitoyer sur mon sort en me désolant de ne plus avoir de jambes, soit j'allais de l'avant. On peut baisser les bras ou se lever ! Au cours de ma deuxième semaine à la maison, j'ai décidé qu'à partir de maintenant, j'allais découvrir toutes les choses que je pouvais faire. »

Anna a réussi à s'offrir une seconde chance. Après avoir choisi de se concentrer sur ce qu'elle était encore capable de faire, elle est surprise par la longueur de sa liste. Anna s'est mise au vélo à main, à l'haltérophilie, au bowling, à l'équitation, à la natation, à l'escalade, au ski assis et même au saut à l'élastique. Elle a appris à faire des appuis renversés et des roues arrière avec son fauteuil. Quatre mois après l'accident, Anna a décidé de retourner sur les lieux où elle a perdu ses jambes. Elle s'attendait à éprouver de la colère et de la peur mais, étonnamment, elle a ressenti un grand calme. Elle a également rendu visite aux secouristes qui lui ont sauvé la vie et les a charmés en dansant avec son fauteuil roulant, chose qu'elle n'aurait jamais faite auparavant.

Bien qu'Anna ait dû subir onze interventions chirurgicales après le drame, aujourd'hui, elle profite davantage de la vie et a un emploi du temps chargé qui réjouit ceux qui la connaissent. Ses troubles alimentaires ont disparu lorsqu'elle a décidé qu'elle avait déjà assez souffert et avait des problèmes de santé plus graves à gérer. Anna entraîne maintenant d'autres personnes handicapées dans le cadre d'un programme sportif et dirige une fois par semaine un groupe de jeunes musiciens avec qui elle joue de la guitare, du piano et du basson. Lorsqu'elle a pu sortir de nouveau avec ses anciens amis, ils ont été stupéfiés par l'optimisme avec lequel elle abordait sa nouvelle vie. « Bizarrement, je suis beaucoup plus heureuse maintenant que je ne l'étais avec mes jambes, raconte-t-elle. Je le dis tout le temps à tout le monde. Ce que je suis maintenant, c'est ce que j'étais censée être. C'est la vraie moi. »

« La meilleure façon de se remonter le moral,
c'est de remonter le moral aux autres. »
– Mark TWAIN

Anna a été interviewée par Ann Curry dans *Today* où elle a pu partager son message inspirant : « La vie ne s'achève pas avec un accident comme celui-ci, a-t-elle déclaré. J'ai choisi de m'en remettre et d'aller de l'avant. »

Un jour où Anna s'adressait à ses camarades de l'université, elle a exprimé sa gratitude envers la vie et les a encouragés à écouter leur voix intérieure lorsqu'ils prenaient une décision. « Suivez votre instinct, leur a-t-elle conseillé. Si vous avez le sentiment que quelque chose cloche, quelle que soit la situation [...]. Vous rentrez seul à pied la nuit, vous êtes sur le point d'envoyer un texto en conduisant, ou de prendre le volant d'une voiture sous l'emprise de l'alcool – si vous ne le sentez pas, ne le faites pas ! Je vais payer mon erreur le restant de mes jours. »

L'attitude d'Anna illustre la puissance issue d'une approche positive et de la conviction que le passé appartient au passé. Elle est capable de mener une vie bien remplie et un avenir productif – et elle le fait. Elle ne se morfond pas sur ce jour tragique où elle a perdu ses jambes. De façon remarquable, malgré ce terrible drame, son horizon s'élargit au lieu de rétrécir. Elle a consciemment décidé de vivre crescendo en suivant quelques principes que nous aurions tous intérêt à adopter :

- Pardonnez-vous et allez de l'avant.
- Gardez le sens de l'humour.
- Suivez votre instinct – écoutez votre voix intérieure.

Tout en méditant les histoires partagées dans cette partie du livre intitulée « Les revers de la vie », et les choix courageux qui ont été opérés par toutes ces personnes, rappelez-vous ce principe crucial : vous n'êtes pas seulement le produit d'un contexte, mais aussi celui de vos décisions actives. J'ai toujours aimé cette citation :

> Deux hommes regardaient à travers les barreaux d'une prison ;
>
> L'un voyait de la boue, l'un voyait des étoiles.

Ce que nous voyons dans une situation donnée est grandement influencé par la perspective que nous en avons. En regardant vers le bas, nous ne distinguons que de la boue et des barreaux ; en revanche, en levant les yeux, nous pouvons voir la lumière du soleil, de la lune et des étoiles. Je sais que beaucoup se sentent piégés dans un contexte et des circonstances que, pour la plupart, ils sont incapables de contrôler. Pourtant, les barreaux qui les emprisonnent sont rarement tangibles – il existe peu, voire pas du tout, de barrières physiques ou de contraintes qui ne puissent être ajustées ou même levées.

« La vie est comme un voyage en train [...].
Retards, déviations, fumée, poussière, cendres
et secousses, entrecoupés seulement de temps
à autre par de jolis panoramas et des pointes
de vitesse enivrantes. Le tout est de remercier
le Seigneur de vous avoir permis de faire ce voyage. »
– Jenkin LLOYD JONES

Quand Elizabeth Smart a été kidnappée, ses parents ont vécu un cauchemar. La disparition d'une enfant de quatorze ans est ce qui peut arriver de pire à une famille et à son entourage. C'est ce qui s'est produit dans l'une des affaires d'enlèvement d'enfants les plus suivies de l'histoire.

Le 5 juin 2002, Elizabeth Smart a disparu sans laisser de trace, enlevée sous la menace d'un couteau dans sa propre chambre, au milieu de la nuit. Cet événement tragique et les efforts déployés pour la retrouver ont attiré l'attention des médias. Pourtant, le kidnappeur est parvenu à échapper aux autorités, gardant l'adolescente en captivité – à seulement 5 kilomètres du domicile de celle-ci.

Rien ne pouvait préparer Elizabeth à ce qu'elle allait subir pendant les neuf mois suivants. « C'était un séjour en enfer ! Je me suis couchée dans mon monde parfait de gamine de quatorze ans, et je me suis réveillée aux côtés d'un homme qui aurait pu être le diable lui-même », a-t-elle écrit plus tard. Elle découvre que ses ravisseurs, Brian David Mitchell et sa femme Wanda Barzee, n'ont pas l'intention de réclamer une rançon en échange de sa libération. Au contraire, elle est désormais censée faire partie de leur vie dépravée, en tant que deuxième épouse de Mitchell et esclave de Barzee. Ceux-ci menacent de les tuer, elle et sa famille, si elle tente de s'échapper. Elizabeth finit par penser qu'elle ne pourra retrouver sa liberté qu'à la mort de ses ravisseurs.

Pendant plusieurs mois, Elizabeth Smart, assoiffée et affamée, reste enchaînée comme un animal dans des conditions insalubres. Constamment soumise à la drogue, à l'alcool et à la pornographie, elle est violée chaque jour de sa captivité par un homme monstrueux assez âgé pour être son père.

Elizabeth est anéantie. Elle sait que tout cela n'est pas de sa faute, mais elle se demande si quelqu'un pourra encore l'aimer après ce qui lui est arrivé. Elle se souvient alors de ce que sa mère lui avait dit quelques mois plus tôt, un jour que l'adolescente se sentait délaissée par ses amis :

> Elizabeth, [...] il n'y a que quelques personnes qui comptent. Dieu. Et ton père et moi. Dieu t'aimera toujours. Tu es sa fille. Il ne te tournera jamais le dos. C'est la même chose pour moi. Peu importe où tu vas, ce que

tu fais, tout ce qui peut arriver, je t'aimerai toujours. Tu seras toujours ma fille. Rien ne peut changer ça.

Plus tard, Elizabeth écrira la chose suivante à ce sujet :

> Prendre conscience que ma famille m'aimerait toujours a été un tournant décisif. En fait, cet instant a été le plus important de ces neuf mois d'épreuves. À ce moment-là, j'ai décidé que, quoi qu'il arrive, j'allais survivre [...]. Je ferais tout pour vivre.

Pendant neuf mois, sa famille et ses amis ont continué à collaborer avec la police et tenté de conserver toute l'attention des médias sur l'affaire. Mary Katherine, la jeune sœur d'Elizabeth, qui se trouvait dans la même chambre qu'elle lors de l'enlèvement, a fini par identifier le kidnappeur comme un chômeur qui avait effectué de petits travaux dans leur maison quelques mois auparavant. Le profil qu'elle décrit est alors diffusé dans l'émission *America's Most Wanted* par l'animateur John Walsh (dont le propre enfant a été enlevé et assassiné des années auparavant), et le 12 mars 2003, quelqu'un reconnaît enfin Mitchell et alerte la police.

Lorsque les policiers arrachent l'adolescente aux griffes du couple, ils lui demandent : « Êtes-vous Elizabeth Smart ? » À cause des menaces de ses ravisseurs, Elizabeth est encore terrifiée à l'idée de révéler son identité. Mais elle écrira plus tard :

> Pendant un moment, j'ai eu l'impression que le monde s'arrêtait de tourner [...] Je me sentais calme. Je me sentais rassurée. Des mois de peur et de douleur ont comme fondu sous le soleil. J'ai ressenti une douce confiance. « Je suis Elisabeth. »

Mais l'histoire d'Elizabeth ne s'arrête pas à sa libération. À la suite de son épreuve, les autorités de tout le pays se sont mises à enquêter différemment sur les disparitions et les enlèvements d'enfants, grâce à ce qu'ils ont appris dans le cadre de cette affaire très médiatisée.

Dix ans plus tard, Elizabeth écrit *My Story**, un récit incroyable qui raconte son calvaire en détail :

> J'essaie d'encourager les autres survivants à entreprendre tout ce qu'ils veulent dans la vie, et à ne pas laisser un événement indépendant de leur volonté ruiner le reste de leur existence [...]. Ce n'est pas de leur faute. Ce qui leur est arrivé ne les rend pas moins bons, ou ne change pas qui ils sont [...]. Il n'est jamais trop tard pour commencer à vivre [...]. Je pense qu'il y a beaucoup plus de miracles dans nos vies que nous ne le pensons [...]. Ils nous rappellent que Dieu est là et qu'il se soucie de nous [...]. Au milieu de tous ces tourments, j'ai pu trouver une petite lueur d'espoir.

Les choix courageux et la remarquable influence d'Elizabeth ont continué à se propager bien après son enlèvement, comme nous le verrons par la suite.

Soyez le premier à changer

« L'une des choses que j'ai apprises lorsque je négociais,
c'est que tant que je ne changeais pas moi-même,
je ne pouvais pas changer les autres. »
– Nelson MANDELA

* Elisabeth Smart et Chris Stewart, *My Story*, Griffin, 2014, non traduit.

Outre Viktor Frankl, l'un de mes héros personnels est Nelson Mandela qui, à mon avis, était lui aussi un parfait exemple de la vie crescendo. Après vingt-sept ans d'incarcération, Mandela est devenu le premier président noir d'Afrique du Sud, mettant fin au terrible règne de l'apartheid.

Pendant ces longues années de prison, que l'on pensait perdues, savait-il ou croyait-il vraiment que sa plus grande œuvre était encore à venir ? C'est peu probable. Sans doute n'avait-il pas imaginé qu'il serait un jour à la tête de son pays, mais il a conservé ses valeurs en dépit de ses souffrances, élargi son cercle d'influence, modifié son paradigme et subi sa peine avec une grande dignité. Pendant sa captivité, Mandela a réellement pris conscience de lui-même, et il a fini par devenir une personne bien plus forte que celle qui avait franchi les portes de la prison vingt-sept ans plus tôt. Comment y est-il parvenu ?

En 1964, Mandela est reconnu coupable de sabotage et condamné à la détention à perpétuité. On l'envoie à Robben Island, près de Capetown, un centre pénitentiaire où, pendant dix-huit des vingt-sept années qu'il y a passées, il est confiné dans une petite cellule où le sol lui tient lieu de matelas et un seau de toilettes – tout en effectuant des travaux forcés dans une carrière de chaux. Pendant une longue période, il n'a droit qu'à une visite de trente minutes par an et à une lettre tous les six mois. Il contracte la tuberculose à cause de l'humidité et finit par être transféré dans deux autres prisons successives sur le continent, où il reste neuf ans de plus.

Pendant sa détention, il était interdit de citer Mandela ou de publier sa photo, mais lui et d'autres dirigeants de la lutte contre l'apartheid parviennent à faire passer clandestinement des directives au mouvement d'opposition. C'est en prison que Mandela est fortement marqué par le poème *Invictus* de William Ernest Henley, qui encourage à choisir sa destinée en toutes circonstances. Il le mentionnait souvent aux autres détenus comme une source d'inspiration.

Depuis la nuit qui m'environne,
Noire comme un gouffre d'un pôle à l'autre,
Je rends grâce aux dieux quels qu'ils soient
Pour mon âme invincible.

Dans l'étreinte cruelle du destin
Je n'ai ni frémi ni crié.
Sous les coups répétés du hasard
Ma tête saigne mais ne ploie pas.

Hors de ce lieu de colère et de larmes
Ne plane que l'Horreur des ténèbres
Mais la menace des années
Ne me fait ni ne me fera peur.

Qu'importent l'étroitesse de la porte,
Les châtiments qu'on me promet,
Je suis le maître de mon destin,
Je suis le capitaine de mon âme.

Pendant son incarcération, Mandela comprend que, pour diriger le peuple sud-africain, il doit commencer par se changer lui-même. En arrivant à Robben Island, il était un homme en colère qui avait recouru à la violence pour réclamer la liberté ; lorsqu'il ressort, il est devenu un homme qui a appris à écouter ses ennemis et à leur pardonner.

Le principal moteur de changement personnel est la douleur. L'adversité provoque la douleur, qui peut ouvrir sur deux voies : la colère ou l'humilité. La transformation opérée par Mandela l'amène à faire l'impensable : se lier d'amitié avec ses « ennemis », les gardiens afrikaners. Il apprend leur langue, étudie leur culture, va à l'église avec eux, change son cœur et le leur. Et il apprend à pardonner. Les amitiés qu'il noue avec eux sont sincères et dureront jusqu'à la fin de sa vie.

Le 11 février 1990, le président sud-africain Willem de Klerk libère Mandela après qu'il a passé un tiers de sa vie en prison. Le gouvernement refusant de publier des photos de lui pendant sa captivité, il était probablement le prisonnier politique le plus célèbre du monde, mais le moins reconnaissable. « Quand j'ai enfin franchi ces portes, [...] j'ai senti, même à l'âge de soixante et onze ans, que ma vie recommençait à zéro, écrit-il plus tard dans son autobiographie. Je savais que si je n'oubliais pas mon amertume et ma haine, je serais toujours en prison. »

Bien que l'apartheid règne encore sur le pays, de Klerk a déjà commencé à agir activement pour abolir la ségrégation raciale. Une nouvelle ère d'espoir et d'égalité se profile. L'année suivante, les lois infâmes de l'apartheid sont abrogées.

Quatre ans plus tard, en 1994, l'Afrique du Sud organise ses premières élections générales multiraciales, et les bureaux de vote n'ont jamais été aussi pleins. Étonnamment, le scrutin se déroule dans une atmosphère pacifique : le pays s'est rassemblé autour d'une cause commune. Mandela est élu président de l'Afrique du Sud, avec de Klerk comme vice-président.

Une fois ce transfert de pouvoir opéré, la minorité blanche craint d'abord des représailles de la part du président Mandela, mais celui-ci fait aussitôt et délibérément de multiples efforts pour arriver à la vérité et à la réconciliation.

Lors de la Coupe du monde de rugby à Johannesburg, un an après son élection, le président Mandela entre sur le terrain avant le dernier match, portant le maillot vert des Springboks* pour soutenir l'équipe sud-africaine. Peu de symboles résument mieux l'oppression subie par les Noirs, à l'époque de l'apartheid, que ce maillot arboré par une équipe composée uniquement de Blancs. En le revêtant, Mandela fait un incroyable geste de réconciliation qui ne passe pas inaperçu, aux yeux des Noirs comme des Blancs. Après le match, le président revient sur le terrain pour féliciter l'équipe nationale de sa victoire et remettre le trophée au capitaine de l'Afrique du Sud. Il envoie ainsi ce message fort : il est temps de mettre la haine de côté et de s'unir en tant que pays. En voyant leur nouveau président noir porter ce maillot et célébrer le triomphe de leur nation, les soixante-trois mille spectateurs, en grande majorité blancs, bondissent et se mettent à scander : « Nelson ! Nelson ! Nelson ! »

Mandela décède le 5 décembre 2013, à quatre-vingt-quinze ans, symbole mondial du sacrifice et de la réconciliation. Il a reçu le prix Nobel de la paix en 1993, conjointement avec de Klerk. En hommage à Mandela, l'Afrique du Sud commémore ses soixante-sept années de militantisme et de bien public en instituant une Journée nationale de service.

* Équipe d'Afrique du Sud de rugby à XV.

La vie de Mandela, parsemée d'échecs et de triomphes, illustre parfaitement la manière de vivre crescendo après avoir subi un revers :

- Changez d'abord vous-même (de l'intérieur vers l'extérieur) avant d'essayer de changer votre situation ou les autres.
- Oubliez l'amertume et la haine – ne vous laissez pas aller à la défaite et au désespoir.
- Utilisez le pouvoir du pardon pour guérir et atteindre vos objectifs.

« Je suis fondamentalement optimiste [...].
Être optimiste, c'est en partie garder la tête levée
vers le soleil et continuer d'avancer. J'ai traversé
nombre de moments sombres durant lesquels
ma foi en l'humanité a été mise à rude épreuve,
mais je ne voulais ni ne pouvais me laisser aller
au désespoir. Cette voie mène à la défaite et à la mort. »
– Président Nelson MANDELA

Comme Mandela, et malgré son jeune âge, Elizabeth Smart a choisi de ne pas laisser son passé tragique détruire son avenir. Le jour où l'adolescente est rentrée chez elle, sa mère lui a donné cet excellent conseil pour retrouver le bonheur :

> Elizabeth, ce que cet homme a fait est terrible. Il n'y a pas de mots assez forts pour décrire combien il est monstrueux ! Il a volé neuf mois de ta vie que tu ne retrouveras jamais. Mais la meilleure façon que tu aies de le punir, c'est d'être heureuse [...]. D'aller de l'avant [...]. Alors sois heureuse, Elizabeth. Si tu t'apitoies sur ton sort, ou si tu te morfonds sur ce que tu as subi, si tu t'accroches

> à ta douleur, cela signifie qu'il continuera de te voler ta vie. Alors ne fais pas ça ! […] Garde chaque seconde pour toi […]. Dieu s'occupera du reste.

Six ans après sa libération, Elizabeth Smart a courageusement témoigné de tout ce que Brian David Mitchell lui a fait endurer, y compris les agressions sexuelles quotidiennes. Lors de sa condamnation, elle lui a dit : « Je sais que vous êtes conscient que ce que vous avez fait est mal. Vous l'avez fait en toute connaissance de cause. Mais je veux que vous sachiez que j'ai une vie merveilleuse. »

En fin de compte, pour reprendre les rênes de sa vie, Elizabeth a opéré le même choix que Ray Hinton, en décidant de quelle façon elle allait réagir à cette expérience difficile :

> J'ai simplement fait un choix. La vie est une aventure pour nous tous. Nous sommes tous confrontés à des épreuves. Nous avons tous des hauts et des bas. Nous sommes tous humains. Mais nous sommes aussi les maîtres de notre destin. C'est nous qui décidons comment réagir face à la vie. Oui, j'aurais pu décider de me laisser entraver par ce qui m'est arrivé. Mais j'ai décidé très vite que je n'avais qu'une vie et que je n'allais pas la gâcher.

Elizabeth a trouvé son chemin vers l'apaisement et le bonheur grâce à sa foi et à ses convictions, à l'amour et au soutien de sa famille, de ses amis et de sa communauté, ainsi qu'en montant et en soignant des chevaux et en jouant de la harpe.

Elle pense également que le fait de se montrer reconnaissante envers les belles choses de sa vie lui a donné le courage et la force de pardonner à ses ravisseurs. Gratitude et pardon : quels outils puissants pour guérir et profiter à nouveau de la vie !

Recréez votre vie

Dave's Killer Bread est un pain délicieux et sain que l'on trouve aujourd'hui dans de nombreuses épiceries américaines. Sur l'emballage figurent d'un côté l'image d'un homme musclé jouant de la guitare, et de l'autre le récit édifiant de la rédemption de Dave. Mais cette histoire unique ne s'arrête pas là.

Dans les années 1970, Jim Dahl, le père de Dave, achète une petite boulangerie à Portland, dans l'Oregon, et devient l'un des premiers producteurs de pain de graines germées. Il en confectionne de délicieuses variétés à base de céréales complètes et sans graisse animale – chose rare à l'époque. Les fils de Jim, Glen et Dave, travaillent avec leur père dans la boulangerie, mais Dave, agité et rebelle, ne manifeste aucun intérêt pour l'entreprise familiale. Il souffre également d'une grave dépression. Pour y faire face, Dave recourt alors à la drogue, et sa vie bascule : il est arrêté pour détention de drogue, vol avec effraction, agression et vol à main armée, et finit par être condamné à quinze ans de prison.

Entre-temps, Glen rachète la boulangerie de son père et la rebaptise NatureBake. Dave, qui a suivi un programme de réhabilitation, bénéficie d'une libération anticipée en 2004.

Étonnamment, il est accueilli à bras ouverts par sa famille, et son frère lui offre ce dont il avait le plus besoin : un travail. Dave attribue à Glen le mérite de lui avoir donné une seconde chance pour pouvoir entamer une toute nouvelle vie. L'année suivante, Dave se rend avec son neveu au marché des producteurs de Portland pour proposer le pain spécial qu'il a lui-même mis au point. Ils écoulent très vite leur stock et c'est ainsi que naît Dave's Killer Bread (DKB).

Dès l'automne suivant, les produits DKB apparaissent dans les rayons des magasins de Portland. L'entreprise familiale, qui comptait à l'origine une trentaine de salariés, emploie aujourd'hui plus de trois cents personnes. Les pains DKB sont désormais vendus à travers les États-Unis et le Canada, avec une clientèle fidèle de plus de quatre cent mille consommateurs.

DKB se distingue par cette philosophie unique : « Nous offrons aux gens une seconde chance de créer un changement durable dans leur vie. »

« Nous croyons que chacun est capable de grandeur. Nous croyons au pouvoir de la réinvention et nous consacrons à transformer les secondes chances en changement durable. Notre mission est de créer le changement. Trop de bons employeurs rechignent à s'engager et, sur le marché du travail, trop de personnes à fort potentiel sont laissées pour compte – des personnes dotées d'énergie, de motivation et de volonté. »

– Dave DAHL

Un tiers des employés de DKB sont d'anciens délinquants. Le directeur de production de l'entreprise a déclaré qu'après son incarcération, sa plus grande préoccupation était de savoir qui lui offrirait une possibilité d'emploi. Il a affirmé que 75 % des personnes qui sortent de prison y retournent au bout de cinq ans si elles ne changent pas radicalement de vie. L'emploi est une étape essentielle dans ce processus.

Dave a créé la fondation DKB pour favoriser l'emploi de la deuxième chance qui, selon lui, peut réduire l'effet négatif de l'incarcération de masse et limiter les récidives. DKB a organisé de nombreux sommets de la deuxième chance réunissant des représentants du gouvernement, des organisations non gouvernementales et des entreprises, dans le but de combattre la stigmatisation et d'aider les anciens détenus à aller de l'avant. Donner une chance – une seconde chance – à une personne prête à changer sa vie offre un tel pouvoir de transformation que ceux qui en bénéficient deviennent capables non seulement de gagner leur vie, mais aussi de la construire.

De son propre aveu, Dave n'est pas sorti d'affaire, mais il continue à lutter contre l'adversité et à se recréer : « Il faut être prêt à repérer et admettre ses faiblesses [...]. Toutes ces souffrances ont transformé un ancien délinquant en un homme honnête qui essaie de rendre le monde meilleur, pain à pain. »

Certes, il est difficile de recréer sa vie après un drame, mas cela reste possible, et chacun peut avoir une influence positive sur l'existence des autres, comme nous allons le voir avec une femme nommée Ona. Aucun parent ne pense devoir survivre à ses enfants mais, alors qu'Ona était septuagénaire, elle avait déjà enterré trois de ses quatre enfants. Sa fille unique a été tuée dans un tragique accident de voiture alors qu'elle n'avait que seize ans, et deux de ses fils adultes sont morts d'un cancer des années plus tard.

Malgré son chagrin, Ona s'est tournée vers l'enseignement en école primaire, avec une prédilection pour la poésie et l'écriture, des sujets que l'on aborde rarement à un si jeune âge. Elle était créative, attentionnée et généreuse, allant jusqu'à aider les élèves et les autres enseignants qui rencontraient des difficultés. Unanimement louée par sa hiérarchie, cette femme exceptionnelle a été, pendant trente-huit ans, une bénédiction pour des centaines d'enfants, auxquels elle a inculqué confiance en soi et amour de l'apprentissage.

Après avoir pris sa retraite, Ona s'est de nouveau créé une autre vie. Malgré ses quatre-vingt-dix ans bien sonnés, elle se tient à un programme d'activités qu'une personne plus jeune aurait du mal à suivre. Elle se lève tôt pour jardiner, offre ses services bénévoles dans des associations humanitaires et sa paroisse, moud régulièrement du blé et apporte du pain aux personnes malades ou dans le besoin, aime apprendre tout ce qui est nouveau et est rédactrice en chef d'un bulletin de quartier trimestriel depuis plus de dix ans. Elle fait régulièrement des tournées de ramassage des « personnes âgées » (bien que certaines soient plus jeunes qu'elle !) qu'elle accompagne à des activités et manifestations culturelles. Bien qu'elle soit actuellement confrontée à de sérieux problèmes de santé, elle souhaite avoir plus de temps pour mener à bien les nombreux projets simultanés sur lesquels elle travaille, y compris l'écriture de l'histoire de sa vie, et elle n'est pas prête à partir de sitôt.

Les terribles revers qu'a essuyés Ona ont fait d'elle une personne extrêmement attentionnée, ouverte et sensible.

Elle prend souvent le temps d'admirer un coucher de soleil ou les couleurs éclatantes de l'automne et écrit à la main des messages de remerciements à ceux qui lui rendent de menus services. Elle est très aimée et admirée par son entourage ; quant à ceux qui ne la connaissent pas bien, ils ne devineraient jamais que sous son attitude joyeuse et positive, il y a eu beaucoup de douleur et de chagrin[23].

Bien que la vie n'ait pas épargné Ona, son influence ne cesse de croître et de bénéficier aux autres, comme le symbole musical < qui indique que le volume augmente en force et en puissance.

Vivre crescendo pendant ou après un revers de fortune, c'est :

- Croire aux secondes chances et en donner aux autres.
- Ne jamais douter des autres.
- S'employer de manière consciente à recréer sa vie dans une nouvelle réalité.

« J'admire l'homme qui peut sourire
dans l'adversité, qui peut s'aguerrir
dans la détresse et s'enhardir par la réflexion. »
– Thomas PAINE

Elizabeth Smart compare souvent ce qu'elle a vécu à une profonde coupure sur un bras ou une jambe. On peut décider de la nettoyer soigneusement et de la soigner avec des médicaments pour éviter toute infection. Elle finira par guérir, même si elle laisse une cicatrice – mais même une cicatrice peut disparaître complètement. On peut aussi choisir de ne pas toucher à la coupure : elle peut guérir d'elle-même, ou bien se rouvrir et se remettre à saigner, suppurer et s'infecter.

C'est à vous de décider de soigner cette blessure correctement ou non, tout comme il vous revient de décider quelle réaction adopter face à un événement qui a bouleversé votre vie. Ona a recréé la sienne en se mettant au service des autres, et Elizabeth pense que chaque survivant doit trouver son propre chemin vers la guérison. Vous pouvez choisir les médicaments ou la psychothérapie, ou bien vous passionner pour quelque chose d'exaltant que vous n'avez pas encore découvert. Avec du soutien et des soins, la guérison viendra peu à peu.

CHAPITRE 7

Trouvez votre « pourquoi »

« Pour qui a un "pourquoi" dans sa vie,
aucun "comment" n'est trop lourd. »
– Friedrich NIETZSCHE

Que faire quand on voit sa vie parfaite s'écrouler ? Comment réagir ? Comment ramasser les morceaux et aller de l'avant ?

Je connais une maison à l'abandon dans un beau quartier, souvenir fâcheux d'un mariage raté. Lorsque le couple qui en était propriétaire a divorcé, le mari en colère l'a laissée sans surveillance pendant plus de dix ans pour contrarier son ex-femme (et les voisins qui avaient pris fait et cause pour elle). La peinture s'écaillait, le toit avait besoin d'être réparé, les volets pendaient, cassés, et la pelouse était jaune et pleine de mauvaises herbes. Et comme il ne voulait pas partager l'argent avec son ancienne épouse, cet homme amer n'avait pas l'intention de vendre la maison à une autre famille.

Au lieu de trouver un nouveau sens à sa vie, cet homme s'est laissé définir et détruire par un mariage brisé. Le contraire de vivre crescendo <, c'est vivre diminuendo >, ce qui signifie littéralement diminuer, décroître en volume et en intensité. J'aimerais poser à cet homme revanchard la question suivante : « Pourquoi permettez-vous à votre ex-femme de gâcher votre vie et d'y garder une place importante ? Pourquoi n'avez-vous pas tourné la page après votre divorce et n'avez-vous pas refait votre vie ? » Au lieu d'accepter la situation et de trouver un nouvel objectif et un nouveau bonheur, il a laissé son amertume et son cœur implacable étriquer son âme et son avenir.

En revanche, j'ai éprouvé une véritable exaltation à connaître, entendre et lire l'histoire de personnes qui, après avoir été confrontées à une grande tragédie, ont refusé de laisser celle-ci les détruire. Elles ont découvert une nouvelle raison de se lever chaque jour. Elles se sont trouvé un but en allant toujours de l'avant, en changeant le monde de manière positive.

Le 23 juin 1985, Manjari Sankurathri, son fils Srikiran, six ans, et sa fille Sarada, trois ans, ont embarqué à bord du vol 182 d'Air India depuis leur domicile au Canada pour passer les vacances à Londres. Alors que l'avion approchait des côtes irlandaises, une bombe placée par des nationalistes sikhs a explosé, tuant les 329 passagers et personnels navigants – la plus grande attaque terroriste de l'histoire moderne du Canada. Aucun corps n'a jamais été retrouvé.

Pendant trois ans, le Dr Chandrasekhar Sankurathri (connu sous le nom de « Dr Chandra ») s'est immergé péniblement dans ses travaux de biologiste à Ottawa, peinant à croire que sa femme et ses enfants étaient vraiment partis. « Je me disais qu'ils avaient peut-être atterri quelque part, que quelqu'un les avait peut-être secourus. » Après ces trois années à faire semblant de vivre, le Dr Chandra a pris la décision altruiste de transformer sa douleur personnelle en une occasion de faire le bien en Inde, son pays natal.

« Je voulais me rendre utile à d'autres, j'avais besoin d'un but [...]. La vie ne perd son sens que si nous baissons les bras. Chacun de nous a le pouvoir de donner un sens à la vie, de faire de son temps, de son corps et de ses paroles des instruments d'amour et d'espoir. »

À l'âge de soixante-quatre ans, le Dr Chandra a donc quitté son poste de biologiste à Ottawa, où il a vécu pendant vingt ans. Il a vendu sa maison et ses biens pour retourner en Inde. Son objectif était d'améliorer la qualité de vie des plus démunis dans les régions les plus reculées. Il a aussitôt été frappé par deux problèmes flagrants : les nombreux cas de cécité et l'absence d'accès à l'éducation.

Environ 75 % de la population indienne, soit plus de 750 millions de personnes, vivaient dans des villages, et 60 % d'entre elles étaient sans ressources. À l'extérieur des villes, les villageois travaillaient toute la journée sous un soleil de plomb, et environ 15 millions d'Indiens souffraient de cécité provoquée par des carences alimentaires.

Le Dr Chandra a également constaté que la plupart de ces adultes ne savaient ni lire ni écrire et que leurs enfants fréquentaient des écoles rudimentaires où le taux de décrochage était supérieur à 50 %. Malgré son profond chagrin, le Dr Chandra a puisé dans ses économies de toute une vie pour créer la Fondation Sankurathri (du nom de sa femme), se donnant pour mission d'améliorer les soins de santé et l'éducation des indigents. Il a fait construire une école et un hôpital ophtalmologique sur un terrain d'un hectare à Kuruthu, un petit village rural non loin du lieu de naissance de sa défunte épouse.

Aujourd'hui, la Fondation Sankurathri soutient trois programmes.

L'école Sarada Vidyalayam (en mémoire de sa fille) est un établissement d'enseignement primaire et secondaire où le taux de décrochage, de façon incroyable, est proche de zéro. Sarada propose des livres, des uniformes, des repas et des examens médicaux gratuits aux élèves, n'exigeant en retour que la volonté d'apprendre et la discipline nécessaire pour étudier. L'école Sarada, qui a commencé par une seule classe, en compte aujourd'hui neuf. En janvier 2019, 2 875 élèves des zones rurales avaient été scolarisés gratuitement dans cette école, et 661 enfants d'autres familles nécessiteuses avaient reçu des bourses afin de poursuivre leurs études dans divers lycées et universités. Voici ce que déclare un élève qui a effectué sa scolarité à Sarada : « Tout mon mérite revient à la Fondation Sankurathri et au Dr Chandrasekhar. Sans leur aide, j'aurais été un paysan, marchant péniblement dans les traces de mon père. » Grâce à sa scolarité, ce jeune homme a obtenu un score de 96 % aux examens de fin de lycée et a été admis dans une prestigieuse école d'ingénieurs.

L'institut d'ophtalmologie Srikiran (baptisé en souvenir du fils du Dr Chandra) offre désormais des prestations ophtalmologiques de classe mondiale dans la région. Cet établissement de santé comprend cinq bâtiments et fournit des services de soins oculaires dans six districts en Inde. Les bus de ramassage scolaire sont souvent utilisés en journée pour amener les patients d'autres zones rurales à l'institut. Le gouvernement indien a reconnu Srikiran comme l'un des onze centres de formation d'ophtalmologues du pays, établissant ainsi des normes élevées que d'autres pourront suivre. Le Dr Chandra déclare avec fierté : « Notre mission est de fournir avec compassion des soins ophtalmologiques qui soient équitables, accessibles et abordables pour tous. » Srikiran offre des examens de la vue, des opérations chirurgicales et des médicaments, ainsi que l'hébergement et la nourriture pendant l'hospitalisation. Son credo est le suivant : « Allumons une lampe dans la vie des aveugles. »

Depuis 1993, l'institut s'est considérablement développé et compte désormais quinze centres. En 2022, il a traité un nombre impressionnant de patients (3 500 000) et réalisé 34 000 opérations chirurgicales, dont plus de 1 000 sur des enfants, avec 90 % de gratuité pour les nécessiteux.

Le Dr Chandra refuse d'admettre qu'il ait fait quoi que ce soit de remarquable : « Je suis juste un être humain ordinaire qui essaie de faire de son mieux pour aider les autres. Je me sens très proche de ma famille. J'ai l'impression qu'elle est ici, avec moi, et cela me donne beaucoup de force. »

Mettant sa douleur de côté, le Dr Chandra s'est efforcé, avec abnégation, de redonner santé et bonheur aux habitants de ce coin reculé de l'Inde, ce qui l'a aidé à trouver son « pourquoi » et à apprendre comment vivre crescendo.

« Je remercie Dieu pour mes handicaps,
car, à travers eux, je me suis trouvée moi-même,
j'ai trouvé mon œuvre et mon Dieu. »
– Helen KELLER

La quête du sens

Il y a peu de personnes que j'admire plus que Viktor Frankl, survivant des camps de concentration allemands, qui a décrit ce calvaire dans *Le sens de ma vie**. Le message central de son livre est le suivant : la principale motivation de l'humanité est la quête d'un but et d'un sens à donner à la vie. Bien qu'il ait terriblement souffert, Frankl savait que ses blessures finiraient par guérir et il était convaincu qu'il lui restait encore beaucoup à accomplir.

Plutôt que de faire une obsession des souffrances endurées pendant son internement, Frankl s'est servi de son imagination et de sa discipline pour se projeter mentalement – il s'est imaginé, dans le futur, en train de donner des conférences universitaires sur les épreuves qu'il traversait alors. Cela lui a offert la motivation et la volonté d'espérer une issue favorable et de supporter son terrible sort. Son expérience et ses observations l'ont convaincu que le fait d'avoir un but – une raison ou un « pourquoi » – permet de rester en vie face à l'adversité.

Viktor Frankl, *Le sens de ma vie*, Dunod, 2019.

« Ce dont nous avions vraiment besoin,
c'était d'un changement fondamental dans notre attitude
envers la vie [...]. Nous devions enseigner à des hommes
désespérés que ce que nous attendions de l'existence
importait moins que ce qu'elle attendait de nous.
Plutôt que nous interroger sur le sens de la vie,
nous devions nous imaginer comme des hommes
que la vie questionnait – chaque heure et chaque jour. »
– Viktor FRANKL, *Le sens de ma vie*

Frankl rapportera plus tard qu'au départ, tous les critères qu'il avait utilisés pour déterminer quels individus survivraient étaient faux. Il avait étudié leur intelligence, leurs capacités de survie, la structure de leur famille et leur état de santé, mais ces facteurs n'expliquaient pas pourquoi certaines personnes survivaient. La seule variable significative était leur conviction qu'elles avaient un avenir – qu'il leur restait à faire quelque chose d'important. Frankl a appris que, pour tenter de restaurer la force mentale d'un homme emprisonné dans le camp, il fallait lui révéler un objectif inscrit dans le futur. Il a écrit au sujet de deux hommes qui ont sérieusement envisagé le suicide, persuadés qu'ils n'avaient plus rien à attendre de la vie :

> Dans ces deux cas, il s'agissait de leur faire prendre conscience que la vie attendait encore quelque chose d'eux, qu'on attendait quelque chose d'eux dans le futur. Nous avons constaté que pour l'un, c'était son enfant, qu'il adorait et qui l'attendait à l'étranger. Pour l'autre, [...] c'était un scientifique, il avait écrit une série de livres qui n'étaient pas encore achevés. Son travail ne pouvait être effectué par personne d'autre,

> pas plus qu'une autre personne ne pouvait prendre la place du père dans l'affection de son enfant [...]. Lorsque l'on se rend compte de l'impossibilité de remplacer une personne, cela fait apparaître dans toute son ampleur la responsabilité qu'un homme a sur son existence. L'homme qui prend conscience de la responsabilité qu'il porte envers un être humain qui l'attend avec affection, ou envers une œuvre inachevée, ne pourra jamais renoncer à sa vie ; il connaît le « pourquoi » de son existence, et pourra supporter presque tous les « comment ».

Après avoir survécu aux camps de la mort, Viktor Frankl a concentré ses travaux sur l'importance de donner un sens à sa vie, offrant ainsi sa plus grande œuvre et sa plus grande contribution. Il a découvert qu'il ne s'agissait pas seulement d'un moyen de survie, mais que le fait de trouver le « pourquoi » de l'existence donnait la conviction que chaque vie avait un objectif unique. Le Dr Frankl a ainsi contribué à aider d'autres personnes à découvrir cette ressource en elles-mêmes et, au moment de sa mort en 1997, *Le sens de ma vie*, écrit en 1946, s'était vendu à plus de 10 millions d'exemplaires, traduits en vingt-quatre langues.

De précieuses leçons face à l'adversité

Avez-vous déjà, dans le désert, observé l'éclosion des fleurs de cactus ? En raison de leurs couleurs éclatantes, celles-ci sont parfois appelées « les feux d'artifice de Mère Nature ». Mais comment un simple cactus hérissé de telles épines et à l'apparence peu attrayante peut-il produire des fleurs aussi divinement belles ? Certaines de ces plantes, comme le saguaro, possèdent des ramifications qui ne peuvent s'enraciner que dans certaines conditions météorologiques. Elles doivent donc être cultivées à partir de graines, et il faut attendre quarante à cinquante ans pour obtenir la première fleur !

Imaginez un peu : aucune fleur pendant un demi-siècle, et ensuite, une plante sèche qui semble incapable de produire quoi que ce soit nous offre de magnifiques fleurs. Quelle belle métaphore de la résistance face à l'adversité ! Comme des fleurs sur un cactus, si vous êtes patient et persévérant, les revers de la vie n'auront plus l'apparence qu'ils avaient au départ. Les défis et les épreuves semblent souvent ne receler que douleur et chagrin, mais si vous tenez bon, après un certain temps, des leçons précieuses et utiles en émergeront. Rappelez-vous qu'« à toute chose malheur est bon ».

« Vous ne trouverez jamais meilleur adversaire que le malheur. Ne pas être belle a été une réelle bénédiction […]. Cela m'a obligée à cultiver mes ressources intérieures. Une jolie fille part toujours avec un handicap. »
– Golda MEIR

Lorsque nous affrontons des revers de fortune, des difficultés et des peines, notre propre souffrance nous enseigne l'empathie. En outre, nous apprenons les nobles qualités que sont la foi, le courage, la patience, l'endurance, le service, la charité, la gratitude et le pardon. Même quand nous subissons de terribles pertes, nous gagnons aussi beaucoup en découvrant le meilleur de nous-mêmes.

Comme l'a dit William Shakespeare: « Doux sont les usages de l'adversité. »

Pour surmonter l'adversité, nous devons:

- Trouver un nouvel objectif épanouissant – découvrir le « pourquoi » pour supporter le « comment ».
- Œuvrer à améliorer la vie des autres – être un catalyseur du bien.
- Être prêt à saisir les opportunités adaptées à nos capacités et à notre caractère unique.

Si vous êtes préparé et cherchez de manière pragmatique la mentalité crescendo, vous pouvez espérer une vie riche de sens.

Suivant les recommandations de sa mère, Elizabeth Smart a consciemment choisi de vivre une vie heureuse après ses neuf mois de calvaire. Elle a, entre autres, travaillé comme commentatrice pour ABC News, effectué une mission en France pour sa paroisse, obtenu son diplôme universitaire; elle s'est mariée et a maintenant trois enfants. Avec l'aide et le soutien de ses parents, elle a fondé en 2011 (huit ans après son enlèvement) la Fondation Elizabeth Smart, dont l'objectif est de mettre fin aux crimes contre les enfants: « Et si nous pouvions empêcher de futurs crimes contre les enfants? » Ceci représente le « pourquoi ». Le « comment » consiste à permettre aux enfants de s'affirmer à travers l'éducation et la compréhension de leurs choix, et à soutenir les forces de l'ordre dans le sauvetage des victimes.

Il est essentiel que vous trouviez votre « pourquoi », lorsque vous êtes confronté à l'adversité, afin d'adopter la mentalité crescendo et d'aller de l'avant. Comme le montrent tous ces exemples inspirants, cela permet d'attribuer à sa vie un nouveau sens et un nouvel objectif.

Un choix courageux

« C'est la capacité à choisir qui nous rend humains. »
– Madeleine L'ENGLE

Comment des personnes comme Anthony Ray Hinton ou Elizabeth Smart, qui ont dû affronter des obstacles apparemment insurmontables, peuvent-elles continuer à mener une vie productive ? Comment font-elles pour triompher d'aussi terribles épreuves, réussir sur le plan personnel et même contribuer à améliorer l'existence des autres ? La réponse tient en quelques mots : elles sont convaincues qu'elles ont le choix.

En 1990, le père de Michael J. Fox meurt subitement, et l'acteur vit ce qu'il décrit comme « le signe annonciateur de la période la plus difficile de [s]a vie ». La même année, en effet, on lui diagnostique la maladie de Parkinson à un stade précoce et on lui annonce, à l'âge de trente ans et au milieu d'une carrière florissante, qu'il ne pourra sans doute travailler que dix ans de plus. « Ma vie venait de déraper de manière terrifiante », écrit-il.

Au début, Michael nie la réalité et cherche le réconfort dans l'alcool mais, très vite, il comprend qu'il est en train de se voiler la face.

« Ne pouvant échapper à la maladie, à ses symptômes et à ses difficultés, j'ai été contraint [...] de recourir à l'acceptation, qui consiste simplement à reconnaître la réalité d'une situation [...]. J'ai pris conscience que le seul choix dont je ne disposais pas était d'avoir ou non la maladie de Parkinson. Tout le reste, en revanche, dépendait de moi. En décidant de me documenter sur cette pathologie, j'ai opéré de meilleurs choix sur la façon de la traiter. J'étais plus heureux, moins isolé et j'ai pu rétablir le contact avec les autres [...]. Quand les choses vont mal, ne vous cachez pas ! Cela prend du temps, mais on finit par se rendre compte que même les problèmes les plus graves ont une fin, et que nos choix sont infinis. »*

C'est ainsi que Michael J. Fox est devenu le « visage » de la maladie de Parkinson et, afin de rassembler des fonds pour la recherche médicale, il a même eu le courage de renoncer à prendre ses médicaments, avant de s'adresser à une sous-commission du Sénat, afin que ses symptômes ne soient pas masqués. Dans *En avant vers le futur*, il partage sa recette du succès : « Laissez le passé derrière vous et vivez le moment présent. »

« La personne la plus effrayante au monde
est celle qui n'a pas le sens de l'humour. »
– Michael J. FOX

Fox mène avec sa femme, Tracy Pollan, et leurs quatre enfants une vie heureuse et bien remplie, même si elle ne correspond pas à ce qu'il avait envisagé. Il applique consciemment ces deux principes au quotidien : l'acceptation et la gratitude. « Ce qui s'est passé et ce qui se passera ne peuvent pas être aussi importants que ce qui se passe maintenant. Il n'y a jamais de meilleur moment pour célébrer le présent. Le présent vous appartient. Laissez un autre prendre la photo [...] Contentez-vous de sourire. »

Pendant la pandémie de Covid-19, Fox a travaillé, dictant minutieusement ce qu'il appelle « un mémoire

* Michael J. Fox, *En avant vers le futur*, éditions Kero, 2021.

révélateur » à une assistante, car la maladie l'empêchait d'écrire ou de taper à la machine. *En avant vers le futur* offre un regard sans complaisance sur ce qu'est l'existence, sur trois décennies, d'une personne affligée d'une maladie incurable. Avec le même engagement et le même professionnalisme qu'il a montrés dans sa carrière d'acteur, Fox s'est démené pour, au fil des ans, réunir par le biais de sa fondation éponyme la somme incroyable d'un milliard de dollars en faveur de la recherche.

Même si Michael J. Fox ne pratique plus guère son métier d'acteur, la plupart des gens affirmeraient qu'il joue un rôle plus crucial désormais en offrant un modèle à d'autres personnes souffrant comme lui de maladies chroniques. Il a fait le choix conscient de tirer le meilleur parti de ce que l'existence lui offre, de vivre crescendo en dépit d'une pathologie qui a bouleversé sa vie. « J'avais une tolérance élevée à la difficulté, reconnaît-il. J'avais appris à vivre avec la maladie de Parkinson, et de bonnes choses en découlaient. » Convaincu qu'il lui reste encore d'excellents moments à vivre, il affirme que « le futur est la dernière chose dont on puisse manquer. Jusqu'à notre dernier souffle, on a un avenir et, ensuite, c'est fini ».

Parmi les éléments fondateurs de sa capacité à surmonter l'adversité, citons :

- Le constat que les problèmes les plus graves ont une fin et que nos choix sont infinis.
- La décision de tourner le dos au passé – vivez le moment présent.
- Le choix de l'optimisme et d'une perspective positive.

« La gratitude rend l'optimisme durable.
Et si vous pensez que vous n'avez pas de raison d'être reconnaissant, continuez à chercher. »
– Michael J. FOX

Certes, tout le monde ne dispose pas des mêmes ressources que Michael J. Fox. Mais même les « gens ordinaires » peuvent faire des choses extraordinaires malgré l'adversité – en choisissant de vivre crescendo.

Le 11 mai 1975, Rick Bradshaw se rend au lac Powell, dans le sud de l'Utah, pour se détendre quelques jours en faisant du bateau et en nageant avec des amis. Une nuit, il plonge pour récupérer un sac de voyage tombé à l'eau. Mais, même s'il se trouve à plus de 30 mètres de la côte, l'eau n'est pas assez profonde – il s'est enfoncé dans un banc de sable. Il est ressorti de cet accident avec une lésion de la moelle épinière qui le rend tétraplégique.

Au début, Rick s'est dit qu'il allait devoir vivre dans un centre de rééducation au milieu de personnes âgées. À vingt-deux ans, cette idée ne l'enchantait guère, et c'était une motivation suffisante pour qu'il se mette à chercher des alternatives.

« Lorsque j'essayais de déplacer mon corps paralysé, en commettant des erreurs de posture et d'équilibre, je tombais souvent, me retrouvant dans des positions impossibles où je restais bloqué jusqu'à ce qu'on m'aide à me relever. J'ai fini par maîtriser mes mouvements en apprenant, en premier lieu, à tomber avec grâce. En y réfléchissant, j'ai compris que cela pouvait s'appliquer à chacun d'entre nous, dans chacun de nos actes. »

Il était conscient qu'il ne retrouverait jamais sa motricité d'avant, mais il s'est rendu compte qu'il pouvait développer bien d'autres compétences, à condition d'avoir la volonté et la patience de s'entraîner.

« Le fait de savoir que je serais minable dans à peu près tous les domaines m'a donné la liberté de faire des performances minables, mais j'étais certain de pouvoir progresser avec le temps. Grâce à cela, j'ai compris que l'échec est un signe d'engagement et s'apparente davantage à la réussite que le fait de s'abstenir de toute tentative. L'échec mène au succès. »

Confronté à des défis apparemment insurmontables, Rick a dû faire « des milliers de sauts dans le vide », comme il les appelle, pour parvenir à vivre de manière autonome. S'inscrire à l'université dix mois seulement après son accident, alors qu'il pouvait à peine écrire et n'avait aucune idée de ce qu'il était capable de faire, a été l'un des premiers de ces grands sauts.

Bientôt, Rick a décidé de renoncer aux aides sociales et de trouver un emploi dans l'hôpital où il était soigné, même si cela signifiait qu'il gagnerait moins d'argent qu'avec ses allocations. Il a également perdu la gratuité des soins de santé qu'il recevait grâce à son assurance maladie et a dû payer 1 000 dollars par mois de sa poche. Pourtant, Rick déclare : « Le plus simple, pour moi, aurait été de laisser les gens s'occuper de moi pour le restant de mes jours. » Selon lui, « vivre aux crochets du gouvernement, c'était comme être placé en institution ».

« J'ai dû accepter le fait que j'étais paralysé à un degré très élevé, mais j'ai pris conscience que j'étais capable de redéfinir le chemin à emprunter pour obtenir ce qui me tenait à cœur. Mon désir profond était de me marier et d'être aimé, de vivre avec ma famille, d'exercer le mieux possible un métier que j'aimais, d'apprendre et de voyager. J'ai compris que tout cela était encore possible. »[24]

Rick a choisi de :

- Remettre en question les préjugés.
- Faire de courageux « sauts dans le vide ».
- Donner un bon exemple aux autres.

Rick sentait qu'il était destiné à accomplir quelque chose de grand. Il a dit à sa famille : « Si c'est là la mission de ma vie – donner le bon exemple aux autres –, alors je suis en train de faire de mon mieux pour y arriver. »

Rick a fini par trouver une nouvelle carrière formidable, épouser une femme merveilleuse, gagner de l'argent et payer des impôts comme tout le monde, et par découvrir que la réussite de sa carrière ouvrait la voie à d'autres accomplissements. Quelque quarante ans plus tard, il se réveille en se réjouissant d'aller au travail, et sa vie est plus que normale. Il a récemment obtenu un doctorat et suivi une formation prestigieuse sur le leadership dans le domaine de la santé. Aujourd'hui, il envisage la suite.

« Une grande discipline génère une force énorme. »
– Robert SCHULLER

En faisant le choix conscient de ne pas laisser l'adversité définir leur avenir, Michael J. Fox et Rick Bradshaw ont trouvé le courage de surmonter d'énormes difficultés.

J'ai appris à mes enfants à choisir d'être *forts dans les moments difficiles*, lorsqu'ils sont confrontés à quelque chose de nouveau ou qui exige qu'ils sortent de leur zone de confort. Affronter et surmonter ces moments requiert beaucoup de discipline et de courage. Mais la force dont nous faisons preuve dans ces situations peut nous montrer combien nous sommes résistants, et elle aura une influence sur tous les autres moments de notre vie.

Dans ce but, nous devons consciemment *visualiser* les difficultés exactes que nous risquons d'affronter, notre façon d'y réagir, puis décider de quelle manière aller de l'avant, armés de nos principes et de notre courage, quelles que soient les pressions extérieures.

Ces moments difficiles sont généralement suivis de périodes plus calmes, à condition de rester fermes et persévérants.

« Ce n'est ni dans le calme de la vie ni dans le repos d'une posture pacifique que se forment les grands caractères. Les habitudes d'un esprit avisé se façonnent en affrontant les difficultés ; les grandes nécessités appellent les grandes vertus. Lorsque l'esprit est stimulé et animé par des scènes qui engagent le cœur, ces qualités qui, autrement, seraient restées en sommeil, s'éveillent à la vie et forment le caractère du héros. »

– Abigail ADAMS

Carpe diem !

« Profitez du présent ! Souvenez-vous de toute ces femmes, sur le Titanic, qui ont refusé de prendre un dessert ! »
– Erma BOMBECK

Dans le film *Le Cercle des poètes disparus*, Robin Williams joue le rôle de John Keating, professeur d'anglais dans un lycée privé pour garçons. À un certain moment du film, il s'adresse ainsi à ses élèves un peu frileux : « *Carpe diem* – saisissez l'instant présent, les garçons ! Faites de votre vie quelque chose d'extraordinaire ! »

Keating est le seul professeur qui encourage ses élèves à aller au-delà de ce qu'on exige d'eux, à se détacher de l'apprentissage traditionnel et à considérer les choses sous un angle différent. Il veut que ces jeunes hommes aient une vision inédite d'eux-mêmes – qu'ils découvrent leur véritable potentiel, qu'ils se lancent dans de nouvelles entreprises, même s'ils échouent, et qu'ils s'efforcent d'accomplir leurs rêves même s'ils semblent irréalisables.

L'injonction lancée par Keating – « Faites de votre vie quelque chose d'extraordinaire ! » – signifie que vous avez le pouvoir de faire bouger les choses. C'est à vous de jouer ! Prenez les rênes et assumez la responsabilité de vivre à la limite voire en dehors de votre zone de confort pour croître et évoluer.

Dans notre famille, nous avions coutume de crier « *Carpe diem !* » lorsque l'un d'entre nous avait l'occasion de faire ou d'apprendre quelque chose de différent, ou de s'essayer à une tâche inédite et complexe. Nos parents nous encourageaient à profiter pleinement des grandes opportunités, à « sucer la moelle de la vie », comme disait Thoreau, et à faire tout notre possible pour réussir !

Je pense que les enfants et les personnes âgées comprennent ce que signifie « cueillir le jour » : ne pas se presser ni s'inquiéter du temps qui passe, et profiter pleinement du moment présent. Avez-vous déjà vu un enfant essayer de marcher en équilibre sur le bord d'un trottoir, pendant que sa mère l'exhorte à entrer dans le magasin où elle doit faire ses courses ? L'enfant profite de l'instant, se délecte du défi présent, hors du temps, sans se soucier de l'horaire que sa mère croit essentiel de respecter. Et si vous avez déjà discuté avec des personnes âgées assises devant chez elle, dans un magasin ou à l'église, vous savez qu'elles ont tout leur temps. Elles ont envie que vous vous attardiez pour leur parler, que vous écoutiez leur nouvelle blague ou leur nouvelle anecdote – sans se rendre compte que vous êtes pressé et que vous devez vous consacrer à des occupations que vous jugez plus importantes. D'une certaine manière, aux deux extrémités du spectre, les enfants et les personnes âgées ont tout compris, alors que nous, qui nous trouvons au milieu, nous trompons de priorités.

En 2009, Todd Bol, un entrepreneur social d'Hudson, dans le Wisconsin, a construit une maquette figurant une salle de classe en hommage à sa mère, une enseignante qui avait toujours aimé lire. Il a fixé cette boîte sur un poteau devant sa maison, y a déposé certains de ses livres préférés et a invité ses voisins et amis à les emprunter gratuitement pour les lire. Ceux-ci ont trouvé l'idée fabuleuse et viennent se servir si souvent que Todd a fabriqué d'autres boîtes et les a installées dans d'autres quartiers. En les voyant, Rick Brooks, de l'université du Wisconsin-Madison, a décidé de se joindre à Todd : ensemble, ils vont partager de bons livres et créer des liens entre les communautés.

Favorisant les échanges communautaires grâce à la devise « Prenez un livre, partagez un livre », ces bibliothèques ont été appelées « *little town squares* ». Le concept s'étant répandu dans tout le Wisconsin, les fondateurs ont voulu « profiter de l'instant présent » en créant une association à but non lucratif appelée Little Free Library afin d'étendre leur action à d'autres États. Inspirés par Andrew Carnegie, le philanthrope qui avait financé 2 508 bibliothèques gratuites dans le monde anglophone, Brooks et Bol se sont fixé pour objectif de dépasser ce chiffre avant la fin de 2013. Ils l'ont atteint un an et demi avant la date prévue.

Ils ont continué de se développer régulièrement chaque année, et les résultats sont étonnants. Le projet Little Free Library est devenu un programme mondial de partage de livres et un mouvement social offrant à tous un accès gratuit aux livres afin de promouvoir l'alphabétisation. Diverses études ont montré que les livres peuvent avoir un effet considérable sur l'alphabétisation des enfants, mais deux tiers des enfants vivant en dessous du seuil de pauvreté ne disposent d'aucun livre. Little Free Library s'attaque à ce problème en plaçant ces boîtes à livres dans les zones où elles sont le plus nécessaires.

L'entreprise de Todd a eu un effet domino sur toute la planète. En 2021, on trouve des boîtes à livres dans tous les États d'Amérique du Nord et dans plus de cent pays, et 42 millions de livres sont partagés chaque année. Plus de 125 000 bibliothèques miniatures ont été installées partout dans le monde – du Wisconsin à la Californie en passant par les Pays-Bas, le Brésil, le Japon, l'Australie, le Ghana et le Pakistan.

L'association est intégralement constituée de bénévoles, du conseil d'administration aux sponsors en passant par les responsables de quartier et les utilisateurs et contributeurs. Reposant entièrement sur la confiance, Little Free Library fonctionne grâce à un flux constant de personnes qui prennent l'initiative d'agir dans leur propre quartier.

Todd aspirait à un monde où les voisins s'appelleraient par leur nom et où chacun aurait accès aux livres – ce rêve est en train de se réaliser. Bien que Todd ait malheureusement succombé à un cancer du pancréas en 2018, son amour pour les livres et l'apprentissage se perpétue – crescendo.

« Je crois vraiment qu'on peut mettre une boîte à livres dans chaque quartier et un livre dans chaque main. Je crois que les gens peuvent embellir leur quartier, développer des systèmes de partage, apprendre les uns des autres, et faire en sorte d'avoir sur cette planète un plus bel endroit pour vivre. »

– Todd BOL

R et I – ressources et initiatives

Il existe une histoire très connue, mais éloquente : deux hommes arrivent sur une plage couverte de centaines d'étoiles de mer transportées par la marée et échouées sur le sable quand l'eau s'est retirée. L'un d'eux, dans une tentative désespérée de sauver ces étoiles, fait des allers-retours frénétiques pour les remettre à l'eau. Le second l'observe en se moquant de lui.

« Qu'est-ce que tu fiches ? lui demande-t-il. Ça ne sert à rien d'en sauver quelques-unes, il y en a beaucoup trop ! »

Sans se décourager, le premier ramasse une étoile de mer, court sur le sable et la rejette dans l'océan. « Eh bien, ça servira au moins à celle-là ! »

Si vous êtes fan des *Simpsons*, vous vous souvenez peut-être de l'épisode où Marge rentre chez elle découragée parce qu'elle a perdu de justesse aux élections municipales. Elle découvre alors, horrifiée, que son propre mari, Homer, a oublié de voter ! Comme Marge se fâche, Homer lui lance, sur la défensive : « Mais Marge, je suis juste une personne, quelle différence ça aurait fait ? » Ce à quoi elle répond avec colère : « Mais je n'ai perdu que d'une voix ! »

Vivre crescendo signifie qu'une seule personne peut faire la différence en recourant simplement à ses R et I – ressources et initiatives. Peu importe qui vous êtes, peu importe que vous ayez de l'argent ou de l'influence, tant que vous vous efforcez de « faire en sorte que ça arrive » !

Chaque fois que quelqu'un dans notre famille, même l'un des plus jeunes enfants, cherchait une excuse pour fuir ses responsabilités et attendait qu'un autre trouve une solution, nous lui disions toujours : « Utilise tes R et I ! » Aujourd'hui, nous n'avons même plus besoin d'ouvrir la bouche. Quand l'un de nous est confronté à un problème, il s'exclame de lui-même : « Je sais… R et I ! »

Comment un seul individu peut-il changer les choses ? Celeste Mergens travaillait au Kenya avec des ONG afin de lutter contre l'intense pauvreté qui sévissait dans les bidonvilles du pays. Après avoir prié pour savoir comment elle pouvait aider les enfants, en particulier, elle s'est réveillée en sursaut à deux heures et demie du matin, taraudée par une question qui ne lui avait jamais traversé l'esprit auparavant : « Sais-tu ce que font les filles quand elles ont leurs règles ? » Aussitôt, elle a envoyé un courriel à un contact susceptible de connaître la réponse. Celle-ci était aussi brève que choquante : « Rien ! Elles restent dans leur chambre ! » Au Kenya, six filles sur dix n'avaient pas accès aux produits d'hygiène féminine.

Celeste a alors appris que la plupart d'entre elles n'avaient pas le droit d'aller à l'école pendant leurs menstruations et qu'elles étaient cloîtrées chez elles jusqu'à la fin de leurs règles. Cet absentéisme forcé avait un effet dévastateur sur leur avenir, car, à force de prendre du retard, elles finissaient tout simplement par abandonner leurs études. Si elles n'obtenaient pas leur diplôme, elles étaient incapables de trouver un emploi correctement rémunéré, ce qui les rendait plus susceptibles d'être mariées par leurs parents à un âge précoce et réduisait à néant toute possibilité d'un avenir meilleur. Celeste avait du mal à croire que la seule absence de produits d'hygiène féminine puisse créer un cycle de pauvreté dont il était difficile de s'extraire.

C'est ainsi que Celeste et quelques amis ont décidé de fonder Days for Girls, une association à but non lucratif dont l'objectif est de faire en sorte que les filles puissent récupérer ces jours d'école perdus. Les bénévoles se sont donné pour mission de promouvoir la santé, la dignité et l'éducation dans le monde entier en fournissant des kits de serviettes hygiéniques réutilisables adaptés aux besoins des jeunes filles et des femmes.

Ces kits réutilisables sont désormais fabriqués avec amour par des milliers de bénévoles partout dans le monde, mais aussi sur place, par des femmes qui répondent aux besoins de leur propre communauté. Tout cela change la vie des filles qui peuvent désormais aller à l'école sans gêne ni honte – le cycle de la pauvreté peut être brisé. Lorsque les filles ont la possibilité d'aller à l'école pendant leurs règles, cela renforce leur confiance, améliore le bien-être de la communauté et peut changer radicalement l'avenir. Noreen, une Kényane, a écrit : « Grâce à ces kits, nous allons pouvoir faire quelque chose de grand dans la vie. » Le Dr Pedro Sanchez, qui a observé les effets de cette initiative, a déclaré : « Une fille éduquée peut avoir une influence profonde sur le développement d'une communauté. »

Si on en prend soin, ces précieux kits peuvent durer jusqu'à trois ans, ce qui équivaut à 360 serviettes hygiéniques jetables. Et surtout, les jeunes filles récupèrent 180 jours d'école, les femmes peuvent passer 36 mois sans avoir à interrompre leur travail et toutes conservent leur dignité. Après la distribution des kits Days for Girls, les taux d'absentéisme scolaire ont diminué de manière étonnante, passant de 36 à 8 % en Ouganda, et de 25 à 3 % au Kenya. Les 115 millions de jours d'absentéisme scolaire ont laissé place à l'éducation, la dignité, la santé et des opportunités accrues.

Days for Girls dispose aujourd'hui d'un réseau mondial de près de 1 000 antennes et équipes, d'entreprises, et d'organisations gouvernementales et non gouvernementales. L'association touche un nombre étonnant de femmes et de jeunes filles – plus de 2,5 millions dans 144 pays en mai 2022. Days for Girls favorise l'émancipation et l'union des femmes, et s'enorgueillit de compter 70 000 bénévoles dans les antennes du monde entier.

En 2019, Celeste a reçu, en tant que fondatrice et directrice générale, le prix Global Hero pour son initiative – elle a aidé les autres à trouver leur « pourquoi ». Ses efforts et ses accomplissements sont nés d'une seule question qu'elle s'est posée, du désir de répondre à un besoin et de trouver une solution à un problème.

Quelles sont les autres questions que nous ne posons pas ?

« Seigneur, accordez-moi la grâce
de toujours désirer plus que je ne puis accomplir. »
– Attribué à MICHEL-ANGE

Devenez une personne de transition

Les plus grandes tragédies servent de catalyseur pour se libérer des « scénarios » transmis par les générations précédentes. Que nous en soyons conscients ou non, il se peut que nous vivions sur la base de croyances destructrices ou limitatives profondément ancrées dans notre esprit et notre cœur :

- « Personne, dans notre famille, n'a fait d'études supérieures ; nous n'aimons pas l'éducation classique. »
- « Nous, les Murphy, avons tous un tempérament de feu ! C'est sûrement notre sang irlandais. »
- « Mon père me frappait souvent pour me punir, et on reproduit toujours les gestes de ses parents. »
- « Mon frère et moi avons le même problème, nous sommes incapables de garder un emploi – on a une tendance à l'autodestruction. »
- « La plupart des femmes de notre famille finissent par divorcer, on dirait qu'on ne peut pas s'empêcher de suivre une tradition. »

L'abus sexuel, l'abandon ou l'alcoolisme peuvent vous avoir été transmis par votre famille. Pourtant, même si c'est difficile, vous devez être suffisamment conscient de vous-même pour repérer ces scénarios négatifs et destructeurs et vous en libérer.

« Pour changer une personne, il faut avant tout changer la perception qu'elle a d'elle-même. »
– Abraham H. MASLOW

Vous pouvez mettre fin à ce cercle vicieux. Vous pouvez devenir, dans votre famille, la personne de transition pour ceux qui suivront. Votre décision peut s'étendre au-delà d'une vie et profiter efficacement aux générations futures.

Dans la comédie musicale *Camelot*, Lancelot tente de justifier son infidélité en déclarant au roi Arthur, d'une voix résignée : « Le destin n'a pas été clément. » En réalité, il veut dire : « C'est arrivé et je n'y pouvais rien. » Le roi Arthur répond avec une grande sagesse lorsqu'il réplique avec ferveur : « Lancelot, le destin ne doit pas avoir le dernier mot ! Ne laissons pas nos passions détruire nos rêves. »

Peu importe ce que la vie nous réserve ou les revers auxquels nous sommes confrontés : nous sommes la force motrice de notre propre vie. Au lieu de transmettre d'anciens scénarios à la prochaine génération, nous pouvons y mettre fin maintenant en nous changeant nous-mêmes grâce à la mentalité crescendo.

Une personne de transition peut exercer une influence considérable sur sa famille et sur la société. Connaissez-vous une telle personne autour de vous ? Pouvez-vous en être une pour les autres ?

Dans le livre des Proverbes de la Bible*, on trouve ce verset édifiant : « Là où il n'y a pas de vision, le peuple périt. » La vision, c'est la capacité de réfléchir à l'avenir et de le planifier avec imagination et sagesse. Elle fournit la perspective à long terme du lieu où vous devez être, vous explique pourquoi et comment y arriver – « Sachez dès le départ où vous voulez aller » (la deuxième des *7 habitudes de ceux qui réalisent tout ce qu'ils entreprennent*).

Voici l'exemple incroyable de Malala Yousafzai, qui a eu le courage de devenir une personne de transition pour les enfants et les femmes du Pakistan. Lorsque les talibans ont interdit la scolarisation des filles dans sa vallée natale de Swat, Malala, encore adolescente, a prononcé un discours téméraire à Peshawar en septembre 2008, sous le titre : « Comment les talibans osent-ils me priver de mon droit fondamental à l'éducation ? » Dans sa famille, la culture était très importante. Malala a fréquenté une école fondée par son père, un militant anti-taliban (et une personne de transition à part entière) qui a eu sur elle une influence profonde.

Elle n'avait que douze ans quand elle a témoigné sous pseudonyme, sur un blog de la BBC, de sa vie sous le régime taliban et exposé son point de vue sur l'éducation des filles. À l'époque, son militantisme a fait d'elle l'une des adolescentes les plus connues au monde. En 2011, Malala est nominée pour le Prix international de la paix des enfants par l'archevêque Desmond Tutu, un activiste célèbre en Afrique du Sud. Bien qu'elle ne l'ait pas remporté, elle a reçu la même année le premier Prix national de la jeunesse pour la paix du gouvernement pakistanais.

* Le livre des Proverbes est un des livres de l'Ancien Testament.

En félicitant Malala, le Premier ministre Nawaz Sharif a déclaré: « Elle est la fierté du Pakistan [...]. Les filles et les garçons du monde entier devraient s'inspirer de son combat et de son engagement. »

Mais les interviews et les adresses publiques l'ont exposée au danger. Des menaces de mort ont été glissées sous la porte de sa maison et publiées dans les journaux locaux. Ses parents étaient inquiets, mais ils ne pensaient pas que les talibans oseraient vraiment faire du mal à une enfant. Cependant, Malala savait que ces menaces étaient réelles:

> J'avais deux options. La première était de me taire et d'attendre qu'on me tue. Et la seconde était de parler et d'être tuée. J'ai choisi la seconde. J'ai décidé de parler [...]. Je suis juste une personne engagée et même têtue, qui veut que chaque enfant reçoive une éducation de qualité, qui veut que les femmes aient les mêmes droits que les hommes, et qui veut la paix dans chaque coin du monde [...]. L'éducation est l'une des bénédictions de la vie, et l'une de ses nécessités.

Le 9 octobre 2012, un homme armé aux ordres des talibans est monté dans son bus scolaire, a exigé qu'on lui désigne laquelle des occupantes du véhicule était Malala, puis a pointé un pistolet sur la tête de celle-ci et tiré trois coups de feu. Une balle l'a touchée au front, lui traversant tout le visage avant de se loger dans son épaule. Les autres balles ont atteint deux écolières, les blessant moins gravement.

Cette tentative d'assassinat sur une jeune fille de quinze ans qui a osé critiquer les talibans a soulevé un tollé national et international et déclenché une vague de soutien à Malala. Trois jours plus tard, cinquante chefs religieux du Pakistan ont condamné cet attentat, mais les talibans ont réaffirmé avec force leur intention d'éliminer non seulement la jeune fille, mais aussi son père.

Pendant les jours qui ont suivi son agression, Malala est restée inconsciente, dans un état critique. Dès que son état s'est stabilisé, elle a été transférée en Angleterre où elle a subi de multiples opérations chirurgicales. Miraculeusement, elle n'a souffert d'aucune lésion cérébrale majeure. Plus tard, elle a manifesté sa gratitude pour l'immense soutien international et les prières faites pour elle. Et malgré les menaces persistantes, Malala est retournée à l'école en 2013, continuant courageusement à défendre avec ardeur le droit à l'éducation.

Son action a déclenché une mobilisation importante pour le droit à la scolarisation de chaque enfant. Gordon Brown, envoyé spécial des Nations unies pour l'éducation mondiale et ancien Premier ministre britannique, a lancé une pétition au nom de Malala, exigeant que tous les enfants du monde puissent aller à l'école d'ici à la fin de 2015. Cette pétition, signée par deux millions de personnes, a mené à l'adoption du premier projet de loi sur le droit à l'éducation gratuite et obligatoire au Pakistan, une avancée considérable pour l'éducation dans ce pays.

Le jour de son seizième anniversaire, le 12 juillet 2013, Malala a prononcé un discours aux Nations unies devant plus de cinq cents étudiants lors d'une assemblée spéciale. Son public était touché de la voir debout, vivante et forte, après ce terrible attentat, et le témoignage puissant qu'elle leur a livré a conforté son message d'espoir. Malgré son jeune âge, ses paroles ont électrisé les auditeurs :

> Chers amis, le 9 octobre, les talibans ont tiré une balle sur le côté gauche de mon front. Ils ont aussi tiré sur mes amies. Ils pensaient que les balles nous feraient taire, mais ils ont échoué ! Et de ce silence sont nées des milliers de voix. La faiblesse, la peur et le désespoir sont morts ! La force, le pouvoir et le courage sont nés [...]. Je suis ici pour parler haut et fort du droit à l'éducation de chaque enfant [...]. Nous devons croire au pouvoir et à la force de nos paroles. Nos paroles peuvent changer le monde [...]. Alors menons une lutte glorieuse contre l'analphabétisme, la pauvreté et le terrorisme, et prenons nos livres et nos stylos. Ce sont nos armes les plus puissantes [...]. Un enfant, un enseignant, un stylo et un livre peuvent changer le monde. L'éducation est la seule solution. L'éducation doit l'emporter sur tout.

Malala Yousafzai a été décorée du prix Nobel de la paix à dix-sept ans – c'est la plus jeune personne à avoir reçu cette distinction. Elle a également perçu 50 000 dollars pour le Prix des enfants du monde et elle a aussitôt fait don de l'intégralité de cette somme pour financer la reconstruction d'une école des Nations unies dans la bande de Gaza, affirmant que « sans éducation, il n'y aura jamais de paix ». Malala est devenue une importante personne de transition qui espère un jour diriger son pays en tant que Première ministre. Une vision comme il y en a peu.

« Tu te demandes pourquoi certaines choses existent quand moi je rêve de choses en me demandant pourquoi elles n'existeraient pas. »
– George Bernard SHAW

L'influence qu'exerce une personne engagée dans une bonne cause est un pouvoir accessible à tous ceux qui choisissent de réagir en conscience à ce qui leur arrive. Le courage et la vision de Malala nous donnent des outils pour surmonter les obstacles :

- Décidez de devenir une personne de transition dans votre famille ou votre communauté – empêchez les comportements négatifs et destructeurs de se transmettre.
- Ayez confiance dans le fait que vous avez la capacité et le pouvoir de décider comment réagir à ce qui vous arrive.
- Utilisez le pouvoir d'une personne engagée et visionnaire pour inspirer le changement.

« L'histoire a démontré que les plus grands vainqueurs ont rencontré des obstacles tragiques avant de triompher. S'ils ont gagné, c'est parce qu'ils refusaient d'être découragés par leurs défaites. »
– B. C. FORBES

Elizabeth Smart est un autre exemple du pouvoir que peut exercer une personne de transition. Après que son calvaire a été rendu public, le Congrès a créé un programme qui est devenu un outil crucial pour retrouver les enfants disparus. En 2003, Elizabeth et son père Ed Smart ont été invités à assister à la signature, par le président George W. Bush, de la loi Amber relative aux alertes pour enlèvement d'enfants.

Aujourd'hui, ce système ne cesse de se développer : depuis janvier 2013, les alertes Amber sont envoyées automatiquement à des millions de téléphones portables dans tout le pays et, au 31 décembre 2021, 1 111 enfants ont été sauvés et rendus à leur famille grâce à elles.

Elizabeth a collaboré avec le ministère de la Justice américain à la création d'un guide intitulé *You're Not Alone : The Journey from Abduction to Empowerment*. Ce livret encourage les enfants qui ont vécu des expériences analogues à la sienne à ne pas baisser les bras et à prendre conscience qu'après des événements tragiques, la vie continue.

Par l'intermédiaire de la Fondation Elizabeth Smart, Elizabeth a redonné confiance à d'innombrables victimes grâce à son exemple inspirant : malgré les sévices qu'elle a endurés, elle s'est efforcée de retrouver une vie heureuse. Elle a continué à raconter son histoire pour soutenir les programmes de prévention et de rétablissement destinés aux enfants victimes d'abus, d'enlèvements et de pornographie sur Internet.

La Fondation Smart s'est également associée à radKIDS – « rad » étant l'acronyme de Resist Aggression Defensively –, une association à but non lucratif créée pour prévenir les crimes contre les enfants. Son objectif est d'apprendre aux enfants à reconnaître les situations dangereuses et à leur proposer des solutions. Ce leader américain en matière d'éducation à la sécurité des enfants a formé 6 000 instructeurs pour 300 000 enfants par le biais d'un programme révolutionnaire dans les écoles de 46 États d'Amérique du Nord et au Canada.

Sur les quelque 300 000 enfants qui ont suivi le programme radKIDS, plus de 100 000 ont été sauvés d'un enlèvement par un pédophile, et des dizaines de milliers ont pu échapper à une agression sexuelle et à un éventuel trafic d'êtres humains. Grâce à leurs nouvelles compétences, ces jeunes diplômés ont pu rejoindre leur famille, sains et saufs. Les statistiques montrent que 83 % des enfants qui se défendent, qui crient et réagissent, parviennent à échapper à leur agresseur ; radKIDS donne aux enfants les moyens de surmonter la peur et d'affronter les situations dangereuses avec confiance, estime de soi et compétence en matière de sécurité. Grâce aux informations et à la formation qu'ils ont reçues, des dizaines de milliers d'enfants victimes d'agressions et de sévices sexuels se sont exprimés et ont obtenu l'aide dont ils avaient besoin pour mettre fin à ces abus. Des milliers d'autres ont échappé aux brimades et à la violence entre pairs.

En dépit de l'enlèvement dont elle a été victime très jeune, Elizabeth illustre magnifiquement la vie crescendo : elle montre que, malgré son épreuve, ses succès et ses contributions, les plus importants étaient et sont toujours à venir. Et, conformément à l'affirmation de C. S. Lewis, ses épreuves l'ont préparée à un destin extraordinaire qu'elle est peut-être la seule à pouvoir accomplir.

« J'ai appris que les revers que j'ai essuyés peuvent m'aider à aller vers les autres avec une empathie et une compréhension que je n'aurais jamais pu manifester auparavant. Lorsque nous sommes confrontés à une difficulté, il est très facile d'être en colère ou contrarié. Mais quand nous avons surmonté une grande épreuve, nous avons la possibilité d'aller vers les autres. Grâce à ce que j'ai vécu, je peux maintenant aider d'autres personnes. Je peux tendre la main à d'autres victimes et les aider à apprendre à être heureuses [...]. Si je n'avais pas traversé cette terrible expérience, je ne suis pas sûre que je me serais suffisamment préoccupée de ces questions pour m'engager [...]. Je suis reconnaissante d'avoir eu l'occasion d'aider d'autres personnes. Elles ont béni ma vie. La gratitude m'a également aidée à garder une vision saine de l'avenir. »

– Elizabeth SMART

QUATRIÈME PARTIE

LA SECONDE MOITIÉ DE LA VIE

largo (lar-go), adverbe ou adjectif : lentement et majestueusement ; lent, large, du latin *largus* (abondant).

accelerando (ac-ce-le-ran-do), adverbe ou adjectif : en accélérant, du latin *accelerare*.

« Il y a de bien, bien meilleures choses à venir que celles que nous laissons derrière nous. »
– C. S. LEWIS

Il y a des années, alors que j'enseignais à un vaste groupe les principes de ce que j'appelle maintenant « vivre crescendo », j'ai vu dans le public un homme s'énerver et tenter de discuter avec ceux qui l'entouraient. J'avais hâte de lui parler. Après mon exposé, il m'a expliqué qu'il était juge itinérant, qu'il aurait soixante-cinq ans l'année prochaine et que, jusqu'à présent, il avait accepté l'idée qu'il était temps pour lui de prendre sa retraite. Il a eu une révélation en comprenant qu'il avait encore beaucoup à apporter et qu'il était en mesure de le faire. Pourquoi arrêter maintenant ? s'est-il demandé. Pendant des années, ses actions avaient eu un effet bénéfique sur sa communauté, et il éprouvait toujours une grande passion pour son travail. Il s'est rendu compte que sa ville avait besoin de lui pour faire face à des problèmes croissants et complexes qu'il connaissait bien. En envisageant son avenir à travers la mentalité crescendo, il s'est enthousiasmé parce qu'il a pris conscience que son travail le plus important était peut-être encore à venir.

La « retraite », ou le fait de cesser toute activité professionnelle à une certaine période de la vie, est un concept relativement nouveau. Si vous vous référez au passé, vous découvrirez que de nombreux grands hommes et femmes de l'histoire n'ont jamais réduit leur activité uniquement pour des raisons d'âge. Il y avait, et il y a encore beaucoup de personnes qui travaillent de manière active jusqu'à soixante-dix, quatre-vingts ans et plus, et qui obtiennent des succès remarquables dans leur domaine. Aujourd'hui, des PDG, des éducateurs, des avocats, des entrepreneurs, des entraîneurs, des politiciens, des scientifiques, des agriculteurs, des hommes d'affaires, des athlètes, des détaillants, des médecins – des gens de tous horizons – ne se laissent pas séduire par la notion erronée de « retraite » qu'impose la société. Ils continuent tout simplement à contribuer, année après année. Il y a seulement une ou deux générations de cela, nos ancêtres mouraient épuisés à un âge où, grâce aux progrès de la médecine, nous pouvons désormais profiter pleinement de la vie pendant bien des années.

À la surprise générale, à soixante-quatre ans, Sandra et moi avons construit la « maison de rêve » que nous avions toujours convoitée. Nous l'avons fait après avoir pratiquement fini d'élever nos neuf enfants, car nous voulions un endroit où créer une merveilleuse culture familiale, où tous nos petits-enfants pourraient devenir amis et où les membres de notre famille pourraient se réunir pour se détendre, s'amuser et s'entraider dans un foyer intergénérationnel. David, l'un de mes fils, était incrédule à l'idée que je puisse entreprendre une telle tâche vers la « fin de ma vie », ainsi qu'il se la représentait. Pour me taquiner, il s'est planté sur le chantier de construction, les bras grands ouverts d'admiration, et m'a crié : « Il est au crépuscule de sa vie… et pourtant, IL CONSTRUIT ! »

Tout le monde a bien ri, y compris moi, mais j'ai toujours pensé que j'avais encore beaucoup à faire, y compris pour notre famille et notre maison. Depuis son achèvement, celle-ci est devenue un lieu de ressourcement et de refuge, de rires et de leçons, un lieu de rassemblement pour notre descendance en constante expansion, dont nous pourrons encore profiter pendant de nombreuses années.

Je veux que vous compreniez combien il est crucial de rester ouvert aux opportunités de servir les autres – quel que soit votre âge – parce que votre travail le plus important et le plus beau vous attend peut-être encore ! J'en suis absolument convaincu. Très souvent, les deux premiers tiers de notre vie servent de préparation au dernier tiers, celui où nous apporterons nos plus belles contributions.

En 1940, à une époque que l'on appelait « les heures sombres de la Grande-Bretagne », Winston Churchill a prononcé la phrase suivante en référence à son accession au poste de Premier ministre à l'âge de soixante-six ans :

> J'avais l'impression d'avancer avec le destin, et que toute ma vie passée n'avait été qu'une préparation à cette heure et à cette épreuve […]. Je pensais en savoir beaucoup sur tout cela et j'étais sûr que je ne devais pas échouer.

À ce stade de votre vie, vous disposez de plus de ressources, d'expérience et de sagesse que jamais auparavant. Il existe tout simplement trop de besoins et de choses à accomplir pour que vous puissiez envisager de « prendre votre retraite ». Vous pouvez mettre fin à une carrière ou à un emploi, mais ne renoncez jamais à vos grandes contributions. Des aventures passionnantes vous attendent encore !

CHAPITRE 8

Continuez sur votre lancée

« Pour moi, la retraite, c'est la mort ! Je ne comprends vraiment pas pourquoi les gens prennent leur retraite. »
– Merv GRIFFIN, célèbre animateur de télévision qui a créé *Jeopardy* et *La Roue de la fortune*

Dans mon livre *La 3e voie*, j'ai inséré une citation tirée de l'ouvrage du Dr Hans Selye *Le stress de la vie**, que je trouve très révélatrice par rapport au problème de la retraite et de ses conséquences :

> Les années passant, la plupart des individus ressentent un besoin de repos plus important, mais le processus de vieillissement ne progresse pas à la même vitesse selon les personnes. Un certain nombre d'individus, qui auraient pu continuer à donner plusieurs années à la société, se sont rendus malades ou prématurément séniles en raison d'un départ en retraite imposé, à un âge où leurs capacités et leurs besoins d'activité étaient encore élevés. Cette maladie psychosomatique est tellement répandue qu'on lui attribue désormais un nom dans certains pays : la « maladie de la retraite ».

Dans son livre, le Dr Selye établit une distinction entre le stress malsain qu'il nomme *distress* (*dis* : mauvais) et le

* Stephen T. Covey, *La 3e voie*, J'ai lu, 2014 ; Hans Selye, *Le stress de la vie*, éditions Gallimard, 1975.

stress aidant ou *eustress* (*eu* : bon). L'auteur a découvert que les individus qui ne restent pas impliqués ou connectés, comme à l'époque où ils étaient professionnellement actifs, sont victimes d'un ralentissement de leur système immunitaire et d'une accélération de la dégénération physique. En revanche, s'ils s'engagent dans un travail ou un projet significatif qui leur permet d'éprouver un eustress (stress aidant), ils se sentent épanouis et déterminés.

Selon le Dr Selye, les personnes qui cherchent à éviter les tensions ont en réalité une espérance de vie plus courte, car la vie est soutenue par l'eustress, la tension entre ce que nous sommes maintenant et ce que nous voulons être – en atteignant un objectif exaltant. La vie a plus de sens lorsque nous effectuons un travail qui profite aux autres.

Dans *50 Simple Ways to Live a Long Life**, Suzanne Bohan et Glenn Thompson parlent de l'*ikigaï* (« raison d'être »), une philosophie populaire et largement pratiquée au Japon, qui favorise le développement d'un objectif de vie positif et d'un sentiment de satisfaction. La Fondation Ikigaï, promue par le gouvernement japonais, encourage l'autonomisation des personnes âgées afin de soulager les familles et les systèmes sociaux. Une étude portant sur plus de mille personnes âgées au Japon a révélé que celles qui pratiquaient l'*ikigaï* vivaient sensiblement plus longtemps que les autres. Une autre étude a rapporté que « les personnes fortement motivées par la

* Suzanne Bohan et Glenn Thompson, *50 Simple Ways to Live a Longer Life* [50 façons de vivre plus longtemps/, Sourcebooks Inc, 2005, non traduit.

réalisation d'un objectif étaient nettement moins déprimées que celles qui étaient dénuées de motivation ».

Une autre étude portant sur 12 640 Hongrois d'âge moyen qui pensaient que leur vie avait un sens a révélé que ces personnes présentaient des taux de cancer et de maladies cardiaques nettement inférieurs à ceux des individus privés de motivation. Le projet Blue Zones, qui étudie certaines des personnes les plus âgées du monde, a établi que le fait d'avoir un but dans la vie – ou simplement une raison de se lever le matin – était une caractéristique commune à de nombreux centenaires de la planète.

« Les individus qui ont le sentiment que leur vie s'inscrit dans un plan plus vaste et qui sont guidés par leurs valeurs spirituelles présentent un système immunitaire plus résistant, une tension artérielle plus basse, un risque moindre de crise cardiaque et de cancer, et elles guérissent plus vite et vivent plus longtemps », écrit le docteur Harold G. Koenig, qui a étudié ce phénomène sans relâche. Deepak Chopra, auteur de best-sellers et cofondateur du Chopra Center for Wellbeing, est convaincu qu'« avoir une raison d'être apporte épanouissement et joie et peut vous donner un sentiment de bonheur ».

Dans son livre à succès *Dare to Be 100**, Walter Bortz, médecin et expert en gériatrie, écrit que dans la vieillesse, notre sentiment de responsabilité, au lieu de diminuer, devrait paradoxalement s'accroître. « Plus nous vieillissons, plus nous devrions être responsables, car nous

* Walter Bortz, *Dare to Be 100* [Osez être centenaire], Atria, 1996, non traduit.

avons façonné l'environnement pour notre usage. » Selon Bortz, nous devrions continuer à nous impliquer dans les activités courantes de la vie et à utiliser nos compétences dans un noble objectif. Cependant, la société nous a conditionnés à croire le contraire, si bien qu'en vieillissant, nous avons tendance à nous éloigner de nos amis, de notre famille et de nos cercles sociaux.

Bortz conseille aux seniors de vivre leurs activités comme un « flux », de façon à être tellement immergés dans des projets et entreprises passionnants que le temps va passer sans qu'ils s'en aperçoivent. Il a constaté que « non seulement cette immersion absolue permet de vivre mieux et plus longtemps, mais elle permet aussi de mourir plus vite. Il faut partir avec le pied sur l'accélérateur. Personne n'a envie de partir au ralenti ! ».

Luttez contre la tendance à vous extraire de la vie avec l'âge, et engagez-vous plutôt dans des projets qui ont un sens pour vous et les autres. Ne vous laissez pas contaminer par le virus psychologique et social qui propage la « maladie de la retraite ». Regardez autour de vous et vous trouverez de nombreux exemples d'hommes et de femmes exceptionnels qui mènent une vie heureuse et productive pendant cette étape passionnante de l'existence. Je vais vous en présenter plusieurs dans des contextes divers. Ils ont encore beaucoup à apporter dans la vie et sont convaincus que l'antidote à la maladie de la retraite, c'est d'avoir une *raison d'être*.

George Burns est l'un des rares artistes dont la longue carrière s'est appuyée avec succès sur le vaudeville, la radio, la télévision, le cinéma, le stand-up, les disques, les livres et les films – une carrière dans le show-business qui a littéralement duré quatre-vingt-treize ans ! À près de quatre-vingts ans, il a remporté l'oscar du meilleur second rôle dans *Ennemis comme avant*, devenant ainsi l'acteur le plus âgé à remporter ce prix. À l'époque, Burns n'avait pas joué de rôle principal depuis trente-six ans – il plaisantait en affirmant que son agent ne voulait pas qu'il soit surexposé ! L'obtention de cet oscar l'a lancé dans une fabuleuse seconde carrière crescendo, qui lui a permis de figurer dans des films et des émissions de télévision jusqu'à plus de quatre-vingt-dix ans.

Alors qu'il était nonagénaire, le célèbre comédien a annoncé, avec l'humour caustique qui le caractérisait, qu'il fêterait son centième anniversaire au Palladium de Londres en déclarant : « Je ne peux pas mourir maintenant, mon agenda est surchargé ! » Pour finir, il a écrit dix livres, dont deux best-sellers et un autre fort justement intitulé *How to Live to Be 100 – or More**. Il a mis en pratique ses propres préceptes et il est mort à cent ans, sans jamais cesser de travailler. Il plaisantait en affirmant qu'il resterait dans le show-business jusqu'à ce qu'il soit le dernier – et finalement, à cent ans, c'était le cas.

Il existe peu de pilotes de Nascar** de plus de cinquante ans, et encore moins de plus de quatre-vingts ans, mais Hershel McGriff a brisé les stéréotypes liés à l'âge dans le monde de la course automobile, faisant tourner pas mal de têtes. À quatre-vingt-un ans, McGriff devient le pilote le plus âgé à participer à une course de Nascar, lors du Portland International Raceway, et il

* George Burns, *How to Live to Be 100 – or More : The Ultimate Diet, Sex and Exercise Book* [Comment vivre jusqu'à 100 ans et plus], Putnam Pub Group, 1983, non traduit.

** National Association for Stock Car Auto Racing.

termine treizième sur vingt-six. Il ne concourt pas seulement pour se distinguer en tant qu'octogénaire : il veut faire un retour dans le sport qu'il aime et qu'il a pratiqué pendant près de six décennies.

Alors que beaucoup de personnes âgées se déplacent en déambulateur ou en fauteuil roulant, Hershel McGriff ne peut se résoudre à prendre sa retraite. Élu douze fois conducteur le plus populaire de l'année, il entre au Motorsports Hall of Fame of America à l'âge de soixante-dix-neuf ans. Mais son plus grand honneur survient encore plus tard, lorsqu'il devient l'une des cinq vedettes à intégrer le Nascar Hall of Fame en 2016 – une récompense dont peu de pilotes peuvent se targuer.

McGriff déclare : « Je me suis dit que, quand j'atteindrai quatre-vingts ans, j'aimerais tenter une course sur circuit court, juste pour voir si j'arrive à suivre les jeunes ! » Bien entendu, il l'a fait, en concourant au Sonoma Raceway à l'âge de quatre-vingt-quatre ans.

Selon certaines recherches, le fait de rester en activité jusqu'à un âge avancé peut contribuer à allonger l'espérance de vie. Une étude portant sur 3 500 employés de la compagnie pétrolière Shell a révélé que ceux qui prenaient leur retraite à l'âge de cinquante ans avaient deux fois plus de risques de mourir au cours des dix années suivantes que les personnes du même âge qui continuaient à travailler. Une étude européenne ayant suivi 16 827 hommes et femmes grecs sur une période de douze ans a montré que ceux qui partaient en retraite anticipée avaient un taux de mortalité 50 % plus élevé que ceux qui restaient en poste. « Un emploi est probablement le moyen le plus simple d'avoir le sentiment qu'on a un but dans la vie, alors envisagez de conserver le vôtre aussi longtemps que possible », recommande le docteur Robert N. Butler, directeur et fondateur du National Institute on Aging.

En 2018, Arthur Askin est l'un des trois scientifiques spécialistes du laser à décrocher un prix Nobel de physique. À quatre-vingt-seize ans, il est alors la personne la plus âgée à avoir reçu cet honneur. Pour la plupart des gens, cette réussite semble couronner et conclure une longue et fructueuse carrière scientifique, mais Arthur Askin ne voyait pas les choses du même œil. Il a « informé les responsables du prix Nobel qu'il ne serait peut-être pas disponible pour répondre aux interviews parce qu'il était très occupé à travailler sur son prochain article scientifique ». De toute évidence, Arthur Askin avait encore beaucoup à apporter à la communauté scientifique, et il ne voulait pas prendre de retard dans ses travaux !

Mais en octobre 2019, c'est John B. Goodenough, né en Allemagne de parents américains, qui est devenu de fait le nobélisé le plus âgé. À quatre-vingt-dix-sept ans, Goodenough a remporté le prix Nobel de chimie pour ses recherches sur les batteries lithium-ion utilisées dans les ordinateurs portables et les smartphones. « Je suis extrêmement heureux que les batteries lithium-ion aient favorisé les communications dans le monde entier », déclare-t-il aux journalistes. Il poursuit ses travaux dans son laboratoire et n'envisage pas de se désengager du domaine qui le passionne.

Irma Elder n'avait pas l'intention de travailler dans l'entreprise familiale mais, lorsque son mari, victime d'une crise cardiaque, est décédé de manière inattendue, cette timide mère de trois enfants, âgée de cinquante-deux ans, s'est retrouvée confrontée à une décision cruciale :

vendre pour une bouchée de pain la concession Ford de son mari, en difficulté à Detroit, ou se lancer elle-même dans l'aventure. Irma a alors découvert qu'elle avait le don de transformer un commerce qui battait de l'aile en une entreprise florissante. Elle a appris à traiter avec les constructeurs, les banquiers et les sociétés de crédit et travaillé pendant les vingt années suivantes, ouvrant ses neuvième et dixième concessions alors qu'elle approchait des quatre-vingts ans. Elle a même figuré parmi les meilleurs concessionnaires Jaguar du monde, et l'Elder Automotive Group est devenu l'une des plus grandes sociétés hispaniques du pays.

« Si on me demande quand je prendrai ma retraite, je répondrai que c'est au moment où j'arrêterai de m'amuser ! plaisante Irma, désormais grand-mère. Ça me rend vivante. » En tant que femme, elle est également une pionnière dans son secteur. « Les gens pensent encore que les femmes ne sont pas capables de diriger des concessions automobiles, mais où est le problème ? J'accepte simplement ce préjugé, et je sais que j'arriverai à briser ce plafond de verre. Avec l'âge vient la patience », affirme-t-elle.

À soixante-cinq ans, Elliott Carter a remporté son deuxième prix Pulitzer de musique pour son *String Quartet no. 3* et, à quatre-vingt-six ans, son premier concerto pour violon a été récompensé par un Grammy Award. À quatre-vingt-dix ans, il a choqué le monde de la musique en s'essayant à un nouveau genre, l'opéra. Le *Boston Globe* a écrit sur ce travail une critique élogieuse intitulée « What's Next ? »*. Dans ses dernières années,

* Le titre de l'article renvoie plaisamment à l'opéra de Carter intitulé *What Next ?* [Que sera la suite ?].

Carter est demeuré étonnamment actif, publiant plus de quarante œuvres entre quatre-vingt-dix et cent ans. « C'est ce qu'on appelle une éclosion tardive ! Il m'a fallu beaucoup de temps pour mettre de l'ordre dans ce que j'avais en tête et que je n'arrivais pas à cristalliser clairement, explique Carter. C'est comme apprendre une nouvelle langue – une fois que vous avez acquis le vocabulaire de base, tout devient plus facile et instinctif. »

Pendant des années, Carter s'est levé tôt le matin afin de composer au moment où il se sentait au sommet de sa créativité. Il a publié vingt pièces après son centième anniversaire, et sa dernière œuvre achevée est sortie quand il avait cent trois ans, trois mois avant son décès. Il a stupéfié les professionnels de la musique en continuant à composer alors même qu'il était plus que centenaire, jusqu'à la fin de sa vie. Carter est l'un des compositeurs américains les plus importants et impérissables de la musique contemporaine, et sa vie montre que « tout vient à point à qui sait attendre ».

À soixante ans, Clayton Williams a décidé qu'il était temps de mettre fin à quarante ans d'une belle carrière dans l'ingénierie en tant que propriétaire et directeur de Williams Equipment & Controls Co. Mais ce à quoi il aspirait, ce n'était pas à prendre sa retraite pour jouer au golf et se détendre, ni même pour parcourir le monde. Au lieu de cela, il a entrepris de se lancer courageusement dans une toute nouvelle direction : celle de l'art. La peinture avait toujours été l'un de ses loisirs et, comme sa mère, il avait le sens de l'esthétique ; il a donc senti que le moment était venu d'entrer dans le monde de l'art. Bien que la plupart des gens considèrent l'ingénierie et l'art comme deux domaines diamétralement opposés, Clayton n'éprouvait aucune crainte à l'idée d'entamer une carrière radicalement différente à un âge déjà avancé, et il avait hâte de se mettre à utiliser davantage l'hémisphère droit de son cerveau.

Après avoir consacré ses journées à peindre, il a rapidement ouvert Williams Fine Art, une galerie d'art où il pouvait exposer et vendre ses propres toiles ainsi que celles des autres. Il y proposait des peintures anciennes et contemporaines, des œuvres régionales de l'ouest des États-Unis, et il aimait promouvoir de jeunes artistes talentueux qui n'avaient encore jamais rien vendu. Clayton étudiait auprès des meilleurs mentors et, très vite, il s'est mis à enseigner dans le cadre de séminaires artistiques. Il participait à des expositions d'art, présentait des peintures dans sa galerie personnelle, et d'autres venaient illustrer divers livres et magazines d'art.

Passé quatre-vingts, puis quatre-vingt-dix ans, il a continué à s'impliquer à plein temps dans sa galerie : « Je ne sais pas comment ne pas travailler. Mes amis jouent au golf et au bridge et c'est très bien, mais ça ne me suffirait pas. J'aime m'investir en permanence dans des projets, avec un défi et une récompense – je suis enthousiaste à l'idée de ce qui mijote jour après jour ! »

Clayton a peint et vendu quelques milliers de tableaux, et il en a également donné beaucoup à sa famille.

En plus de collectionner et commercialiser des peintures, pendant des décennies, Clayton s'est engagé avec diligence au sein de nombreuses associations artistiques et caritatives locales. Il a créé sa propre fondation qui vient en aide à de nombreuses personnes dans le besoin – en proposant des cours de soutien scolaire à des élèves de sixième année en difficulté, en offrant des bourses d'études pour des étudiants à faible revenu et en fournissant des repas aux sans-abri – tout en continuant à participer à d'autres projets nécessaires dans sa communauté.

Clayton gagnait bien sa vie, mais l'argent n'avait jamais été un moteur pour son art. Il n'a pas hésité à faire don d'un dessin rare d'un grand artiste de l'Ouest américain, Maynard Dixon, à un musée d'art local, afin que des milliers de personnes puissent en profiter au fil des ans. Il a également offert des tableaux de valeur à des musées d'art plutôt que d'en tirer un bénéfice financier.

Après avoir travaillé pendant trente-deux ans dans sa galerie et avoir peint jusqu'à l'âge de quatre-vingts ans, il vend aujourd'hui des œuvres d'art depuis son domicile, tout en restant très impliqué dans le monde artistique. Bien qu'il ait souffert de problèmes de santé tout au long de sa vie, il a continué d'en imposer à des adversaires plus jeunes en jouant au tennis jusqu'à l'âge de quatre-vingt-cinq ans.

Actuellement, il est tout sauf oisif: il vit toujours crescendo et s'implique assidûment dans divers projets. Chaque jour, il garde l'esprit vif en travaillant sur son ordinateur pour rédiger la biographie de sa mère, en partageant des idées sur la croissance de sa fondation, en siégeant à un conseil artistique, en mettant en relation les marchands d'art ou en travaillant sur de futurs livres d'art, et il adore passer du temps avec ses nombreux enfants et petits-enfants.

Avec le recul, il déclare: « Les dernières années de ma vie artistique ont été les plus épanouissantes, car j'ai pu apporter ma contribution à la société en retour de ce qui m'a été donné. Je me suis fait énormément de nouveaux amis et c'est une réelle bénédiction de sentir que mes apports comptent. » De façon incroyable, il est toujours en quête du prochain « défi et de la prochaine récompense »[25].

À soixante-dix-neuf ans, Barbara Bowman a supervisé pendant huit ans des programmes destinés à trente mille enfants en tant que chef du bureau de l'éducation de la petite enfance de Chicago. Reconnue comme une pionnière, Barbara a défendu la cause des jeunes enfants tout au long de sa carrière. Experte de renommée internationale dans ce domaine, elle a travaillé comme enseignante, conférencière, autrice et administratrice, et elle a été l'une des trois fondatrices de l'Institut Erikson (pour l'étude avancée du développement de l'enfant), dont elle est devenue la présidente. Bowman a œuvré sans relâche à l'amélioration de la qualité et à l'extension de la formation pour l'éducation des jeunes enfants. À quatre-vingt-un ans, elle a été consultante auprès du secrétaire américain à l'éducation sous la présidence d'Obama.

Enseignante dans l'âme et dévouée aux enfants, à quatre-vingt-onze ans, elle continue de défendre activement l'éducation et aime inviter à dîner de dix à vingt-cinq personnes chaque dimanche. « Je le fais depuis cinquante ans, explique-t-elle. C'est ce qui me permet de rester jeune. »

Elle pense que l'âge est un réel avantage : « Vous pouvez faire ce que vous pensez être juste sans vous soucier de votre carrière [...]. Et il y a un sentiment d'urgence qui vient avec l'âge – je ne sais pas combien de temps il me reste, alors je ne le gaspille pas pour des broutilles. »

Ce n'est pas pour vous culpabiliser que je partage avec vous toutes ces histoires : j'espère seulement qu'elles vous inciteront à réfléchir à ce que vous pouvez faire, vous aussi, pendant cette période cruciale de la vie. Mon objectif est de vous injecter l'antidote à la « maladie de la retraite » – trouver un but – en vous convainquant que cette étape de la vie peut être une source d'opportunités et d'épanouissement. George Bernard Shaw a très bien résumé le sujet de ce chapitre :

> Telle est la vraie joie dans la vie : servir un but que vous savez être grandiose, être une véritable force de la nature au lieu d'un petit être fiévreux et égoïste pétri de malaises et de griefs insignifiants, qui se plaint que le monde ne se consacre pas à son bonheur. Je suis convaincu que ma vie appartient à la société tout entière et, tant que je vivrai, mon privilège sera de me dévouer pour elle. Je veux être complètement vidé de ma substance lorsque je mourrai, car plus je travaille dur, plus je vis. Je jouis de la vie parce que je suis vivant. La vie n'est pas une courte chandelle, c'est une sorte de flambeau splendide que j'ai pour le moment entre les mains, et je veux qu'il brûle aussi fort que possible avant de le remettre aux générations futures.

De la carrière à la contribution

Mais que se passe-t-il si vous avez l'impression d'avoir très peu en commun avec ces « surdoués de la retraite » ? Peut-être ne parvenez-vous pas à adhérer au mantra personnel de Shaw, selon lequel on ne trouve la vraie joie qu'en rendant le monde meilleur. Peut-être vous posez-vous des questions comme celles-ci :

- Et si l'idée de quitter le travail pour jouer au golf ou voyager me plaît ?
- Pourquoi ces gens [fous] tiennent-ils à travailler aussi longtemps ?

- Je suis fatigué. Où puise-t-on ce genre d'énergie, d'engagement et de passion ?
- Le désir de continuer à travailler, à servir et à contribuer est-il inné ou s'agit-il plutôt d'un choix ?
- Tout le monde est-il capable d'un tel choix ?

En premier lieu, ce que je propose, ce n'est pas que tout le monde travaille jusqu'à l'épuisement ! Si vous ne voulez pas continuer à être actif jusqu'à soixante-dix, quatre-vingts ou quatre-vingt-dix ans, sachez que vous n'êtes certainement pas les seuls. Avec l'âge, vous pouvez décider de ne plus travailler de 9 à 17 heures. Vous avez sans doute envie de faire des choses pour lesquelles vous manquiez de temps quand vous travailliez à temps plein. C'est le moment idéal pour vous adonner à de nouveaux loisirs, vous consacrer davantage à votre famille et à vos amis, voyager et profiter d'une pause. À cette étape de la vie, ce sont d'excellents choix.

Cela dit, j'espère vous inciter à tirer parti de toutes les contributions que vous êtes capable d'offrir. Vous pouvez prendre votre retraite d'un emploi mais, par pitié, ne renoncez jamais à apporter de grandes contributions dans la vie. Ce que je propose, c'est d'envisager la retraite à travers un nouvel objectif, un prisme différent. Un paradigme crescendo qui consiste à choisir en pleine conscience de passer d'une vie dominée par le travail et la carrière à une vie axée sur la contribution.

« Que devient ma vie
si je ne suis plus utile aux autres ? »
– Johann Wolfgang VON GOETHE

Warren Bennis, célèbre pour ses études avant-gardistes sur le leadership, a écrit plus de trente ouvrages à succès sur ce sujet. Il a continué à travailler et à publier jusqu'à plus de quatre-vingts ans, rédigeant ses mémoires, *Still Surprised*, à l'âge de quatre-vingt-cinq ans. Dans un article intitulé « Retirement Reflections », Bennis a proposé sur la façon dont il envisageait cette dernière étape de la vie deux principes avec lesquels je suis absolument d'accord.

Premièrement, les personnes qui réussissent sont toujours en transition. « Ces gens ne s'arrêtent jamais. Ils continuent à aller de l'avant. Ils ne pensent jamais aux accomplissements passés, ni à la retraite. » Bennis admire des personnalités telles que Winston Churchill, Clint Eastwood, Colin Powell, Grace Hopper, Bill Bradley et Kay Graham (entre autres) : « Toutes ces personnes ont commencé tard, mais elles continuent à progresser sans jamais se laisser aller. Elles ne parlaient pas de retraite ou de réussites passées [...]. Elles étaient toujours occupées à refaçonner, recomposer et réinventer leur vie. »

Deuxièmement, les personnes qui ont réussi dans leur carrière et leur vie rencontrent également le succès dans leur transition en vieillissant. En étudiant des leaders exceptionnels, Bennis a identifié cinq caractéristiques de transition réussie. Considérez-les à travers le prisme de la contribution et de la mentalité crescendo – pour ceux qui, se trouvant dans la « seconde moitié de la vie », cherchent à passer d'une carrière professionnelle à des contributions significatives.

1. Ces personnes possèdent un sens aigu du but à atteindre, une passion, une conviction, le sentiment de

devoir faire quelque chose d'important pour changer les choses.
2. Elles sont capables de développer et maintenir des relations profondes et de confiance.
3. Elles sont porteuses d'espoir.
4. Elles semblent disposer dans leur vie d'un équilibre entre travail, pouvoir et famille ou activités extérieures. Leur estime de soi ne repose pas entièrement sur leur statut professionnel.
5. Elles sont disposées à l'action. Ces personnes n'hésitent pas à prendre des risques et, sans être téméraires, elles sont capables d'avancer. Elles aiment l'aventure, le risque et l'espoir.

La plupart des gens connaissent des septuagénaires, des octogénaires voire des nonagénaires qui présentent ces caractéristiques et qui continuent à travailler et à s'adonner à des activités que leurs pairs ont cessé de pratiquer il y a des années. Si elles ont la chance d'avoir conservé leur santé physique et mentale, elles sont encore capables d'accomplir beaucoup et sont des éléments essentiels de la vie familiale et sociale.

Tout au long de sa brillante carrière, Crawford Gates a été compositeur et arrangeur, il a enregistré des musiques de films et a également dirigé les orchestres symphoniques de Beloit-Janesville, Quincy et Rockford dans l'Illinois, où il a composé de nombreuses symphonies.

À l'âge de soixante-dix-huit ans, des années après ce que l'on peut vaguement qualifier de « retraite », Gates a composé six autres symphonies, dont une pour la National Music Fraternity, à l'occasion du centième anniversaire de celle-ci. Il a encore écrit vingt pièces musicales depuis lors, ainsi qu'un opéra. À quatre-vingt-dix ans, son emploi du temps restait chargé : il composait pendant quatre heures le matin (de 8 heures à midi), puis deux heures de plus l'après-midi, cinq jours par semaine. Avant sa mort en 2018 à l'âge de quatre-vingt-seize ans, Gates travaillait toujours, et il avait en permanence au moins six œuvres en chantier. « C'est plus excitant que jamais, affirmait-il, c'est une question d'attitude. » Sa femme, Georgia, est une pianiste très talentueuse et, bien après ses quatre-vingts ans, elle se portait volontaire deux jours par semaine pour jouer du piano lors de visites guidées dans un centre de conférence local. Georgia est à l'origine de leur philosophie, résumée dans cette phrase éloquente : « Il faut continuer sur sa lancée. »[26]

J'adore cette idée : « Continuez sur votre lancée ! » Continuez à avancer même si vous avez quitté votre emploi ou votre carrière. Ce que vous avez appris peut être réellement utile et précieux à quiconque n'a pas votre expérience. Imaginez que tous ceux qui prennent leur retraite se mettent à offrir leur contribution à leur entourage et partagent généreusement ce qu'ils ont mis toute une vie à acquérir ? Si vous choisissez consciemment de vivre crescendo et de croire que vous avez encore des choses à apprendre, encore des services à rendre, vous pourrez changer beaucoup de choses dans les années à venir ! L'approche opposée consiste à penser que vous avez déjà donné le meilleur de vous-même et que vous n'avez plus rien à offrir désormais. Dans ce cas, vous allez régresser et vivre diminuendo.

« Quiconque cesse d'apprendre est vieux,
qu'il ait vingt ans ou qu'il en ait quatre-vingt.
Quiconque continue d'apprendre est jeune. »
– Henry FORD

Dans notre société, il existe une idée fausse et préjudiciable selon laquelle, en vieillissant, on a seulement deux choix possibles : travailler ou prendre sa retraite ! Ce ne sont pas les deux seules options. Une troisième – apporter sa contribution – englobe les deux premières. C'est le changement de paradigme que je propose dans cette étape cruciale. Représentez-vous la situation de la façon suivante :

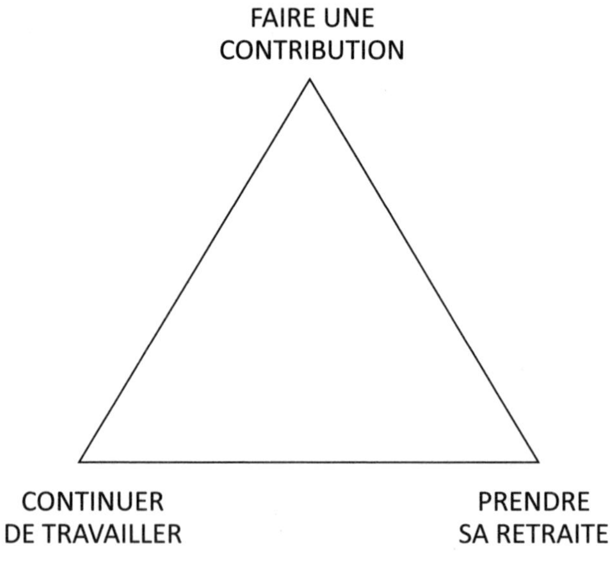

Le mot « retraite » m'évoque immanquablement un coup d'œil en arrière et vers le bas, une soumission, un retrait. La mentalité crescendo suggère le contraire : le bon tempo, c'est accelerando ! Quand on accélère, on n'a pas le temps de regarder en arrière ou vers le bas, il faut regarder droit devant et vers le haut – en restant concentré comme un laser sur l'accomplissement d'un objectif.

Deux groupes de personnes m'inspirent dans cette seconde moitié de la vie. Celles qui ont « pris leur retraite » ou quitté leur emploi mais continuent à s'investir dans des projets importants et à apporter leur contribution autrement que sur le plan professionnel ; et celles qui n'ont pas « pris leur retraite » à l'âge traditionnel mais continuent à travailler à soixante-dix, quatre-vingts, voire quatre-vingt-dix ans. Le point commun de ces deux groupes est qu'ils veulent continuer à apporter leur contribution en vue de mener à terme les tâches importantes qui leur restent à accomplir. Ces personnes n'ont peut-être pas obtenu de grandes réussites dans leurs jeunes années, mais elles se lèvent chaque jour avec la volonté d'améliorer la vie des autres. Qu'est-ce qui pourrait être plus important que cela ?

« Nous gagnons notre vie grâce à ce que nous recevons,
mais nous construisons notre vie
grâce à ce que nous donnons. »
– Attribué à Winston CHURCHILL

Le projet Longévité

« Nous savons qu'il n'est pas bon de prendre
sa retraite pour aller à la plage. Mais il est tout aussi
malsain de rester prisonnier d'un emploi stressant
et ennuyeux. Il faut penser à négocier
ces transitions de manière saine. »
– Dr Howard FRIEDMAN

Il existe une étude fascinante, vieille de quatre-vingts ans, analysée dans *The Longevity Project* par les psychologues Howard Friedman et Leslie Martin. Ce projet a débuté en 1921 lorsque Lewis Terman, un psychologue de Stanford, demande aux enseignants de tout San Francisco d'identifier les garçons et filles de dix et onze ans les plus brillants afin de pouvoir les suivre et, éventuellement, repérer des signes précoces de haut potentiel. Il finit par sélectionner 1 528 enfants et commence à les observer, d'abord en tant qu'enfants joueurs, puis au fil de leur croissance. Il les interroge très régulièrement, ainsi que leurs parents, et les suit au quotidien pendant des décennies, étudiant leurs traits de caractère, leurs habitudes, leurs relations familiales, leurs influences, leurs gènes, leurs aptitudes scolaires et leur mode de vie.

En 1956, après avoir collecté des informations pendant trente-cinq ans, Lewis Terman meurt, âgé de quatre-vingts ans, mais son équipe poursuit ses recherches. En 1990, le Dr Howard Friedman et son assistante Leslie Martin, prenant conscience de l'ampleur et du caractère unique des recherches du Dr Terman, décident de les reprendre là où il les a laissées. Forts des données récoltées depuis des décennies, ils continuent à poser les mêmes questions et à analyser pourquoi certains sujets tombent malades et meurent apparemment avant l'heure, alors que d'autres jouissent d'une santé et d'une durée de vie excellentes.

Friedman et Martin pensaient étudier les données de Terman et poursuivre ses recherches pendant un an, mais ils ont fini par travailler vingt ans de plus sur le projet, publiant finalement leurs résultats en 2011. Le projet Longévité, une étude unique et de grande qualité menée sur huit décennies, est devenu l'une des plus importantes publiées dans le domaine de la psychologie, car elle a suivi le même ensemble de participants depuis l'enfance jusqu'à la mort.

Friedman et Martin affirment que les facteurs génétiques n'expliquent qu'en partie pourquoi certaines personnes sont en meilleure santé et vivent plus longtemps. De manière étonnante, certains résultats mettent à mal de nombreuses croyances bien ancrées sur la santé, le bonheur et la longévité. Extrait d'un article du *Reader's Digest* sur le projet Longévité, voici le résumé de certaines conclusions qui nous ramènent tout droit à la mentalité crescendo.

1. Le bonheur est un résultat, pas une cause.

« Il est établi que les gens heureux sont en meilleure santé, écrit Friedman. Les gens croient que ce bonheur est à l'origine de leur bonne santé, mais ce n'est pas ce que nous avons découvert. Avoir un travail motivant, une bonne éducation, une relation de couple épanouissante et stable, et des rapports solides avec les autres – voilà ce qui amène santé et bonheur. »

Autrement dit, les résultats obtenus grâce à ce projet semblent indiquer qu'on peut créer son propre bonheur et écrire sa propre histoire quand on est impliqué dans un certain nombre de domaines, et il est possible de maîtriser une grande partie de ceux-ci :

- Choisir un travail intéressant et motivant.
- Choisir des études qui développent nos capacités naturelles.
- Choisir de se lier aux autres de manière positive.

Tout cela contribue à créer une atmosphère de bonheur dans la vie et peut également aboutir à un mode de vie plus sain.

2. Le stress, ce n'est pas si mauvais.

« On entend toujours parler des dangers du stress, mais les personnes les plus impliquées et les plus actives étaient en meilleure santé et vivaient plus longtemps, écrit Friedman. Se laisser submerger par le stress est néfaste, mais les personnes les plus épanouies étaient celles qui, au lieu d'essayer de se détendre ou de prendre leur retraite de façon anticipée, relevaient des défis et se montraient les plus persévérantes. »

Cette découverte coïncide avec ce que disait le Dr Seyle de l'*eustress* – le bon stress – et du fait qu'il est essentiel et sain de l'éprouver régulièrement, surtout quand on avance en âge. Quand nous sommes soumis à une certaine pression et que nous devons satisfaire des attentes, cela fait circuler le sang, et cela nous pousse à réussir et à nous dépasser de manière positive.

Dans une interview accordée à l'American Psychological Association, le Dr Friedman s'en explique davantage :

> Le stress fait l'objet d'un terrible malentendu. Une perturbation physiologique chronique, cela n'a rien à voir avec un travail difficile, la pression sociale ou les exigences d'une carrière. On recommande aux gens de ralentir, de se ménager, d'arrêter de s'inquiéter, et de prendre leur retraite en Floride – et c'est un très mauvais conseil. Le projet Longévité a révélé que ceux qui travaillaient le plus dur vivaient le plus longtemps. Les personnes responsables et performantes s'épanouissent à tous égards, surtout si elles se consacrent

à des activités et à des individus qui évoluent hors de leur sphère.

Si vous ne devez retenir qu'une chose de cette partie du livre, c'est la suivante : les personnes qui continuent de s'impliquer dans des projets exigeants vivent plus longtemps.

3. L'exercice physique est important… si vous aimez ça. Friedman et Martin ont découvert que se forcer à faire du sport peut être préjudiciable. L'exercice physique est important, mais il est encore plus crucial d'aimer ce que l'on fait au lieu de simplement le faire. En outre, il n'est jamais trop tard pour commencer, même après avoir été sédentaire pendant longtemps. Le sport peut avoir un effet important sur le reste de votre vie même si vous commencez tardivement. Friedman explique : « Nous parlons vraiment ici de la différence entre les personnes qui tombent malades et meurent vers cinquante, soixante ans, et celles qui se portent comme des charmes jusqu'à soixante-dix, quatre-vingts ou quatre-vingt-dix ans. »

Dick Van Dyke, dont la carrière s'étend sur près de sept décennies, s'astreint à fréquenter quotidiennement la salle de sport, qu'il en ait envie ou pas. « Dès qu'on n'a plus d'activités et d'occupations, on se rouille, affirme l'acteur. Les gens se résignent trop facilement aux infirmités de l'âge. Ils prétendent : "Ça, je ne peux plus le faire, alors c'est fini." Mais la vérité, c'est qu'on en est encore capables ! […] Il n'est jamais trop tard. Si un nonagénaire se lève et commence à bouger un peu, il sera surpris par ce qui peut se passer. » En 2018, à l'âge de quatre-vingt-treize ans, Dick Van Dyke a ravi ses fans en prolongeant sa carrière d'acteur avec une apparition dans *Le Retour de Mary Poppins* – la preuve qu'il prêche par l'exemple.

J'ai toujours considéré que, pour obtenir les meilleurs résultats, il faut rester physiquement actif et manger sainement. Garder son corps en forme relève de la « loi des moissons » – on récolte ce qu'on sème. Prenons le temps, chaque jour, d'« affûter la scie » (ce que j'appelle la 7e habitude), en appliquant le principe du renouvellement équilibré de soi-même. Au fil des ans, j'ai découvert que faire du vélo d'appartement et lire des ouvrages inspirants chaque matin me permettait de rester en forme, mais me motivait aussi à m'améliorer et à atteindre mes objectifs personnels.

4. Misez sur la conscienciosité.

Le projet Longévité a révélé des secrets surprenants. « Le principal facteur prédictif de longévité était inattendu, écrit Friedman. Il s'agit de la « conscienciosité » et nos études montrent qu'une société où les citoyens sont plus consciencieux, plus motivés et plus intégrés est susceptible de favoriser santé et longévité. Ces changements impliquent des modifications lentes, pas à pas, qui se produisent sur de nombreuses années. »

Et cette extension de l'espérance de vie ne dépend pas seulement de notre conscienciosité dans la vie personnelle et professionnelle, mais aussi dans les relations essentielles que nous entretenons. Voici ce qu'en dit le Dr Friedman :

> En tant que baby-boomer, j'anticipe avec soin la prochaine phase de ma vie. Heureusement, la réflexion approfondie constitue un élément clé de ce que nous appelons « la voie royale », l'une des façons

les plus saines d'envisager la vie. Les personnes qui l'empruntent sont consciencieuses, elles ont des amis fidèles, un travail intéressant et une vie de couple heureuse et responsable. La planification méticuleuse et la persévérance de ces individus dans le cadre de leur carrière et de leurs relations favorisent naturellement et automatiquement la longévité, même quand surgissent des difficultés. De façon ironique, ces personnes prudentes et tenaces, dotées d'une famille et d'un réseau social stables, sont généralement celles qui se préoccupent le plus de ce qu'elles doivent faire pour rester en bonne santé. Mais elles le font déjà.

5. Restez impliqué.

Avec l'allongement de l'espérance de vie, la génération du baby-boom affiche désormais ses cheveux gris : aux États-Unis, les personnes âgées sont plus de deux fois plus nombreuses que les enfants de maternelle. Susan Perlstein, fondatrice du National Center for Creative Aging, affirme que les personnes âgées ont besoin de s'impliquer continuellement dans des activités et de s'intégrer dans des communautés pour optimiser leur santé émotionnelle et physique : « S'engager dans l'expression créative améliore réellement la santé. La maladie mentale numéro un chez les seniors, c'est la dépression, qui survient chez les personnes dénuées d'activités significatives et utiles », explique-t-elle.

Cette importante découverte renforce l'idée que vivre crescendo, en particulier après l'âge mûr, permet de promouvoir notre raison d'être et notre sens de la vie, mais possède également la faculté d'accroître la durée et la qualité de cette vie.

En 1997, à l'âge de soixante-deux ans, Julie Andrews a subi une intervention chirurgicale destinée à retirer un kyste bénin, qui a cependant endommagé ses cordes vocales de façon irrémédiable. « J'ai sombré dans la dépression – j'avais l'impression d'avoir perdu mon identité », reconnaît-elle. Avant cela, avec sa magnifique voix de soprano couvrant quatre octaves, elle était une figure légendaire dans le monde du spectacle, à Broadway et dans le West End londonien ainsi que dans des films hollywoodiens emblématiques tels que *Mary Poppins* et *La Mélodie du bonheur*.

Elle affirme qu'au début, elle était dans le déni total, mais que plus tard, elle a senti qu'elle devait réagir. « Ce que je dis dans *La Mélodie du bonheur* est vrai [...]. Une porte se ferme et une fenêtre s'ouvre. » Cette prise de conscience l'a obligée à trouver d'autres débouchés créatifs, et elle a commencé à rédiger des livres pour enfants avec sa fille Emma. Elles ont fini par en coécrire plus de vingt, dont l'un a été remarqué par le *New York Times*, et elles ont également créé une série, *The Very Fairy Princess*. Le fait de travailler avec des enfants a donné à la vie de Julie Andrews une tout autre orientation et l'a fait connaître à une nouvelle génération de spectateurs.

« Je n'aurais jamais écrit autant de livres si je n'avais pas perdu ma voix. Je n'aurais jamais découvert ce plaisir », déclare-t-elle. Cela lui a également donné une nouvelle identité, différente de la précédente, mais toujours épanouissante. À quatre-vingt-quatre ans, elle a ajouté à ses mémoires un nouveau volet qui couvre ses années hollywoodiennes, et elle sait que d'importantes œuvres et contributions l'attendent encore.

*« Quand une porte du bonheur se ferme,
une autre s'ouvre ; mais souvent, on observe si longtemps
celle qui est fermée qu'on ne voit pas
celle qui vient de s'ouvrir. »*
– Helen KELLER

6. De l'importance du réseau social.

Lors d'une interview, le *New York Times* a demandé à Friedman quel était le meilleur prédicteur social d'une longue vie. Sa réponse a été claire : un réseau social solide. Les veuves vivent plus longtemps que les veufs. Selon Friedman, « les femmes ont tendance à avoir des réseaux sociaux plus solides. Les gènes constituent environ un tiers des facteurs de longévité. Les deux autres tiers sont liés au mode de vie et au hasard ».

J'ai constaté que les personnes encore actives contribuant à la vie de la société après soixante-dix ans reconnaissent l'importance d'entretenir et de développer les amitiés. J'ai entendu parler d'un groupe de femmes âgées qui, se connaissant depuis l'école primaire, ont créé un « club d'amitié » au lycée. Depuis lors, elles se réunissent tous les mercredis soir pour se donner des nouvelles, partager un repas, faire des travaux manuels ou mettre en œuvre des projets caritatifs. Ce club a été leur bouée de sauvetage, car beaucoup d'entre elles ont dû faire face aux aléas de la vie, qu'il s'agisse de problèmes de santé ou de la perte d'un conjoint. Ce lien hebdomadaire n'a pas seulement renforcé leur amitié, il leur a aussi donné une raison de continuer à avancer.

Dans la revue *PLoS (Public Library of Science) Medicine*, les professeurs Julianne Holt-Lunstad et Timothy Smith ont étudié l'influence et le pouvoir des relations dans la vie des individus, et les résultats sont étonnants. Leurs recherches montrent que des relations saines peuvent accroître la longévité de 50 %. Pendant sept ans et demi, ces chercheurs ont mesuré la fréquence des interactions humaines, suivi l'évolution de la santé et analysé les données de 148 études longitudinales publiées précédemment. Ils ont découvert que l'absence de relations dynamiques a pratiquement le même résultat sur l'espérance de vie que le fait de fumer dix cigarettes par jour, qu'elle a les mêmes conséquences que l'alcoolisme, qu'elle est plus nocive que la sédentarité et deux fois plus néfaste que l'obésité.

« Et cet effet n'est pas l'apanage des seniors, a déclaré Smith. Les relations sociales ont un effet protecteur à tous les âges. En tant qu'êtres humains, nous considérons ces relations comme allant de soi [...]. Les interactions constantes sont non seulement bénéfiques sur le plan psychologique, mais aussi directement profitables à notre santé physique. »

Friedman résume ses découvertes de la façon suivante.

Dans le cadre de l'étude, les personnes interrogées qui ont obtenu les meilleurs résultats dans la course à la longévité avaient tendance à présenter :

- Un niveau assez élevé d'activité physique ;
- L'habitude d'offrir leurs services à la communauté ;
- Une carrière épanouie et de longue durée ;
- Une vie de couple et de famille saine.

Les gens impliqués, qui travaillaient dur, réussissaient et se montraient responsables – quel que soit le milieu dans lequel ils évoluaient –, avaient plus de chances de vivre longtemps.

Ceux qui ont vécu le plus longtemps :

- Restaient actifs et productifs à tout âge et à toute étape de leur vie.
- Trouvaient des moyens de rester connectés socialement et engagés dans des œuvres significatives.

En d'autres termes, ces personnes à l'espérance de vie élevée avaient considérablement élargi leur cercle d'influence, afin d'inclure les autres, mais aussi d'en tirer des bénéfices pour elles-mêmes. On en trouve d'autres illustrations dans une étude intitulée *Work in Retirement: Myths and Motivations* (réalisée par Merrill Lynch et le bureau d'études Age Wave) qui examine l'incidence des Américains d'âge mûr sur les caractéristiques démographiques de la main-d'œuvre. La « retraite » s'apparentait autrefois à la fin de la vie active, mais cette étude montre qu'une majorité de personnes continuent désormais à travailler après leur départ à la retraite, souvent dans un nouveau domaine d'activité.

Près de la moitié (47 %) des retraités actuels déclarent avoir travaillé ou avoir l'intention de travailler pendant leur retraite. Mais un pourcentage encore plus important (72 %) de préretraités âgés de cinquante ans et plus affirment vouloir continuer à travailler après leur retraite. Le Bureau of Labor Statistics indique que 32,7 millions de personnes de plus de cinquante-cinq ans étaient encore actives en septembre 2014, ce qui constitue une augmentation considérable par rapport aux 21,7 millions qui travaillaient au même âge il y a seulement dix ans.

Les raisons de cette tendance à travailler plus tard dans la vie sont diverses. La perception du grand âge a changé, ce qui donne naissance à ce que l'étude nomme une « nouvelle vision de la vieillesse ». L'augmentation de l'espérance de vie et l'amélioration de l'état de santé général au cours de ces dernières années contribuent également à cette prolongation de la vie active.

Cette étude historique, basée sur une enquête menée auprès de 1 856 retraités actifs et près de 5 000 préretraités et retraités non actifs, balaie quatre grands préjugés concernant la retraite.

Mythe 1 : *la retraite, c'est la fin du travail.*

Réalité : Plus de 7 retraités sur 10 affirment qu'ils veulent travailler après leur retraite. Si cela ne tenait qu'à moi, à l'avenir, les personnes âgées qui ne travaillent pas seraient plus rares que celles qui prennent effectivement leur retraite.

Mythe 2 : *la retraite est synonyme de déclin.*

Réalité : Une nouvelle génération de seniors actifs est en train d'inventer une retraite plus engagée et plus dynamique – le *new retirement workscape* – qui comprend quatre phases différentes : 1) la préretraite, 2) l'interruption de carrière, 3) le réengagement et 4) les loisirs.

Mythe 3 : *les retraités travaillent parce qu'ils ont besoin d'argent.*

Réalité : Cette étude définit quatre types de retraités actifs : les motivés, les contributeurs dévoués, les modérés et les honnêtes salariés. Si certains travaillent principalement pour l'argent, bien d'autres sont motivés par des raisons non financières :

- 65 % pour rester actifs intellectuellement.
- 46 % pour rester actifs physiquement.
- 42 % pour maintenir des liens sociaux.
- 36 % pour conserver une identité / une valeur personnelle.

- 31 % pour relever de nouveaux défis.
- 31 % pour l'argent.

Mythe 4 : *les nouvelles ambitions de carrière sont réservées aux jeunes.*

Réalité : Près de trois retraités sur cinq se lancent dans une nouvelle activité professionnelle, et les retraités actifs sont trois fois plus susceptibles d'être des entrepreneurs que les préretraités.

Nombre d'entre eux ont affirmé que l'expérience accumulée au cours de leurs années professionnelles était bien trop précieuse pour être mise au rancart uniquement parce qu'ils avaient atteint soixante-cinq ans.

La possibilité de travailler au-delà de l'âge habituel de la retraite existe, mais il est important de la planifier. Les individus en assez bonne santé souhaitant travailler jusqu'à soixante-dix, quatre-vingt voire quatre-vingt-dix ans possèdent de nombreux avantages et ont beaucoup à offrir grâce à leur expérience et à leur expertise – ce que confirment le projet Longévité et l'étude Merrill Lynch/Age Wave.

Pas de retraite pour le service

Même quand, en fin de carrière, on prend sa retraite, il ne faut jamais cesser de servir, jamais cesser d'offrir sa contribution au sein de sa famille, de son quartier et de sa communauté, de sa paroisse, de son école locale ; jamais cesser d'agir pour une association caritative ou de soutenir une grande cause qui a besoin de bénévoles. Il ne faut jamais cesser de pourvoir judicieusement aux nombreux besoins des personnes croisées dans son cercle d'influence. Pour cela, inutile de partir à l'autre bout du monde ! Pour dire les choses simplement : regardez autour de vous, identifiez le besoin, et réagissez !

À soixante-dix-sept ans, Hesther Rippy décide de quitter le Texas pour s'installer à Lehi, dans l'Utah, afin de se rapprocher de ses petits-enfants. Dans le même temps, elle découvre également, dans son nouveau quartier, un projet d'alphabétisation auquel elle peut contribuer. Au lieu de se sentir dépassée par la tâche et de se demander ce qu'une personne de son âge est encore capable d'accomplir, elle se concentre sur ce qu'elle peut réellement faire pour aider les enfants à développer leur potentiel.

Hesther a été choquée de découvrir que près de 30 % des élèves de primaire n'ont pas le niveau de lecture requis pour leur âge. Elle a alors convaincu le maire de mettre à sa disposition une chaise, un bureau et un ordinateur, et elle s'est installée dans une grande salle de stockage du centre d'art de la ville. Elle a organisé une collecte de fonds pour acheter des livres, recruté quelques bénévoles et commencé à enseigner gratuitement la lecture aux enfants (et aux adultes). Grâce à sa persévérance, elle a rapidement obtenu que des bus scolaires amènent les enfants au centre et fait appel à des lycéens et à d'autres bénévoles pour leur donner des cours particuliers.

Hesther a travaillé durement et fait preuve d'une grande opiniâtreté afin d'obtenir des moyens pour son programme d'alphabétisation, au point que les membres du conseil municipal affirmaient pour rire qu'ils partaient se cacher lorsqu'elle venait assister aux réunions. « Pour elle, “non” n'est pas une réponse », plaisantent-ils.

Des années plus tard, grâce à ses efforts et au soutien de la ville, on lui a attribué l'aile ouest de la bibliothèque municipale, où le centre d'alphabétisation Hesther Rippy est officiellement créé. De 1997 à 2014, Hesther a travaillé à la création d'un centre destiné à aider gratuitement les enfants et les adultes souffrant de difficultés de lecture, mais aussi à améliorer leurs compétences en mathématiques, en informatique et en langues. Passionnée par l'alphabétisation, Hesther a lancé l'idée inspirante que « les lecteurs font des leaders » et affirmé à ses bénévoles que plus l'on s'investit dans l'aide à l'apprentissage des enfants, plus l'on a envie d'aider.

Entre autres récompenses, Hesther Rippy a reçu le Presidential Volunteer Service Award pour plus de 4 000 heures de service bénévole, et le prix L'Oréal Paris Femmes de valeur. En 2003, le président George W. Bush lui a décerné le prix Point of Light. Son centre d'alphabétisation a servi de modèle à d'autres villes et écoles primaires dans des États comme l'Alabama.

En 2015, le centre d'alphabétisation Hesther Rippy avait recruté 180 tuteurs bénévoles (âgés de huit à quatre-vingts ans), pour donner des cours à une centaine d'enfants qui venaient deux fois par semaine. Le centre accueille chaque année plus de 700 élèves dans le cadre du projet de tutorat d'été, intégralement gratuit. Il parraine également un programme d'intervention précoce qui enseigne la lecture aux enfants d'âge préscolaire afin qu'ils soient mieux préparés lorsqu'ils commencent l'école.

Après le décès d'Hesther à l'âge de quatre-vingt-sept ans, le centre a poursuivi son œuvre en recevant environ 400 élèves en permanence, encadrés par 70 à 100 tuteurs bénévoles tout au long de l'année. À ce jour, le centre Rippy a permis à plus de 300 000 personnes d'apprendre à lire. Quel bel exemple d'engagement actif dans un travail chargé de sens, et de transition par la contribution !

Hesther a toujours affirmé qu'elle était largement récompensée lorsqu'une lumière s'allumait dans les yeux de ses élèves parce qu'ils comprenaient enfin ce qu'était la lecture. Grâce à son dévouement, des dizaines de milliers d'élèves ont pu s'extraire du cycle de l'illettrisme et atteindre leur véritable potentiel scolaire. Son travail crucial se poursuit, même si elle n'est plus là pour le faire elle-même, ce qui témoigne de la force de son héritage.

« Ce qui vient a plus de valeur que ce qui s'en est allé. »
– Proverbe arabe

Certes, il n'y a rien de mal à profiter d'une pause bien méritée, surtout quand on ne travaille plus à plein temps. Cette étape de la vie est le moment idéal pour vous lancer dans les loisirs que vous avez toujours rêvé de pratiquer sans en avoir le temps. Comme je l'ai dit, je suis fermement convaincu qu'il faut « affûter la scie », c'est-à-dire prendre le temps de régénérer le corps et l'esprit par le biais d'activités relaxantes. Il ne s'agit pas seulement de travailler dur, mais aussi de s'amuser. Chaque année, notre famille aime se rendre dans notre chalet pour profiter ensemble de moments de détente dans un cadre magnifique, sans subir la pression du travail et d'un emploi du temps exigeant. Cette tradition enrichit nos relations familiales et nous régénère.

Il reste cependant possible de trouver du temps à la fois pour tout ce que vous n'avez pas eu le temps de faire, et pour des projets significatifs qui profitent aux autres et vous apportent de la joie. Pour atteindre cet équilibre, vous devrez certainement faire des efforts. Mais il y a une véritable différence entre les individus qui se fixent pour objectif d'aider les autres, et ceux qui prennent leur retraite uniquement pour vivre une vie de loisirs. Comparez les histoires que vous avez lues plus haut : celles des personnes qui ont une mentalité de contribution (crescendo) et celles des autres qui ont une mentalité de retraite (diminuendo). Dans notre société, l'industrie du voyage et les normes établies envoient aux personnes âgées un message de passivité – on n'attend pas grand-chose d'elles. Les complexes touristiques les aguichent fièrement au travers de leurs publicités : « La retraite ! Vous avez travaillé pour elle. Vous l'avez méritée. Et vous pouvez enfin vous détendre et ne rien faire ! »

Nous connaissons l'expression : « J'ai déjà donné ! » Il se peut en effet que vous ayez fait bien des choses au cours de votre carrière, mais avez-vous vraiment « donné » de manière significative ? Bien entendu, personne ne vous reprochera de quitter votre travail à plein temps pour voyager, vous détendre et passer plus de temps avec votre famille et vos amis. Mais si ce nouveau style de vie devient une priorité absolue, ne soyez pas surpris si vous sentez que votre vie n'a pas de sens. Il n'y a rien de mal à jouer au golf, mais il y a tellement mieux à faire ! Surtout lorsqu'on a plus de temps, d'expérience, de compétences et de sagesse à offrir que jamais auparavant. Alors allez-y, jouez au golf… mais impliquez-vous aussi dans des activités pleines de sens.

Contrairement à l'état d'esprit propre à la retraite, la mentalité crescendo exige un « changement de paradigme » dans notre façon de penser. Cette mentalité doit être cultivée dès le début de notre carrière. Quelle que soit l'étape actuelle de votre vie, si vous pouvez visualiser votre existence après soixante-cinq ans à la lumière de ce nouveau paradigme, vous pourrez préparer et anticiper une période active de contribution et d'épanouissement, et pas seulement une période d'égoïsme et de désœuvrement. N'oubliez pas que vous allez façonner le comportement de vos enfants et petits-enfants.

Pour commencer, adoptez la mentalité crescendo en utilisant les critères suivants pour trouver des idées :

1. *Besoin/conscience* : identifiez un besoin autour de vous, à l'instar d'Hesther Rippy. Posez-vous la question : Où puis-je me rendre utile ? Qu'est-ce que la vie me demande ? Écoutez ensuite attentivement votre conscience et vous serez amené à choisir un projet ou une cause particulière et à aider certaines personnes que vous seul pouvez atteindre. Il existe une multitude de besoins et de problèmes partout dans le monde, et vous pouvez y remédier de façon significative en vous engageant. Regardez autour de vous, évaluez les manques et répondez à l'appel – en intervenant dans une école primaire surchargée, en collectant de la nourriture ou des vêtements pour des associations, en travaillant comme bénévole pendant une élection, en participant à l'embellissement d'un quartier négligé ou en aidant une famille de réfugiés à s'orienter et à s'intégrer dans votre communauté. Ou encore, pourquoi ne pas apporter un soutien concret à votre fille qui traverse un divorce difficile et être davantage présent pour vos petits-enfants ? En devenant plus sensible et plus conscient, vous constaterez qu'il existe une foule d'opportunités à portée de main. Il se peut que vous sentiez ou sachiez déjà dans quelle direction vous

engager. Il peut être utile d'élaborer une « déclaration de mission » personnelle qui vous guidera dans cette période de votre vie.

2. *Vision/passion* : elles sont absolument nécessaires, car vos expériences de vie sont uniques. Qu'avez-vous appris en élevant une famille, en dirigeant une entreprise ou en exerçant une profession spécifique ? Le fait de traiter toutes sortes de problèmes avec toutes sortes de personnes, de trouver des solutions et de gérer des relations tout au long de votre existence vous a permis d'acquérir une vision et des connaissances. Vous êtes appelé à les partager avec des individus qui manquent de confiance ou de connaissances ou qui ont besoin d'un mentor ou d'un bon exemple dans leur vie. Découvrez où se situe votre passion – ce qui vous tient à cœur –, servez-vous-en pour vous rendre utile. En partageant ce que vous connaissez et ce que vous aimez, vous pouvez faire beaucoup de bien autour de vous.
3. *Ressources/talents* : utilisez les précieuses ressources à votre disposition – votre temps, vos talents, vos opportunités, vos compétences, votre expérience, votre sagesse, vos informations, votre argent, votre désir – pour faire la différence. Quelle belle occasion d'accomplir quelque chose qui comptera vraiment et donnera un sens à votre vie ! Pourquoi ne pas sauter sur l'occasion de rendre service sans autre récompense que la joie de constater des effets positifs sur autrui ? Comme ce serait gratifiant ! Après une vie passée à travailler et apprendre, vous avez plus à partager que vous ne le pensez : offrez simplement vos ressources, votre temps et vos capacités uniques. Quel bien vous pourriez faire à ceux qui ont besoin de vous !

4. *Ingéniosité/initiative* : dans cette étape de la vie, votre ingéniosité et votre esprit d'initiative vous mèneront loin si vous êtes perspicace, conscient et actif. Commencez à vous impliquer en posant des questions, en évaluant les besoins, puis en essayant de trouver des solutions intelligentes qui vous engagent ainsi que votre entourage. Pensez de manière créative et vous trouverez des occasions multiples de rendre service. Vous pouvez apporter un repas à une personne confinée, offrir des livres à une école primaire, confectionner une couverture pour un hôpital pédiatrique, donner de l'argent anonymement à une personne dans le besoin, faire des travaux dans le jardin d'une personne âgée, recontacter un ami perdu de vue, proposer vos services professionnels lors d'un événement de soutien aux sans-abri, écrire une lettre d'encouragement à un membre de la famille aux prises avec une addiction, rendre visite à une personne malade, accueillir et guider une nouvelle famille dans votre quartier. Les possibilités de faire le bien sont infinies et passionnantes ! Mettez-vous au travail et agissez ! Vous serez étonné de ce que vous pouvez faire avec un peu de « R et I ».

« Utilise-moi, mon Dieu ! Montre-moi comment
me servir de qui je suis, montre-moi qui je veux être
et ce que je peux faire pour accomplir
un dessein plus grand que moi-même. »
– Oprah WINFREY

Vivre crescendo en passant d'une carrière professionnelle à une vie de service peut changer votre existence. Cette mentalité peut être adoptée n'importe quand – de trente à soixante ans – pour vous préparer au grand âge – soixante ans et bien au-delà. L'épanouissement et le bonheur que vous ressentirez en rendant service aux autres auront un effet bénéfique sur la seconde moitié de votre vie.

« Il est rare qu'un homme puisse créer une opportunité pour lui-même. Mais il peut se préparer de telle sorte que, si l'opportunité se présente, il est prêt. »
– Theodore ROOSEVELT

Pamela Atkinson a vécu en Angleterre une enfance défavorisée qui lui a permis de développer une empathie particulière pour les moins fortunés. Son père entraînait des lévriers de course et jouait à des jeux d'argent. Il a fini par abandonner les siens après avoir tout perdu, laissant sa femme élever seule leurs deux enfants dans une maison insalubre, infestée de souris et sans eau courante. La mère de Pamela n'était guère allée à l'école, et elle travaillait de longues heures dans un emploi mal payé afin de subvenir aux besoins de la famille. Pamela se souvient qu'elle devait découper des carrés de papier journal pour faire du papier toilette et mettre du carton dans ses chaussures pour couvrir les trous de ses semelles.

Vers l'âge de quatorze ans, Pamela a compris que l'école était le seul moyen d'échapper à la pauvreté, et elle était bien décidée à suivre de bonnes études pour obtenir un emploi mieux rémunéré et plus prestigieux que sa mère. Surmontant les difficultés, elle a fini par décrocher un diplôme d'infirmière en Angleterre. Aussitôt, elle a mis ses nouvelles compétences au service des aborigènes en Australie où elle a travaillé pendant deux ans. Ensuite, elle est partie aux États-Unis et a obtenu un diplôme d'infirmière à l'université de Californie ainsi qu'une maîtrise en éducation et commerce à l'université de Washington.

Pour finir, Pamela a mis ses compétences au service de l'administration hospitalière avant de devenir vice-présidente des services missionnaires d'Intermountain Healthcare, un service de santé à but non lucratif spécialisé dans l'aide aux personnes à faibles revenus et sans assurance. C'est là qu'elle a découvert sa mission : aider les pauvres.

Elle y a travaillé jusqu'à sa retraite, après quoi elle s'est engagée comme bénévole à plein temps dans la défense des pauvres et des sans-abri, qu'elle a aidés sans relâche pendant plus de vingt-cinq ans. Aujourd'hui encore, sa voiture est remplie de sacs de couchage, de nécessaires de toilette, de vêtements chauds et de nourriture pour tous les nécessiteux qu'elle rencontre. Elle a siégé dans dix-neuf conseils communautaires et, pendant la plupart des sessions législatives, on pouvait la trouver au capitole de son État où elle discutait avec les élus des moyens à mettre en œuvre pour aider les personnes défavorisées, devenant ainsi une conseillère précieuse auprès de trois gouverneurs. L'argent qu'elle recevait pour son travail au sein des conseils d'administration constituait un fonds qu'elle appelle « Dieu veut que j'aide les autres » et qui lui servait à acheter médicaments, tickets de bus, vêtements d'hiver, chaussettes et sous-vêtements, et à payer les factures d'électricité – tout ce dont les indigents pouvaient avoir besoin.

Pamela savait que même les petits gestes contribuent à changer des vies. Un homme avait passé un an sous une tente avec d'autres sans-abri. Pamela lui a rendu visite chaque semaine pendant des mois, mais elle a fini par perdre contact avec lui lorsque le campement a été évacué. Un an plus tard, un homme à la coupe impeccable, vêtu d'une veste de sport, l'a abordée dans un centre de désintoxication. Il avait repris sa vie en main et travaillait maintenant dans cet établissement pour aider d'autres personnes à surmonter leur dépendance à l'alcool.

« Tu te souviens de cette froide journée d'hiver où aucun de nous n'avait de gants, et tu es allée dans un magasin pour nous en acheter six paires ? » lui a-t-il demandé. Il lui a confié qu'à l'époque, son estime de soi était au plus bas, mais qu'au fond de lui, il pensait : « Tu dois valoir quelque chose. Quelqu'un t'a acheté une nouvelle paire de gants ! » Ce témoignage de gentillesse l'avait motivé à se ressaisir, et il avait gardé les gants pour se rappeler qu'il existe des gens qui se soucient vraiment des autres. « On ne sait jamais quel geste de notre part peut avoir un effet sur la vie de quelqu'un, déclare Pamela. Il ne faut jamais sous-estimer le pouvoir d'un acte de bienveillance, même minime. »

Au fil des ans, elle a beaucoup appris sur la manière de défendre au mieux des individus qui sont parfois invisibles aux yeux du public. Aujourd'hui septuagénaire, alors qu'elle devrait être « en retraite », Pamela ne montre aucun signe de ralentissement. Dans un article de Devin Thorpe paru dans le magazine *Forbes*, elle partage certaines des leçons les plus importantes qu'elle a apprises et que nous pourrions, à notre tour, utiliser dans notre propre cercle d'influence :

1. *Les petites choses comptent.* Au côté des personnes défavorisées, Pamela a appris que le service rendu n'a pas

toujours besoin d'être immense pour faire une différence. Un jour, elle a rendu visite à une famille à faibles revenus dont l'eau était coupée et qui ne disposait ni de savon, ni de shampoing, ni d'articles de toilette. Pamela avait dans sa voiture un nécessaire de toilette préparé par les membres de sa paroisse. Elle le leur a donné et a fait rétablir le gaz afin que les membres de cette famille aient de l'eau chaude pour se laver. Leur gratitude a montré à Pamela que les petites choses comptent souvent beaucoup.

2. *Un contact et un sourire peuvent changer les choses.* Il y a bien longtemps, lorsque Pamela servait le dîner à l'Armée du salut, le maire lui a demandé d'accueillir les gens avec un « sourire chaleureux et une bonne poignée de main ». Il a ajouté que certains sans-abri ne connaîtraient aucun autre contact physique pendant toute la semaine. Elle n'a jamais oublié cette leçon et s'assure de saluer amicalement les personnes qu'elle aide, avec un sourire sincère et un geste adapté. « Nous ne devrions jamais sous-estimer le pouvoir de la compassion, déclare-t-elle. J'ai vu combien une simple accolade ou un sourire peut transformer la vie de quelqu'un. »
3. *Le bénévolat est utile.* La première fois que Pamela s'est portée volontaire pour servir un repas aux sans-abri, le jour de Noël à Seattle, elle a été surprise de la gratitude manifestée par les bénéficiaires. Elle a appris à quel point les bénévoles sont essentiels au fonctionnement de multiples programmes, et que leurs compétences et leur désir d'aider sont absolument nécessaires. Son enthousiasme est inspirant, et sa vision du bénévolat contagieuse. Lors d'une collecte de fonds pour le Boys

and Girls Club, elle a déclaré : « Nous avons tous en nous le pouvoir d'améliorer la vie des autres. »

4. *La foi est une ressource.* Pamela se sent souvent guidée par une main divine et elle pense que sa foi a une grande influence et constitue une force dans son travail. « Le Seigneur avait un plan pour moi, confie-t-elle, je suis convaincue d'œuvrer pour faire le bien ; c'était mon destin. »
5. *La collaboration est cruciale.* Pamela cite les trois « C » qui sont la clé de l'entraide : coordonner, coopérer et collaborer. S'inspirant de la première expérience qui l'a poussée à faire du bénévolat, elle organise toujours pour les sans-abri un dîner de Noël qui peut accueillir jusqu'à mille personnes. Une année, alors qu'elle était doyenne de la Première Église presbytérienne, ce repas a eu lieu au centre catholique Saint-Vincent-de-Paul, et l'Église de Jésus-Christ des Saints des Derniers Jours a fait don de 800 steaks et de 200 hot-dogs pour l'occasion. Une véritable collaboration œcuménique !
6. *Tout le monde peut faire quelque chose.* Pamela s'est un jour adressée à un groupe en leur promettant qu'ils pouvaient réellement changer la vie des autres s'ils agissaient simplement à la mesure de leurs moyens. Une femme âgée a rétorqué : « J'ai quatre-vingts ans, je sors rarement de chez moi et j'ai un revenu limité – alors comment je pourrais changer quoi que ce soit ? » Pamela lui a demandé si elle pouvait donner une seule boîte de soupe par semaine à la banque alimentaire. Puis elle lui a dit de fermer les yeux et d'imaginer qu'une mère célibataire vivant dans la pauvreté donnait à ses enfants la soupe offerte, et de se représenter les enfants allant se coucher repus.

Cette contribution minime ne ferait-elle pas une différence dans leur vie ? La vieille femme a commencé à donner une boîte de soupe par semaine et, au bout de quelques années, elle a fini par fournir des centaines de repas à des personnes qui auraient eu faim si elle n'avait pas agi.

Pamela se souvient que, quand elle était jeune fille, tassée sur un lit avec ses deux sœurs, elle s'était promis d'épouser un homme riche et de ne plus jamais avoir affaire aux pauvres. Elle est devenue une véritable personne de transition, mettant fin au cycle de pauvreté de sa famille au lieu de le transmettre à la génération suivante. Pourtant, aujourd'hui, des décennies plus tard, c'est son amour des nécessiteux et des sans-abri qui a « enrichi » la vie de Pamela Atkinson. Elle a bouclé la boucle.

« Nous sommes tous liés dans cette vie,
et nous devons rechercher les occasions d'embellir
la vie des autres – ce qui, en retour, embellit la nôtre. »
– Pamela ATKINSON

La grandeur première

Dans mon livre *La 8e habitude*, j'expose une caractéristique que j'appelle la grandeur primaire. Contrairement à la grandeur secondaire – c'est-à-dire la popularité, le titre, le statut, la renommée et les honneurs –, la grandeur primaire est ce que vous êtes vraiment : votre caractère, votre intégrité, vos motivations et désirs les plus profonds. Et si la grandeur primaire échappe souvent aux gros titres des journaux, elle est ce qui qualifie le mieux le caractère et les actes des Pamela Atkinson du monde entier.

La grandeur primaire est une façon de vivre, et non un comportement ponctuel. Elle en dit davantage sur l'identité d'une personne que sur ce qu'elle possède. Elle se révèle davantage à travers la bonté qui émane d'un visage que par le titre figurant sur une carte de visite. Elle relève plus de la motivation des individus que de leurs talents, elle participe davantage des petits actes simples que des réalisations grandioses.

Inutile d'être Gandhi, Abraham Lincoln ou Mère Teresa pour faire montre d'une grandeur première. Theodore Roosevelt l'explique de la manière la plus succincte qui soit :

> *« Faites ce que vous pouvez avec ce que vous avez,*
> *là où vous vous trouvez. »*
> – Theodore ROOSEVELT

J'aime la simplicité de cette idée : ce que vous avez à offrir en ce moment à votre entourage est exactement ce qui est requis. Faites ce que vous pouvez, c'est suffisant. Vous avez déjà les outils nécessaires si vous regardez autour de vous, identifiez un besoin et répondez-y. Voici quelques exemples de personnes simples, ordinaires, qui ont appliqué la mentalité crescendo à cette étape de la vie en utilisant leurs compétences et talents naturels, et qui ont reçu autant de joie que ceux qu'elles ont aidés. J'espère que ces brefs récits vous inspireront pour agir à votre tour dans votre cercle d'influence.

Des chaussons pour les orphelins : Mimi n'était pas du genre à rester les deux pieds dans le même sabot.

À quatre-vingts ans, elle tricotait inlassablement des chaussons qu'elle offrait à sa famille et à ses amis. Lorsque sa petite-nièce, Shannon, s'est portée volontaire pour travailler dans un orphelinat en Roumanie pendant l'été, Mimi s'est mise au travail et a confectionné plus d'une centaine de chaussons et des tentures murales colorées pour que la jeune femme les emporte avec elle. À son arrivée, Shannon a découvert un orphelinat terne et miteux. Les tentures murales ont aussitôt égayé la pièce et offert aux enfants quelque chose de plus intéressant à regarder que des murs vides et austères. Shannon s'est beaucoup amusée à distribuer les chaussons aux orphelins qui ne possédaient pratiquement rien. Elle en a donné une paire à une petite fille de dix ans dont les yeux se sont illuminés et qui lui a dit : « Je n'avais rien eu pour mon anniversaire, mais ça, c'est mon cadeau ! »[27]

L'homme aux vélos : lorsque les membres de la famille de Reed Palmer sont arrivés aux obsèques de celui-ci, ils ont été surpris de voir autant de vélos d'enfants alignés sur le côté de l'église. Les bicyclettes elles-mêmes en disaient long sur cet homme attentionné auquel toute la communauté était venue rendre hommage. Pour les gamins du quartier, Reed Palmer était simplement « l'homme aux vélos ». Reed pensait en effet que chaque enfant devait avoir son propre vélo. Il réparait donc régulièrement de vieilles bicyclettes ou faisait en sorte d'en obtenir une nouvelle pour ceux qui en avaient besoin. Reed donnait à chaque enfant un vélo à la fois, et cela lui plaisait autant qu'à eux. « Et si tout le monde était au courant de ce qu'il faisait, déclare son ami et voisin Earl Miller, il y aurait des milliers de vélos alignés là. »

« Aucun acte de bonté,
aussi minime soit-il, n'est jamais perdu. »
– ÉSOPE

La Salle de sauvetage : depuis plusieurs années, un groupe de femmes, âgées de soixante-dix à quatre-vingt-dix ans, de la maison de retraite de Seville, dans l'Ohio, s'emploie chaque matin – et souvent l'après-midi – à enrichir la vie de milliers d'enfants dans le monde. Leur devise empruntée à Mère Teresa, « Je n'ai pas d'autres mains que les Tiennes », figure en bonne place sur le tableau d'affichage, à côté de la liste des articles fabriqués dans le mois. Norma Wilcox, une femme de quatre-vingt-sept ans pleine de caractère et d'initiative, est la fondatrice de ce groupe de « bonnes âmes » qui a vu le jour en 2006. Elles travaillent tous les jours, sauf le dimanche, à coudre des couvertures pour bébés (elles en réalisent en moyenne trente par mois), des plaids, des animaux en peluche, des poupées, des robes, des pantalons, des chaussons et des balles. Elles confectionnent également des trousseaux de naissance et assument toutes les missions que leur confie le centre humanitaire local. En un an seulement, ce groupe a réussi à fabriquer 7 812 articles qui ont été envoyés dans le monde entier, de Cuba à l'Arménie en passant par l'Afrique du Sud, la Mongolie et le Zimbabwe. Tout cela pour des enfants que ces femmes ne rencontreront jamais.

Pour ce groupe, « s'amuser » signifie coudre à toute allure et discuter entre amies dans la salle d'activités de leur centre qu'elles ont transformée en chaîne de production caritative. Au début, elles payaient les matériaux de leur propre poche, mais quand la nouvelle de leurs projets s'est répandue, elles ont commencé à recevoir des dons de tissu. Ainsi, elles ne sont jamais à court : quand la pénurie menace, il se trouve toujours quelqu'un pour se présenter avec un reste de tissu oublié dans son sous-sol. Norma est une recruteuse acharnée qui peut aborder n'importe qui à Seville en demandant simplement : « Ça vous dirait de vous engager ? » Ella McBride, âgée de quatre-vingt-six ans, a été sollicitée malgré sa cécité pour rembourrer des balles qui seront envoyées à des enfants en Afrique, dans une région où ils n'ont pas de jouets.

Norma estime que plus d'une centaine de personnes, principalement des femmes (mais aussi quelques hommes), l'ont aidée à réaliser ses projets grandioses au fil des ans. « Norma est l'âme de ce groupe. Elle fait appel à des personnes qui ne peuvent pas coudre à cause de l'arthrite, alors elles coupent ; et celles qui ne peuvent pas couper rembourrent les balles », explique son amie Dora Fitch, qui travaille à ses côtés depuis dix ans. « Nous éprouvons de la joie en pensant à ceux pour qui nous travaillons et à ce que représente un nouveau jouet, une couverture ou une robe pour un ou une enfant. »

Fidèles à leur devise, elles ont le sentiment profond d'être les mains de Dieu pour les enfants dans le besoin. « Quand je fabrique ces trousseaux de naissance, affirme une femme de plus de quatre-vingts ans, je demande à Dieu d'atténuer ma douleur, et Il m'aide toujours à accomplir mon travail. » Le groupe change d'une semaine à l'autre, quand l'un des membres doit subir une opération ou décède, mais il y a toujours quelqu'un de nouveau pour venir s'y joindre.

Linda Nelson, leur directrice d'activités, est stupéfaite de ce que ces femmes accomplissent. « Je n'ai jamais travaillé avec des personnes âgées aussi actives. Celles qui ne participent pas à ces projets ne sont pas aussi vives et se contentent d'exister. Mais chaque membre de ce groupe se lève chaque jour avec un objectif. Elles pourraient rester dans leur chambre et se contenter de ressentir passivement leurs douleurs et leur âge, mais comme leur corps fonctionne encore, elles veulent se rendre utiles. J'appelle la pièce où elles travaillent la « Salle de sauvetage ». Tout est une question d'attitude : elles veulent améliorer la vie des autres, et je me sens humble rien qu'en voyant ce qu'elles accomplissent. »

Vivre crescendo dans une maison de retraite ? Pour ces dames, la retraite n'existe pas : elles savent qu'elles ont un travail important à accomplir, et cela leur donne de la joie et un objectif. « Je veux travailler jusqu'à ce que mort s'ensuive, déclare Norma avec un sourire. Et rien n'est plus important que de rester actif, non ? C'est le programme de Dieu ; Il fera en sorte que ça marche. »[28]

Des recherches récentes montrent que les personnes âgées faisant du bénévolat présentent une meilleure santé physique et mentale et un risque de mortalité plus faible. Stephanie Brown, psychologue à l'université du Michigan, a rapporté dans une étude menée sur une période de cinq ans que le risque de décès prématuré chez les « contributeurs » diminue de plus de 50 % par rapport aux « non-contributeurs ». Les « contributeurs » de cette étude étaient des personnes âgées de soixante-cinq ans et plus qui se portaient régulièrement volontaires pour aider les autres dans diverses tâches. Les scientifiques sont convaincus que l'acte de contribution en lui-même libère des endorphines, créant ainsi un « état d'euphorie », ainsi que de la satisfaction, du plaisir et un sentiment de fierté, qui neutralisent le stress et la dépression ressentis par beaucoup avec l'âge.

Si vous êtes « retraité » – c'est-à-dire septuagénaire, octogénaire voire nonagénaire –, c'est donc le moment idéal pour apporter de nouvelles contributions à la société. Comme le montrent ces personnes inspirantes, il semblerait que la vie commence après la retraite. Rappelez-vous que la grandeur première est atteinte par ceux qui sont emplis d'une mission, d'un objectif plus élevé qu'eux-mêmes, et qui ont une contribution durable à apporter.

Solidarité anonyme

« C'est incroyable ce qu'on accomplit quand on se fiche de savoir qui en reçoit le mérite. »
– Harry TRUMAN

L'un des films préférés de mon père était un vieux classique intitulé *Le Secret magnifique**. Rock Hudson y joue le rôle de Bob Merrick, un jeune millionnaire adepte de sensations fortes, que son argent réussit toujours à tirer d'affaire. Un jour, il a un accident avec son hors-bord ; pour le ranimer, on emprunte le seul respirateur disponible chez le médecin local, le Dr Phillips. Mais celui-ci, victime d'une crise cardiaque, décède faute de respirateur. Sa veuve, Helen (jouée par Jane Wyman), en veut amèrement à Bob pour la mort de son mari.

Lorsque Bob tente de s'excuser, Helen est renversée par une voiture en tentant de s'enfuir. L'accident la laisse

* *Le Secret magnifique* (de son titre original *Magnificent Obsession*) est un film réalisé par Douglas Sirk en 1954.

aveugle. Bob, que la mort du Dr Phillips a sincèrement ému et changé, est rongé par la culpabilité.

Cherchant à donner un sens à sa vie, il demande conseil à un ami du Dr Phillips qui lui parle de la vie secrète du médecin : celui-ci rendait service aux autres de manière anonyme, Après sa mort, de nombreuses personnes se sont manifestées et ont raconté comment il les avait soutenues au moment où elles en avaient le plus besoin, bien que son aide ait toujours été soumise à deux conditions :

- Elles ne pouvaient en parler à personne.
- Elles ne devaient jamais chercher à lui rendre la pareille.

L'ami du Dr Phillips met Bob en garde contre cette forme de solidarité : « Une fois que vous vous serez engagé sur ce chemin, vous n'en sortirez plus. Ça vous obsédera. Mais croyez-moi, ce sera une magnifique obsession ! »

Bob retrouve Helen et, bientôt, ils tombent amoureux – même si, en raison de sa cécité, elle ignore qui il est en réalité. En un temps record (puisqu'il s'agit d'un film de moins de deux heures), Bob devient un médecin compétent et se lance dans la « magnifique obsession » de la solidarité anonyme, en aidant les autres sans reconnaissance ni contrepartie. Il cherche également un remède pour rendre la vue à Helen.

Helen se rend en Europe pour se faire soigner, mais elle est terriblement déçue lorsque les médecins lui annoncent que sa cécité est irrémédiable. Bob arrive à l'improviste pour la consoler et lui révèle sa véritable identité – mais elle la connaît déjà et lui pardonne. Il lui demande de l'épouser. Bien qu'elle l'aime aussi, elle ne veut pas être prise en pitié et devenir un fardeau. Aussi, elle décide de disparaître, laissant Bob le cœur brisé.

Bob la recherche désespérément mais finit par reprendre sa carrière médicale et ses actes de solidarité anonyme. Après des années, Helen est enfin retrouvée, et Bob parvient à lui rendre la vue. Le premier visage qu'elle voit à son réveil est celui de Bob.

Bien que l'intrigue soit assez rocambolesque, le message du film est stimulant et repose sur un passage de la Bible : « Gardez-vous de faire votre aumône devant les hommes afin d'en être vus. » Mon père explique le pouvoir de la solidarité anonyme de la façon suivante :

> Aider sans se soucier des honneurs, c'est vraiment faire du bien aux autres. Et quand on le fait de façon anonyme – personne ne sait et ne saura jamais –, c'est l'influence, et non la reconnaissance, qui devient alors la vraie motivation. Chaque fois que nous faisons du bien de manière anonyme, sans espoir de récompense ou de reconnaissance, notre sentiment de valeur intrinsèque et de respect de soi s'accroît. Autre merveilleux effet secondaire : ce type de contribution est récompensé d'une manière que seul le bienfaiteur peut voir et ressentir. Et vous constaterez que ces récompenses invisibles sont souvent le fruit du « petit pas supplémentaire » : quand on a fait plus que ce qui était attendu.
>
> – Cynthia Covey HALLER

CHAPITRE 9

Créez des souvenirs marquants

« Viens, vieillis avec moi, le meilleur est à venir. »
– Robert BROWNING

En 1956, lorsque mes parents se sont mariés, ils ont choisi de faire de la foi et de la famille leurs priorités absolues. Cette décision a défini la façon dont ils employaient leur temps, les domaines auxquels ils consacraient leurs ressources et nos principales valeurs en tant que famille. Comme tant d'autres, ils étaient persuadés qu'avec le recul, les relations les plus cruciales sont toujours celles qu'on entretient au sein de sa propre famille, directe et intergénérationnelle.

Au cours de sa longue carrière de consultant en management, mon père a voyagé dans le monde entier et interagi avec de nombreux dirigeants, PDG et chefs d'entreprise mais aussi, très souvent, avec certains membres de leur famille. Il a constaté que leurs joies les plus grandes et les plus durables ne provenaient pas de ce que ces leaders avaient accompli professionnellement, mais de leurs relations familiales. À l'inverse, l'absence de liens familiaux étroits leur inspirait énormément de peine et de regrets malgré le « succès » qu'ils rencontraient par ailleurs. En fin de compte, sur ce plan, tous les humains sont semblables : la célébrité, la carrière, la richesse et le succès mondain ne sont rien en comparaison de l'amour, de l'acceptation et des échanges avec nos proches.

Quelqu'un m'a dit un jour que « les souvenirs sont plus précieux que l'or ». Certes, l'argent est absolument essentiel pour satisfaire nos besoins primaires mais, au-delà de cet état de fait, il devrait servir à enrichir la vie et à créer des expériences et des souvenirs qui finiront par faire partie intégrante de notre être.

Lorsque vous pensez à votre famille, à votre enfance, ou à l'environnement que vous avez créé pour vos propres enfants, de quoi vous souvenez-vous en premier lieu ? Pour ma part, ce qui me revient avant tout, ce sont les années de traditions familiales qui ont commencé dans le chalet de mes arrière-grands-parents et s'y sont poursuivies avec mes grands-parents, mes parents, et aujourd'hui nos enfants et petits-enfants. Nous avons choisi de profiter du temps passé en famille, d'approfondir nos relations, d'apprécier la nature, de développer notre foi et notre caractère, de renouveler et de créer tous ensemble de merveilleux souvenirs au fil des ans.

Je suis consciente que toutes les familles n'ont pas la possibilité de disposer d'un chalet ou d'un lieu aussi propice et que pour certaines d'entre elles, l'enfance n'est pas synonyme de bons souvenirs ou de culture familiale saine. Cependant, la mentalité crescendo enseigne qu'on n'est pas victime de son passé et qu'on peut toujours prendre un nouveau départ et se créer une culture familiale épanouissante. Peu importe ce que vous faites et où vous allez du moment que vous agissez ensemble et que vous créez vos propres traditions familiales avec ceux que vous aimez. Faire du camping, des randonnées, travailler sur un projet commun ou partager un loisir, voyager, aider les autres, profiter de la nature, faire du sport : toutes les activités pratiquées en famille peuvent être source de renouvellement et de rapprochement, et créer des souvenirs merveilleux et épanouissants.

Ces traditions familiales peuvent renforcer la stabilité, la confiance, l'estime de soi, la gratitude, la loyauté, l'amour, le caractère et une culture commune qui vous aideront à surmonter les difficultés ensemble. Créer des souvenirs chargés de sens pour vos proches vous liera à eux, renforcera vos relations et servira de fondement à votre vie tout en vous permettant de passer ensemble des moments divertissants et inoubliables que vous chérirez à jamais.

« Dieu nous a donné la mémoire
pour que nous ayons des roses en décembre. »
– J. M. BARRIE

Mes parents étant aujourd'hui décédés, les souvenirs que nous avons de leur vie commune apportent une grande joie à notre famille et nous servent d'exemple. Je ne prétends pas que leur couple était parfait, mais nous savions que leur relation constituait une priorité absolue et qu'ils y consacraient du temps, des efforts et de l'amour. Et plus ils avançaient en âge, plus cette relation allait crescendo. Ils s'aimaient sincèrement, se soutenaient mutuellement et appréciaient la personnalité unique de chacun.

Il y a des années, mon père a découvert un magnifique sonnet de Shakespeare qui, pour lui, décrivait à la perfection l'importance qu'il accordait à sa relation avec ma mère et à son influence sur sa vie. Il l'avait appris par cœur et le récitait souvent, même dans le cadre de sa profession. Notre famille ne se lassait jamais de l'entendre, car il nous incitait à rechercher les mêmes valeurs dans nos propres relations familiales.

Quand, bafoué par le destin et le regard des hommes,
Solitaire, je pleure sur ma vie de damné,
Ébranlant le ciel sourd de mes plaintes futiles,
Je vois ce que je suis et je maudis mon sort,
J'envie tous ces humains plus riches d'espérances,
Je veux leur ressembler, cerné des mêmes amis,
Doué du talent de l'un et du pouvoir de l'autre,
Et ce que j'ai déjà me comble moins que tout;
Mais malgré le mépris que j'éprouve de moi-même,
Chaque fois que je pense à toi, je m'envole,
De même que l'alouette s'élance au point du jour,
Je quitte la terre morne et chante au seuil des cieux;
Car savoir que tu m'aimes m'est un tel trésor
Que je n'échangerais pas ma place avec les rois.

– Cynthia COVEY HALLER

L'automne – la saison la plus riche

« La fleur de l'âge s'épanouit [...]. Il faut se réjouir de cette période de la vie et non la regretter [...]. La fleur de l'âge, c'est le temps de la liberté, de toutes les possibilités, du savoir et du pouvoir – et cette fleur, c'est aujourd'hui qu'elle s'ouvre ! »
– Linda et Richard EYRE

Linda et Richard Eyre sont de très bons amis à moi et des auteurs encensés par le *New York Times*. Ils ont beaucoup écrit sur la définition des priorités dans la vie. Ils conseillent sagement d'ignorer les vieux clichés sur le vieillissement et de profiter du quotidien, voire d'apprécier les avantages de l'âge. Leur optimisme et leur façon d'appréhender la vieillesse sont revigorants ! Voici un extrait d'un de leurs articles, intitulé « Oubliez les vieux clichés sur l'âge » :

> Il existe une foule de mauvais clichés et métaphores dans ce monde, mais l'un des pires d'entre eux est l'expression « sur le déclin » qu'on applique de manière négative aux individus parvenus à l'automne de leur vie. En réalité, l'automne est la plus belle saison et, loin de devoir rebrousser chemin, ces personnes ont encore devant elles un long et merveilleux chemin à parcourir.
>
> Tous ceux qui pratiquent la randonnée, le cyclisme ou la course à pied le savent : descendre l'autre versant d'une colline une fois qu'on en a franchi le sommet est ce à quoi nous aspirons et ce que nous aimons. C'est excitant, c'est rapide et c'est beau. Et c'est plus facile. Être en roue libre, c'est fantastique ! Cela nous permet d'être plus attentifs, plus conscients, d'observer les alen-

tours. Une fois qu'on a atteint la crête de la colline, la vie devient plus esthétique, plus présente, on a davantage de recul. Il n'y a pas de meilleur endroit où se trouver.

Nous avons découvert que presque toutes les métaphores courantes sur cette phase de la vie sont péjoratives et erronées. En voici quelques exemples.

Le syndrome du nid vide : laissé à l'abandon, un nid va se déliter, pourrir, empester. Mais, même vide, notre nid à nous n'a jamais senti aussi bon – les enfants ne viennent plus l'empuantir ! Ils nous manquent, certes, mais nous pouvons toujours leur rendre visite ou leur demander de venir nous voir… et ensuite, ils rentrent chez eux !

Ralentir : pas question ! Une fois franchi le sommet de la vie, on gagne en vitesse et en efficacité. Tout est plus facile, car on sait désormais ce qui importe le plus et comment procéder.

Retirer de la circulation : quand on a fait son dû et accompli l'essentiel de ses devoirs dans la vie, on est bien content de sortir enfin des embouteillages.

Décliner : avec l'âge, nous avons tous tendance à nous tasser un peu – physiquement, en tout cas –, mais c'est un processus très lent. En général, on change moins vite entre soixante et quatre-vingts ans que n'importe quand auparavant. L'automne peut être une saison longue et stable et, si l'on prend soin de soi, le changement opère très lentement.

Jeune d'esprit : cette expression est souvent utilisée par nos cadets de façon condescendante pour désigner des personnes âgées qui, selon eux, se croient plus jeunes qu'elles ne le sont en réalité. Mais, comme l'affirmait Jonathan Swift : « Nul homme sage ne souhaite être plus jeune. »

> Alors, si vous êtes à l'automne de la vie – ou à l'été indien –, comme nous, n'écoutez pas les clichés. Ou alors, donnez-leur un sens nouveau. Parce que l'automne est la saison la plus riche de la vie ! Sans oublier le meilleur : les petits-enfants !

Linda et Richard Eyre ont écrit un livre sur ce sujet intitulé *Life in Full: Maximizing Your Longevity and Your Legacy**. Aujourd'hui septuagénaires et plus actifs que jamais, ils ont publié plus de vingt-cinq titres vendus par millions, dont beaucoup ont été rédigés après qu'ils ont élevé une famille nombreuse et prospère. Ils sont apparus dans de célèbres émissions de télévision comme *Oprah*, *Today*, *The Early Show*, *60 Minutes* ou *Good Morning America* pour parler de la famille, de l'équilibre entre vie privée et travail, des valeurs, de l'éducation des enfants et du vieillissement.

Lors de vacances en famille, après que tous nos enfants avaient quitté le nid, mon fils David nous a décrits, Sandra et moi, d'une manière que j'ai trouvée aussi juste que divertissante :

> Quand tous les enfants de la famille se sont mariés et que nous sommes devenus parents à notre tour, j'ai remarqué que ma mère et mon père avaient une nouvelle façon de profiter de nos vacances en famille au bord du lac. Je les appelais « les oiseaux libres », ce qui correspondait parfaitement à leur manière d'agir. J'ai observé leur manière d'aller et venir à leur guise, sans se sentir responsables de quoi que ce soit [...].

* Linda et Richard Eyre, *Life in Full: Maximizing Your Longevity and Your Legacy* [La vie à plein régime : optimiser son espérance de vie et son héritage culturel], Familius, 2015, non traduit.

Je me suis rendu compte qu'ils avaient adoré élever leurs neuf enfants, et toute l'agitation qui allait avec, mais qu'ils étaient maintenant libres de choisir les activités auxquelles ils voulaient participer. Ils emmenaient souvent les petits-enfants en bateau pendant quelques heures, faisaient une balade en Honda pour « discuter », venaient déguster le dîner qu'ils n'avaient pas aidé à préparer, passaient du temps avec nous, puis repartaient sans faire la vaisselle pour aller au cinéma en ville ! Je dois reconnaître qu'ils ont mérité ce mode de vie après des années à se consacrer à notre éducation, et cette nouvelle étape m'a semblé amusante.

« L'âge est juste un état d'esprit.
Si vous avez l'esprit, peu importe l'état ! »
– Mark TWAIN

Au fil des ans, mon épouse Sandra et moi-même avons toujours entretenu un lien solide avec nos nombreux petits-enfants et arrière-petits-enfants. Nous avons assisté à autant d'activités, de cérémonies et d'occasions spéciales que possible pour soutenir ces jeunes générations. Nous voulions également être un exemple pour elles en nous rendant utiles auprès de notre communauté et d'associations caritatives et religieuses. Nous avons ressenti le besoin de devenir des modèles et des mentors en nous intéressant à nos enfants et petits-enfants et en passant du temps avec eux, en les encourageant et en essayant continuellement de leur montrer comment développer leur valeur et leur personnalité. C'était important pour nous, car le rôle de parent est l'un des seuls dont nous ne serons jamais libérés, quel que soit notre âge.

Optimisez l'automne de votre vie : concentrez-vous sur les avantages de l'âge et non sur ses inconvénients. Comme le conseillent Jane et Richard Eyre, n'adhérez pas aux clichés de la vieillesse et ne vous imposez pas d'étiquette ou de limites. Pensez à ce que vous pouvez faire plutôt qu'à ce que vous ne pouvez pas faire. Quand ils deviennent grands-parents, trop d'individus ont tendance à se mettre en retrait, ne sachant pas s'ils peuvent ou doivent s'impliquer, voire simplement conseiller. Mais c'est maintenant que vous pouvez profiter de votre grande famille sans avoir à endosser toutes les responsabilités quotidiennes, et exercer une influence positive sur leur vie. Restez ouvert et passez du temps avec elle. Cela crée des occasions naturelles de se connecter les uns aux autres. Dans cette seconde moitié de la vie, vous avez plus de sagesse et d'expérience à offrir que jamais auparavant. Cherchez les occasions appropriées pour devenir une ressource et un soutien vis-à-vis de ceux qui comptent le plus pour vous, dans leur propre voyage à travers l'existence.

Les enfants ont besoin des encouragements et de la sagesse de leurs grands-parents. Les parents ont besoin de l'aide et du soutien des grands-parents quand ils élèvent leurs enfants. Et les grands-parents ont besoin de l'énergie qu'offre le temps passé avec leurs petits-enfants [...]. Peut-être, en tant que grands-parents, ne sommes-nous pas assez actifs. Peut-être ne prenons-nous pas assez d'initiatives [...]. N'oublions pas que notre influence sur nos petits-enfants est moins grande quand nous les avons tous ensemble que quand nous pouvons communiquer individuellement avec chacun d'entre eux.

– Linda et Richard EYRE

Je connais un couple exceptionnel qui, en appliquant ce conseil, a sauvé la vie de son petit-fils. Quand Laurie, la fille de Joanne et Ron, a commencé à se droguer, ils ont fait leur possible pour l'aider à se libérer de son addiction. Mais Laurie était tellement rongée par sa toxicomanie qu'elle était devenue incapable de prendre soin d'elle-même, sans parler de son fils de deux ans, James. Joanne et Ron craignaient pour l'avenir de ce petit garçon dont la mère était instable et dont le père séjournait régulièrement en prison.

Joanne, qui avait élevé quatre enfants avec Ron, avait beaucoup aimé être une mère au foyer. Cependant, elle avait hâte d'être enfin libre de s'adonner à des activités auxquelles elle avait renoncé en tant que mère, comme jouer au tennis en club avec ses amis. Pourtant, en constatant l'instabilité de Laurie, Joanne et Ron ont pris la décision de modifier radicalement leur mode de vie et d'élever leur petit-fils alors qu'eux-mêmes entraient dans la cinquantaine.

Quel incroyable changement de paradigme ces grands-parents ont dû opérer! Joanne et Ron ont dû faire des sacrifices personnels et, bien qu'il leur soit difficile de repartir à zéro, ils savaient que leur petit-fils en valait la peine, et ils avaient le sentiment de bien agir. James est parvenu à s'épanouir grâce à leur amour et à leurs soins. Pendant que ses amies jouaient au tennis et déjeunaient ensemble, Joanne, à cinquante-quatre ans, se rendait régulièrement utile à l'école maternelle de James. Au cours des années suivantes, ces grands-parents attentionnés ont inscrit le petit garçon au base-ball, au football et au football américain, ont organisé des groupes de jeu, l'ont aidé à apprendre le piano, l'ont emmené à l'église et lui ont enseigné leurs valeurs – tout ce que font généralement les parents. En même temps, ils se rongeaient les sangs au sujet de Laurie dont ils restaient parfois sans nouvelles pendant un an, ignorant même si elle était encore en vie.

Quelques années plus tard, après avoir touché le fond, Laurie est rentrée chez elle, prête à reprendre sa vie en main. Avec l'aide de ses parents aimants, et après beaucoup de travail, elle est parvenue à se libérer de sa toxicomanie. Elle a découvert que, sous la garde de ses grands-parents, James avait grandi et qu'il était devenu un enfant heureux et équilibré en dépit des longues absences de sa mère. Quelle chance Laurie a eue d'avoir des parents aussi altruistes, prêts à mettre de côté leur vie personnelle pendant plusieurs années pour élever leur petit-fils ! Lorsque Laurie a disparu, Joanne et Ron sont devenus un modèle de stabilité pour James. Grâce à leur décision, ils ont littéralement sauvé leur petit-fils, tout en offrant à leur fille une seconde chance d'être mère.

Depuis, James a obtenu son bac et est devenu un jeune homme épanoui. Il est doué pour de nombreux sports ainsi que pour le piano, il a réussi ses études et sa vie constituera un hommage au dévouement de ses grands-parents. En définitive, élever James s'est révélé bien plus gratifiant que jouer au tennis[29].

Cette situation aurait pu prendre une tournure très différente si Joanne et Ron n'avaient pas décidé d'élever leur petit-fils pendant la seconde moitié de leur vie. Ils l'ignoraient à l'époque mais, après avoir éduqué leurs enfants, ainsi que le préconise la mentalité crescendo, ils avaient encore une énorme contribution à apporter à leur famille. Avec le recul, même si ces années n'ont pas toujours été faciles, ils savent qu'ils étaient censés être là pour James. La satisfaction qu'éprouvaient ces grands-parents en constatant le fruit de leur travail était palpable pour quiconque voyait James accompagner au piano la chorale de ses amis. Il est heureux qu'ils aient réagi alors qu'il était jeune et vulnérable. À présent, c'est à James de se construire un avenir brillant grâce à la seconde chance qui lui a été donnée.

« Dans cent ans [...], je me ficherai bien de ce que j'avais sur mon compte en banque, de la taille de la maison où je vivais, du genre de voiture que je conduisais. Mais [...] le monde aura peut-être changé parce que j'ai compté pour un enfant. »
– Forest WITCRAFT,
formateur professionnel des Boy-Scouts d'Amérique

Je sais que beaucoup de grands-parents consciencieux ont dû assumer le rôle de parents parce que leurs enfants étaient incapables de s'occuper de leur propre progéniture. Dans certains cas, pour des raisons financières, les familles vivent dans un foyer intergénérationnel où les grands-parents jouent le rôle de parents parce que leurs enfants travaillent à plein temps. Je rends hommage à ceux qui ont voulu et pu assumer leur rôle de parent à un âge avancé, surtout lorsque ce parcours a été semé d'embûches.

Les possibilités d'endosser ce rôle se manifestent de différentes manières pour les grands-parents qui se sentent investis. Par exemple, certains vont chercher leurs petits-enfants à l'école, les accompagnent à leurs activités de loisirs, leur préparent le goûter, les aident à faire leurs devoirs ou leur offrent un endroit sûr et chaleureux jusqu'à ce que leurs parents rentrent du travail. D'autres permettent à leurs enfants de souffler un peu en organisant chez eux une « soirée grands-parents », en proposant des jeux ou en tenant simplement compagnie à leurs petits-enfants, ce qui profite à tous. Certains grands-parents aident à régler les factures quand l'argent manque, ce qui est fréquent quand on a une famille à élever. D'autres peuvent contribuer à payer des études supérieures ou à financer une opportunité particulière comme un semestre à l'étranger ou un stage important pour l'avenir d'un de leurs petits-enfants.

Si, d'une manière ou d'une autre, vous aidez vos enfants à élever les leurs, sachez que ces efforts sont inestimables et qu'ils marqueront leur existence plus que vous ne l'imaginez. N'oubliez pas : tout ce que vous donnez, spontanément ou parce qu'on vous le demande, aura un effet positif sur votre propre vie. Vous ne regretterez jamais le temps ou les efforts consacrés aux autres. Peut-être ne vous en rendez-vous pas compte aujourd'hui, mais votre engagement est une inspiration pour les jeunes générations et votre influence positive se manifestera à différentes étapes de leur vie. En prenant les devants et en dispensant vos conseils, vous permettrez à votre descendance de bénéficier de stabilité, d'amour et de détermination et, en définitive, d'un avenir brillant.

Je ne peux m'imaginer qu'une personne dite « à l'automne de sa vie » regrette de ne pas avoir consacré plus de temps libre à dormir, à jouer au golf, aux cartes, au tennis ou même à parcourir le monde, au lieu de jouer un rôle crucial dans l'existence de sa propre famille. Servir son entourage de façon désintéressée est la quintessence de la vie crescendo.

« Le plus grand service que quiconque puisse rendre à la société ou à l'humanité est sans doute d'élever une famille. »
– George Bernard SHAW

Lorsqu'il s'agit de développer le caractère, la force, l'assurance et les talents et compétences personnels ou interpersonnels propres à un enfant, aucune institution ne peut ni ne pourra jamais être à la hauteur de l'influence positive du foyer et de la famille, ni s'y substituer efficacement. Une fois de plus, j'affirme que certaines des expériences les plus significatives de la vie se déroulent au sein du cercle familial. Chaque famille est unique, et la vôtre peut ne pas être traditionnelle ou différer de celle des autres, mais une famille reste une famille, et ce sont généralement vos proches qui vous apportent vos plus grandes joies.

Mon frère John et ses proches ont élaboré ensemble une déclaration de mission familiale pour exprimer leurs valeurs. Elle se résume en ces termes : « Pas de chaise vide », ce qui signifie essentiellement qu'il y a une place pour tous dans leur famille, et que chacun est précieux et important. C'est une belle déclaration qui permet de valoriser un grand-père, une tante, un oncle, un frère ou une sœur attentifs et consciencieux qui, identifiant un besoin dans leur famille, apportent sans hésiter leur aide où ils le peuvent. Je vous conseille d'élaborer votre propre déclaration de mission personnelle ou familiale. Ensuite, rassemblez-vous autour d'elle et œuvrez à sa réalisation. Vous ne connaîtrez pas de plus grand bonheur.

CHAPITRE 10

Détectez votre objectif

« Notre âme n'est pas avide de gloire, de confort,
de richesse ou de pouvoir. Notre âme a soif de sens,
du sentiment d'avoir compris comment vivre
pour que notre existence compte, pour que le monde
change au moins un peu parce que nous l'avons traversé. »
– Harold KUSHNER

Chez Charlie et Dorothy Hale, à Rochester, dans l'État de New York, chaque jour ressemble à Noël tant les livraisons de colis sont fréquentes. Mais ces paquets contiennent en réalité divers instruments de musique plus ou moins délabrés. Il y a quelques années, Dorothy a suivi un cours de réparation d'instruments et, depuis, ce couple de retraités octogénaires est devenu accro à l'achat et à la réparation d'instruments abîmés. Dorothy, ancienne chimiste, et Charlie, ancien médecin, sont passionnés par l'idée de redonner vie à des instruments de musique pour les offrir ensuite à quelqu'un qui s'en servira. Et ils ne lésinent pas : en décembre 2019, ils avaient fait don de près de mille instruments en état de marche au district scolaire de Rochester par l'intermédiaire de la Fondation pour l'éducation de la ville.

« C'est incroyable que deux êtres humains se soucient autant des enfants des autres », a déclaré Alison Schmitt, professeure principale du département des arts de Rochester. Selon elle, ces dons d'instruments ont eu une importance considérable, car les études montrent que l'éducation musicale influe positivement sur les résultats scolaires des élèves. Et l'engagement de ce couple exceptionnel, qui travaille dur au profit d'élèves qu'il ne connaît même pas, montre clairement qu'il existe des gens bienveillants. En restaurant chaque instrument et en pensant à son destinataire, Charlie et Dorothy Hale ont trouvé un objectif qui non seulement apporte de la joie aux autres, mais enrichit également leur vie.

Richard Leider, coach et éminent auteur de *The Power of Purpose**, explique qu'il est vital d'avoir un objectif : « L'objectif est une ambition fondamentale. Il n'est pas un luxe. Il est essentiel pour notre santé, notre bonheur, notre guérison et notre longévité. Chaque être humain veut laisser son empreinte d'une manière ou d'une autre. Notre génération vit plus longtemps que toutes les précédentes. Nous ne prenons pas notre retraite de la même façon que nos parents [...]. Chaque nouveau jour est une occasion de bien vivre. »

Le principe clairvoyant attribué à Pablo Picasso au début de ce livre s'étend, comme nous l'avons vu, aux quatre périodes charnières de la vie crescendo : « Le sens

* Richard Leider, *The Power of Purpose* [Le pouvoir de l'ambition], Berrett-Koehler Publishers, 2015, non traduit.

de la vie est de trouver son don. Le but de la vie est de le partager. » À la lumière de ce paradigme, il est essentiel de découvrir nos dons et nos talents, de les cultiver et de les élargir, puis de les appliquer afin qu'ils profitent aux autres.

Chacun d'entre nous est chargé d'une mission unique et nécessaire en ce monde et, quand elle implique de se mettre au service des autres, elle est encore plus significative. J'ai toujours pensé que nous n'inventons pas nos missions, mais que nous les détectons. De même que nous pouvons écouter notre conscience pour savoir comment agir et qui aider, nous pouvons aussi détecter ou découvrir quelle est notre mission unique dans la vie. C'est en grande partie l'objet de ce livre : vous encourager à rechercher activement votre ambition et votre mission personnelles, quelle que soit l'étape de vie où vous vous situez. Je suis d'accord avec Oprah Winfrey : le plus beau cadeau que vous puissiez faire est d'accomplir votre vocation.

En étant conscients de nous-mêmes, nous devenons capables de découvrir cette mission, même si, dans le processus, nous devons nous réinventer. Viktor Frankl, qui a souffert dans les camps de la mort nazis, enseigne la chose suivante : au lieu de nous demander « Qu'est-ce que j'attends de la vie ? », nous devrions plutôt dire « Qu'est-ce que la vie attend de moi ? ». C'est une question très différente. Une fois que nous y avons réfléchi, nous pouvons établir des objectifs et des plans en conséquence.

« Chacun a dans la vie une vocation ou une mission spécifique consistant à accomplir une tâche concrète. Par conséquent, il ne peut être remplacé, et sa vie ne peut pas être répétée. Ainsi, la tâche de chacun est aussi unique que l'opportunité qui lui est offerte de la réaliser [...]. En définitive, l'homme ne devrait pas demander quel est le sens de sa vie, mais plutôt reconnaître que c'est à lui que la question est posée [...]. On ne peut réagir à la vie qu'en étant responsable. »
– Viktor FRANKL

Ryland Robert Thompson, après avoir étudié Frankl, conclut que selon celui-ci, nous découvrons notre objectif de trois manières :

7. En créant une œuvre ou en effectuant un acte ;
8. En faisant l'expérience d'une situation ou en rencontrant quelqu'un ;
9. En adoptant une attitude positive vis-à-vis des souffrances inévitables.

C'est seulement en découvrant notre mission dans la vie que nous connaîtrons la sérénité issue de la réalisation de notre objectif – les fruits du vrai bonheur.

Il devient alors crucial de faire de notre mission une priorité et de la mener à bien. Oliver Wendell Holmes a dit : « Toute vocation est grande quand elle est grandement réalisée. » C'est à vous de prendre l'initiative de réaliser votre objectif spécifique afin qu'il puisse profiter aux autres.

« Faites votre possible pour montrer que vous vous souciez des autres, et vous rendrez le monde meilleur. »
– Rosalynn CARTER

Quand Jimmy Carter et son épouse Rosalynn ont quitté la Maison-Blanche en 1980, ils n'y ont pas vu la fin de leurs contributions ni même celle de leur œuvre la plus importante. Après avoir été président des États-Unis, atteignant ainsi ce que d'aucuns appelleraient l'apogée de la réussite, la plupart des gens pourraient se réfugier dans un hamac, lire un bon livre et décider d'en rester là. Le plus souvent, les ex-présidents donnent des conférences et font bâtir des bibliothèques à leur nom.

Mais le couple Carter a toujours été impliqué dans les causes humanitaires. Tous deux voulaient continuer à se rendre utiles et à utiliser leur statut et leur influence pour répondre aux besoins urgents qu'ils constataient autour d'eux. Un an seulement après avoir quitté la Maison-Blanche, ils ont créé la Fondation Carter afin de promouvoir les droits de l'homme, de faire progresser la paix et d'atténuer les souffrances dans le monde entier.

La Fondation Carter vient actuellement en aide aux populations de plus de soixante-dix pays en résolvant des conflits, en promouvant la démocratie, les droits de l'homme et les opportunités économiques, en agissant pour la prévention des maladies, en améliorant les soins de santé mentale et en apprenant aux agriculteurs à accroître la production agricole. En outre, Jimmy et Rosalynn Carter sont bénévoles pour Habitat for Humanity (Habitat pour l'humanité), une organisation à but non lucratif qui aide les personnes dans le besoin, aux États-Unis et ailleurs, à rénover et construire des maisons. En 2002, Jimmy Carter s'est vu décerner le prix Nobel de la paix à Oslo « pour ses efforts inlassables dans la recherche de solutions pacifiques aux conflits internationaux, pour sa contribution à la progression de la démocratie et des droits de l'homme et sa promotion du développement économique et social».

En recevant ce prix, Jimmy Carter a prononcé quelques mots qui reflétaient sa mission de vie et constituaient un appel à l'action pour les générations futures:

> Le lien de notre humanité commune est plus fort que la division de nos peurs et de nos préjugés [...]. Dieu nous donne la capacité de choisir. Nous pouvons choisir d'alléger la souffrance. Nous pouvons choisir de travailler ensemble pour la paix. Nous pouvons apporter ces changements – et nous devons le faire.

Perpétuelle «championne des laissés-pour-compte», Rosalynn Carter a continué à se battre pour la prise en charge des problèmes de santé mentale, comme en Géorgie où, en tant que Première dame, elle a œuvré à la refonte du système de santé mentale de l'État. En plus de travailler, aux côtés de l'ancien président, pour les droits de l'homme et la résolution des conflits, Rosalynn a plaidé en faveur de la vaccination des jeunes enfants, s'est penchée sur les besoins des soldats américains en retour de mission et a écrit de nombreux livres sur la santé mentale, ainsi qu'une autobiographie. Elle a eu l'honneur rare d'être intronisée au National Women's Hall of Fame et a également reçu, avec son mari, la médaille présidentielle de la liberté pour leur engagement humanitaire, notamment à travers leur dévouement indéfectible à Habitat pour l'humanité.

Rosalynn et Jimmy Carter ont offert leur temps et leurs compétences à Habitat pour l'humanité pendant trente-cinq ans, devenant ainsi le véritable visage de cette organisation. Avec plus de cent mille autres bénévoles, ils ont personnellement aidé à construire, rénover et réparer 4 390 maisons dans quatorze pays différents, travaillant même alors que Jimmy Carter était traité pour une forme rare de cancer. Nonagénaires et toujours actifs, les Carter ont annoncé en octobre 2019 qu'Habitat pour l'humanité allait s'implanter en République dominicaine, où ils ont aidé à construire et réparer des maisons au cours de l'année 2020.

Dans un livre inspirant qui fait écho à leur mentalité crescendo, intitulé *Everything to Gain : Making the Most of the Rest of Your Life**, les Carter évoquent l'importance d'identifier les besoins autour d'eux, de s'impliquer dans des projets marquants et de trouver de la joie dans la solidarité. L'ancien président a écrit un nombre étonnant d'ouvrages – plus de quarante – dont trente-neuf après son mandat à la tête des États-Unis. En 1998, il a publié *The Virtues of Aging*. Quand on lui demande avec désinvolture « Qu'y a-t-il de bien à vieillir ? », il répond avec humour : « Eh bien, c'est mieux que ne *pas* vieillir ! »

Pour beaucoup, Jimmy Carter aura marqué le monde non pas parce qu'il a été président des États-Unis, mais parce qu'il a accompli un important travail humanitaire et social après avoir quitté la Maison-Blanche, et qu'il a été l'ancien président le plus productif de l'histoire de la nation.

Le président Carter parle en ces termes de cette occasion unique de se retirer d'une profession, mais pas de la vie :

> On tire une grande satisfaction à « compter » pour quelqu'un qui a besoin d'aide. Nous pouvons tous faire

* Jimmy et Rosalynn Carter, *Everything to Gain : Making the Most of the Rest of Your Life* [Tout à gagner : profiter au mieux du reste de la vie], University of Arkansas Press, 1995, non traduit.

quelque chose, même les jeunes les plus occupés ; mais nous, dans la « seconde moitié » de notre vie, avons souvent plus de temps pour nous impliquer. Et comme l'espérance de vie s'allonge et que les chances d'être en bonne santé s'accroissent, il existe une nouvelle étape, après la vie professionnelle, où nous pouvons nous consacrer davantage au bénévolat. Les talents, la sagesse et l'énergie de nos retraités sont très utiles à nos communautés [...]. Et les retraités qui sont actifs et impliqués trouvent une nouvelle estime de soi, une source d'enrichissement quotidien [...], et le processus de vieillissement est ralenti.

Aider les autres peut être étonnamment facile, car il y a tant à faire ! La partie la plus complexe est de choisir ce qu'on veut faire et de se lancer, de faire le premier pas pour accomplir quelque chose de différent. Une fois l'initiative prise, nous nous apercevons souvent que nous sommes capables de faire bien davantage que nous ne l'imaginions [...]. S'engager pour promouvoir le bien-être d'autrui a énormément compté dans nos vies ces dernières années. Partout, il y a besoin de bénévoles désireux d'aider les affamés, les sans-abri, les aveugles, les infirmes, les toxicomanes ou les alcooliques, les malades mentaux, les personnes âgées, les détenus, ou simplement les sans-ami et les solitaires. Il reste manifestement beaucoup à faire et, quoi qu'il arrive, il est grand temps de s'y mettre.

Même si vous avez déjà connu l'apogée du succès dans un domaine de votre vie et que vous vous trouvez maintenant dans la seconde et passionnante moitié de votre existence, l'occasion est venue de recommencer et de créer quelque chose de nouveau. Même si vous n'êtes pas un ancien président ou une ancienne Première dame, vous avez beaucoup à offrir, il suffit de « s'y mettre », comme le dit Jimmy Carter.

> La fatigue issue de toute activité physique utile est galvanisante pour l'esprit. Nous en avons fait l'expérience en travaillant avec Habitat pour l'humanité. De toutes les œuvres que nous avons entreprises depuis notre départ de la Maison-Blanche, c'est certainement l'une des plus inspirantes. Aider à construire une maison pour des individus qui n'ont jamais vécu dans un endroit décent et pensaient ne jamais posséder leur propre domicile apporte une grande joie et beaucoup d'émotions.

À ce stade de la vie, vous avez vraiment la possibilité de laisser une empreinte utile, sans doute davantage que jamais auparavant. Mais que faire si vous n'avez pas encore abordé cet âge et cette étape ? Au lieu d'attendre de les avoir atteints pour décider de la marche à suivre, il est essentiel que vous anticipiez ce moment. Vous serez beaucoup plus efficace durant la seconde moitié de votre vie si vous prenez les devants et commencez à vivre crescendo dès la première moitié de votre existence.

« La vieillesse devrait se préparer dès l'adolescence. Une vie dénuée de sens jusqu'à soixante-cinq ans ne va pas se remplir d'un coup. »
– Dwight L. MOODY

Quel que soit votre âge, préparez et planifiez la seconde moitié de votre vie. Vous serez plus productif, et la transition sera plus facile et plus naturelle. Une enquête a révélé que deux tiers des baby-boomers retraités déclarent avoir des difficultés à s'adapter. Entre autres ajustements, ils cherchent des moyens de donner un sens et un but à leurs journées. Que se passe-t-il si un objectif ou une mission n'apparaît pas aussitôt ? Dans ce cas, comment allez-vous trouver un sens à la vie ?

Dans *Shifting Gears to Your Life and Work After Retirement**, Marie Langworthy recommande de se poser les questions suivantes :

- Quel est mon tempérament ?
- Quelles sont mes compétences ?
- Quelles sont mes valeurs ?
- Quels sont mes centres d'intérêt ?
- Si je pouvais faire quelque chose pour changer le monde, qu'est-ce que ce serait ?

Pour vous aider à vous concentrer sur votre mission et votre objectif, examinons certaines excuses, certains mythes et certaines grandes vérités liés au concept de la vie crescendo.

Excuses et mythes dans la seconde partie de la vie

- Je suis trop fatigué et dépassé pour agir efficacement.
- Je n'ai aucune compétence ou aucun talent à offrir.
- J'ai déjà beaucoup accompli dans ma vie – « J'ai tout vu, tout fait ».

* Marie Langworthy et Carolee Duckworth, *Shifting Gears to Your Life and Work After Retirement* [Changer de vitesse dans votre vie et votre travail après la retraite], New Cabady Press, 2013, non traduit.

- Je redoute le temps et les efforts que cela me demandera et je ne veux pas me retrouver coincé.
- Je ne pense pas être vraiment en mesure d'aider efficacement les autres parce que je ne suis pas particulièrement doué ni unique.
- Je me demande pourquoi je devrais m'engager sur cette voie si moi ou ma famille ne sommes pas concernés.
- Je ne sais pas quoi faire, pas comment aider, ni par où commencer – tout cela me paraît hors de ma zone de confort.
- M'impliquer dans ma communauté semble accablant – les besoins sont tellement nombreux !
- J'hésite trop, ou j'ai trop peur de me lancer dans une activité dont j'ignore tout.
- Ce n'est pas mon problème ni ma responsabilité.
- Je veux me reposer et me détendre en attendant la fin de ma vie – je ne veux pas ajouter de stress à mon existence.
- J'ai travaillé dur toute ma vie – je veux simplement profiter de ma « retraite » en toute quiétude.

Les vérités de la mentalité crescendo dans la seconde partie de la vie

- De grandes aventures et des opportunités passionnantes vous attendent !
- Vous n'avez pas besoin de compétences ou de connaissances spécifiques – ce que vous possédez suffit.
- Votre engagement au service des autres vous permettra de rester plus jeune et plus dynamique, et de vivre plus longtemps.

- Vos aptitudes et vos compétences s'accroîtront du moment que vous participez à des projets utiles.
- Vous donnerez un sens à votre vie, ce qui vous apportera bonheur et épanouissement.
- Vous tirerez davantage de plaisir de vos bienfaits en vous tournant vers l'extérieur et en servant les autres.
- Vous disposez de plus de temps que jamais auparavant.
- Vous avez derrière vous toute une vie de compétences, de talents, de connaissances et de capacités à offrir, bien plus que vous ne le pensez.
- Vous êtes riche des expériences acquises auprès des individus, des professions et des systèmes.
- Vous disposez de nombreux amis, de collègues et de ressources à mettre en réseau et à mobiliser.
- Vous jouissez de décennies de sagesse glanée au fil des ans dans de nombreux domaines de la vie.
- Vous pourriez être un mentor précieux pour les personnes en quête d'un modèle à suivre.
- Vous avez une occasion en or de rendre service aux autres, d'agir pour le bien de votre famille, de vos amis, de votre quartier, de votre communauté voire du monde entier !
- Vous pouvez faire une différence incroyable dans la vie de nombreuses personnes, y compris vos proches, si vous décidez de vivre crescendo.
- Votre travail et vos contributions les plus importantes sont encore à venir – quoi qu'il soit arrivé dans le passé – si vous en avez le désir et la volonté.

N'attendez pas. Le temps passera de toute façon, alors pourquoi ne pas le consacrer à des activités louables et à des causes qui vous passionnent ou qui finiront par vous passionner ? Comme nous l'avons montré à travers de multiples exemples, vous possédez déjà, grâce à votre expérience et à votre expertise, les qualités requises pour faire le bien autour de vous. Il n'est pas nécessaire d'être extraordinaire pour faire des choses extraordinaires, comme l'a découvert le Dr Salerno.

Bien que retraitée, le Dr Judith Salerno est la présidente de l'Académie de médecine de New York. Lorsque la pandémie de Covid-19 a frappé, Andrew Cuomo, alors gouverneur de l'État de New York, a lancé un appel aux infirmières et médecins à la retraite pour qu'ils viennent effectuer des gardes dans les hôpitaux surchargés. Alors qu'elle aurait pu se mettre en isolement en raison de son âge, le Dr Salerno n'a pas hésité à monter au créneau. « Lorsque le premier appel a été lancé, je me suis inscrite immédiatement », a-t-elle déclaré.

> Je ne fais pas partie de la bonne catégorie démographique parce que j'ai plus de soixante ans, mais je possède des compétences qui sont nécessaires, importantes et qui viendront très bientôt à manquer [...]. Quand je vois ce qui attend la ville de New York, où je vis, je me dis que, si je peux utiliser efficacement mes compétences, je répondrai présente.

En tant que médecin cadre, Judith Salerno est l'une des expertes les plus éminentes du pays dans le domaine des soins, et elle fait maintenant partie des quatre-vingt mille professionnels de santé qui ont offert leurs services pendant la pandémie. « Mes compétences pratiques sont un peu “rouillées” mais je dispose encore d'un bon jugement clinique, affirme-t-elle. J'ai pensé que, dans cette situation, je pouvais réhabiliter et affiner ces compétences. Même s'il ne s'agissait que de prendre en charge des patients classiques et de travailler en équipe, je pouvais me rendre très utile. »

Alors, que décidez-vous ? Comptez-vous prendre votre retraite ou aller de l'avant ? Vivre crescendo ou diminuendo ? Si vous vous *renouvelez*, vous pouvez renier les vieux stéréotypes et tirer parti des avantages de cette merveilleuse période de votre vie où vous disposez de tant d'options. Organisez-vous afin de rendre cette étape productive, qu'elle soit une période de contribution, d'enthousiasme, de changement et de transition, mais aussi de plaisir. Vous avez déjà vécu beaucoup de choses au cours de votre existence, mais continuez à manifester de la curiosité et voyez ce que vous pouvez encore accomplir.

Je me suis toujours senti obligé de contribuer au lieu de me retirer pour me reposer. Je crois que l'héritage le plus important que je puisse laisser, c'est d'être l'exemple d'une personne qui s'efforce de changer positivement le monde.

Soyez persuadé que vous pouvez, vous aussi, faire le bien autour de vous, et mettez-vous au défi d'agir. C'est vous qui tenez les rênes, c'est à vous de faire en sorte que ça marche ! Quel souvenir gardera-t-on de vous ? Quel héritage laisserez-vous ? Adoptez dès maintenant la mentalité crescendo. Travaillez consciemment à faire de cet âge de votre vie une période de contribution, et passez du succès à l'efficacité. Ainsi, la seconde moitié de votre existence se révélera agréable et gratifiante.

CINQUIÈME PARTIE

CONCLUSION

Épopée familiale en crescendo

Cynthia COVEY HALLER

« Plus j'approche de la fin et plus j'écoute autour de moi les immortelles symphonies des mondes qui m'appellent ! C'est merveilleux et c'est simple. Il y a tout un demi-siècle que j'écris ma pensée en prose et en vers : histoire, philosophie, drame, roman, légende, satire, ode, chanson ; j'ai tout tenté mais je sens que je n'ai pas dit la millième partie de ce qui est en moi. Quand je me coucherai dans la tombe, je ne dirai pas comme tant d'autres : J'ai fini ma journée. Non, car ma journée recommencera le lendemain matin. »

– Victor HUGO

Dernier hommage à mes parents

La mentalité crescendo constituait vraiment la dernière grande idée de mon père, sa « dernière conférence », pour ainsi dire, et elle l'enthousiasmait. En tant qu'aînée des neuf enfants de Stephen et Sandra Covey, j'ai eu le privilège de mener à bien cet ouvrage – un livre que mon père et moi avions entamé il y a des années.

Il croyait que vivre crescendo était un concept puissant qui pouvait changer et enrichir la vie de ceux qui l'adoptaient. Il était persuadé que « l'essentiel est toujours à venir », quelle que soit l'étape de la vie dans laquelle on se trouve, et il s'efforçait d'appliquer personnellement ce principe.

En tant que famille, nous avons décidé de partager, au sujet de notre père, certains éléments inconnus du grand public, afin de donner espoir et courage à ceux qui sont confrontés à de grandes difficultés. Bien qu'il s'agisse d'un sujet très intime, nous savons que bien des personnes traversent des épreuves similaires, voire plus dramatiques, et nous offrons donc l'histoire de notre famille dans un esprit d'amour et d'empathie.

En 2007, ma mère a été opérée : on lui a implanté des tiges en titane tout le long de la colonne vertébrale. Celles-ci ont permis de stabiliser son dos, mais elle a développé une infection grave qui a provoqué des lésions nerveuses dans ses jambes et ses pieds. Elle a été hospitalisée pendant quatre mois, a dû subir de nombreuses interventions chirurgicales, et sa vie a été en danger à plusieurs reprises. Pendant cette période, nous ne savions pas si elle pourrait un jour quitter l'hôpital et retrouver une vie normale, ni même si elle se rétablirait.

À la grande déception de toute la famille, les lésions nerveuses ont attaqué sa moelle épinière, l'obligeant à rester presque en permanence en fauteuil roulant. Pour notre mère, qui n'avait jamais eu de problèmes de dos auparavant et qui « n'avait jamais été malade de sa vie » (comme elle nous le rappelait souvent), c'était l'horreur ! Autrefois très active, elle est devenue une personne méconnaissable. Elle était absolument incapable de marcher et avait besoin de soins à plein temps. La vie de notre merveilleuse mère et grand-mère a changé du jour au lendemain tant elle était accablée de problèmes de santé. En très peu de temps, elle est passée de l'autonomie à la dépendance absolue. C'était une période extrêmement traumatisante pour nous tous. Nous nous sommes raccrochés à notre foi et appuyés les uns sur les autres, et nous n'avons cessé de prier pour que les choses s'améliorent.

Avant ces opérations, chaque jour, mon père et ma mère avaient coutume de faire le tour du quartier sur leur moto et de « discuter », comme ils disaient. C'était leur moment préféré de la journée et cela permettait d'entretenir et de renouveler leur relation. Plus tard, quand nous sommes devenus adultes et parents, nous aimions les voir rouler et parler ensemble, et nous admirions la proximité qu'ils entretenaient.

Nos parents formaient un couple extraordinaire et, bien qu'ils ne partagent pas toujours les mêmes opinions, ils s'équilibraient mutuellement sur les sujets les plus importants. Ils avaient élevé ensemble neuf enfants, occupé de nombreuses fonctions essentielles dans leur paroisse et dans leur communauté, et ils avaient tous deux de multiples accomplissements à leur actif. Notre père voyageait souvent dans le cadre de ses activités de consultant, d'écrivain et de conférencier et, une fois les enfants élevés, notre mère l'accompagnait fréquemment, lui offrant des conseils judicieux et prenant parfois la parole dans ses exposés. Elle chantait souvent, aussi, car cela faisait partie de ses merveilleux talents. Leur couple a été pour nous un parfait exemple d'amour et d'engagement.

Pendant les différentes opérations et hospitalisations de maman, nous nous sommes tournés vers notre père pour qu'il nous guide et nous réconforte. Mais, à peu près à la même époque, nous avons remarqué qu'il n'était plus tout à fait lui-même. Lorsqu'il rencontrait les médecins de maman, il faisait preuve de peu d'initiative et, la plupart du temps, lorsqu'il arrivait à l'hôpital, il s'endormait aussitôt au lieu de nous aider à prendre les décisions médicales les plus délicates. Pire encore, notre père, qui s'était toujours montré très empathique et attentionné envers sa famille, a commencé à paraître distant voire apathique.

De toute évidence, pensions-nous, il avait du mal à faire face à l'état de notre mère. Nous avons mis cela sur le compte de son aversion pour les hôpitaux, car, lorsqu'il était jeune, il a subi une opération traumatisante des hanches qui l'a contraint à marcher avec des béquilles pendant trois ans. Depuis lors, il était très mal à l'aise quand il se retrouvait en milieu hospitalier.

Après quatre mois interminables et douloureux, notre famille a été ravie lorsque maman a enfin pu rentrer à la maison, bien qu'elle soit confinée dans un fauteuil roulant et totalement dépendante des autres. Notre père, qui l'avait toujours adorée et traitée comme une reine, lui a montré son amour en s'occupant d'elle à plein temps afin de lui simplifier la vie. Il a acheté une camionnette pour pouvoir y placer son fauteuil roulant, a adapté leur maison pour qu'elle puisse s'y déplacer facilement et a tenté de rendre son existence aussi douce que possible. Il espérait qu'elle remarcherait bientôt et qu'ils pourraient reprendre ensemble une vie normale.

Bien que nous ayons tous souffert des problèmes de santé de notre mère, c'est papa qui semblait le plus affecté, et il continuait à se retirer dans sa coquille. C'était une personne pudique, mais les infirmières étaient souvent présentes, car elles devaient aider maman à se laver et à s'habiller. Papa est devenu de plus en plus distant et agité ; il semblait se désintéresser de la vie.

Lorsqu'il est devenu clair qu'il avait un problème, il a passé des examens et on lui a diagnostiqué une démence fronto-temporale. Nous étions stupéfaits que lui, qui avait toujours été si actif mentalement et physiquement, puisse souffrir de cette affreuse maladie. Il a refusé catégoriquement ce diagnostic, se moquant de l'analyse du médecin. Mais il était évident qu'il était bel et bien atteint de cette pathologie. Nous avons alors assisté à un changement de personnalité spectaculaire. Il est devenu socialement inadapté, a commencé à manquer de jugement et à manifester une perte d'inhibition, à répéter des histoires qu'il venait tout juste de raconter, à dire et à faire des choses qui ne lui ressemblaient pas du tout.

Nous avons alors dû insister pour qu'il cesse de voyager, de donner des conférences et d'écrire, et pour qu'il mette un terme à sa carrière professionnelle, contre son gré. C'était un moment très triste et difficile pour nous tous, la fin d'une longue ère de contributions incroyables.

Nous avons fini par comprendre qu'il luttait déjà depuis un certain temps contre les premiers symptômes de cette maladie. Ils étaient dévastateurs : impuissants, nous avons vu notre père, cette « force de la nature », le patriarche de la famille, décliner sous nos yeux. Lui qui était doté d'une personnalité divertissante, unique et extravertie, est devenu un homme que nous avions du mal à reconnaître. Parfois, nous lisions dans ses yeux une peur authentique, car il était conscient d'être en proie à un mal qu'il était incapable de contrôler. Mais nous avons aussi ressenti un immense amour pour lui et, pendant cette période difficile, nous avons tenu à le soutenir et à prendre soin de lui.

Nous étions tous attristés et accablés : notre mère se déplaçait en fauteuil roulant et devait affronter de sérieux problèmes de santé et, dans le même temps, notre père était atteint de démence et son état se détériorait rapidement. Nous avions l'impression d'être orphelins. C'était une période très pénible pour la famille Covey.

Alors nous avons fait de notre mieux, tous ensemble. Nous nous sommes soutenus mutuellement, en nous relayant auprès de nos parents, en essayant de les soulager et en leur rendant tout l'amour et les soins que nous avions reçus d'eux notre vie durant. Tout le monde s'est impliqué : frères et sœurs, conjoints, petits-enfants, oncles et tantes, membres de la famille élargie et amis de toujours.

Ce faisant, nous avons également fait l'expérience de plaisirs que nous n'avions jamais connus en des temps plus faciles. Nous sommes tous devenus plus proches que jamais, partageant notre chagrin et comptant sur le soutien de l'autre. Nos relations se sont enrichies, nous nous sommes pardonné de bon cœur de petites vexations qui semblaient désormais futiles, et nous sommes devenus moins critiques les uns vis-à-vis des autres. Nous avons ressenti une véritable joie à nous mettre au service de nos parents. Nous étions plus tendres avec nos propres enfants et reconnaissants d'avoir la foi : c'était notre ancre, elle nous donnait la force et le courage de continuer. Nous savourions les bons jours et les moments où nous rendions nos parents heureux, et nous aimions nous remémorer nos plus beaux souvenirs.

Et au lieu de passer notre temps à pleurer, comme c'était le cas au début, nous nous sommes inspirés de la personnalité optimiste de nos parents et avons recommencé à rire ! Nous aimions chanter une chanson de l'une de nos comédies musicales préférées, *Joseph and the Amazing Technicolor Dreamcoat*, qui décrivait bien ce que nous ressentions : « Ces jours de Canaan que nous avons vécus, où sont-ils partis, où sont-ils allés ! »

Pour nous, « ces jours de Canaan » représentaient notre vie avant l'opération de maman, avant la démence de papa, avant tous les changements radicaux subis par nos parents – nous éprouvions une véritable reconnaissance pour nos merveilleux souvenirs de ces jours meilleurs.

Dans notre famille, nous avons toujours aimé le cinéma, et nous nous sommes aussi souvenus d'une réplique de l'un de nos vieux films favoris, *Trois Amigos**, qui s'appliquait parfaitement à notre situation. Afin d'encourager ses amis à aller de l'avant dans les moments difficiles, Lucky Day (Steve Martin) déclare : « D'une certaine manière, nous avons tous un El Guapo à affronter [El Guapo était le méchant.] Pour nous, El Guapo est un grand type dangereux qui veut nous tuer ! » Nous avons pris conscience que cette épreuve était notre El Guapo personnel, et cette référence pour « rire » nous a souvent sauvés durant cette sombre période.

Non seulement nous sommes devenus plus proches, mais nous nous sommes découvert des trésors de charité et de compréhension envers les difficultés et les peines des

* *Trois Amigos ! (¡Three Amigos!)*, film américain de John Landis, 1986.

autres. Nous étions bien placés pour savoir ce qu'étaient la souffrance et le chagrin, ce qu'on pouvait ressentir à regarder, impuissants, nos parents se débattre et décliner. Nous étions davantage conscients de ce que les autres enduraient, et nous éprouvions donc plus d'empathie. Pour nous en sortir, nous avons mis en pratique l'un des adages préférés de papa : « Sois fort dans les moments difficiles. » Et nous avons peu à peu compris combien il avait lutté contre cette maladie et fait de son mieux pour vivre crescendo jusqu'à ce qu'il en devienne incapable.

Nous nous sommes très vite aperçus que d'innombrables personnes aimaient vraiment nos parents pour les contributions qu'ils avaient apportées tout au long de leur vie. Des amis de longue date et des membres éloignés de la famille venaient régulièrement rendre visite à notre père ou l'emmener déjeuner. Ils ont également offert beaucoup d'amour et de soutien à notre mère, qui avait souvent besoin d'un ami ou d'une oreille attentive, d'une épaule pour pleurer, d'encouragements pour faire face. Le frère de notre père, John, qui avait toujours été son meilleur ami, était notre bouée de sauvetage. Il venait régulièrement voir papa et nous soutenait – comme le père que nous n'avions plus. Sa femme, Jane, nous rendait aussi régulièrement visite et se comportait en véritable amie pour notre mère, ce dont celle-ci avait vraiment besoin et qu'elle appréciait énormément. Nous avons pris conscience de la chance que nous avions de ne pas être seuls dans cette situation : nous avions des amis et de la famille qui se souciaient de nous, et nous savions que Dieu continuait de veiller sur nous.

Avec le temps, maman s'est adaptée à sa nouvelle vie de manière remarquablement habile et courageuse, et elle s'est à nouveau impliquée dans nos vies. Sa santé s'est améliorée peu à peu et, bientôt, elle est redevenue intenable ! Elle a organisé de nombreux rassemblements familiaux, a recommencé à voir ses amis et à replonger dans ses activités, et elle a profité d'une vie aussi heureuse et riche que possible, malgré son fauteuil roulant. À l'instar des nombreuses personnalités inspirantes présentées dans ce livre, elle ne s'est pas laissé abattre par les drames et les revers, mais les a affrontés avec foi et courage et a continué à se réjouir de l'avenir.

Mais le plus clair de son temps, elle l'a passé à essayer de rendre la vie merveilleuse à notre père dont les capacités mentales et physiques diminuaient de plus en plus. Bientôt, il est devenu très dépendant d'elle et des autres pour tous les gestes du quotidien. Chaque jour, maman planifiait des activités amusantes à faire ensemble, une sortie ou un loisir, des moments avec de vieux amis et des membres de notre famille, remplissant ainsi ses journées d'occupations qu'il appréciait. Maman lui racontait leurs merveilleux souvenirs en famille, lui décrivait les lieux où ils avaient voyagé et les moments qu'ils avaient passés ensemble. Papa parlait de moins en moins mais écoutait attentivement ce qu'elle disait, et il voulait être avec elle tout le temps. Ma mère a fait son possible pour qu'il soit en sécurité et qu'on s'occupe de lui, même si c'était la période la plus triste et la plus solitaire de sa vie.

En avril 2012, papa se promenait sur son vélo électrique près de leur maison, une de ses rares activités favorites qu'il était encore capable de pratiquer. Bien qu'accompagné d'un aide-soignant, il a perdu le contrôle de sa bicyclette en descendant la colline, a heurté la bordure du trottoir et est tombé de son vélo, atterrissant sur la tête. Malgré le casque qu'il portait, il a été victime d'une hémorragie interne. Il est resté un certain temps à l'hôpital, et nous nous sommes demandé si nous allions le perdre. Cependant, au bout de quelques semaines, il a semblé se rétablir un peu et a pu rentrer chez lui. Bien que très diminué, il était toujours parmi nous.

Cet été-là, nous nous sommes rendus dans notre chalet familial dans le Montana et avons profité de ce que nous ignorions encore être nos derniers jours avec papa. Le 4 juillet, nous avons fait un fantastique barbecue, parlant et chantant ensemble autour du feu, faisant griller des marshmallows, profitant des cousins de tous âges qui riaient et jouaient ensemble, inventant des danses extravagantes, entonnant des chants patriotiques et tirant des feux d'artifice pour couronner cette nuit parfaite. Notre père semblait réagir et s'amuser comme ce n'était pas arrivé depuis longtemps. Des années auparavant, c'est ce genre de festivités qu'il avait en tête lorsqu'il a construit le chalet, fort justement baptisé «*Legacy*». Il avait soigneusement organisé chaque partie du terrain pour que nous puissions tous en profiter ensemble dans le magnifique «*Big Sky Country*»*, notre endroit préféré entre tous. Ce magnifique chalet et cette propriété constituent réellement son héritage, et nous repensons à cette nuit magique avec beaucoup de tendresse, car, quelques semaines plus tard, notre père n'était plus là.

Le 15 juillet, son hémorragie intracrânienne a repris de façon inattendue et il a été transporté en ambulance à l'hôpital. Après avoir appris cette terrible nouvelle, mes huit frères et sœurs et moi-même avons fait

* «Pays du grand ciel», surnom donné à l'État du Montana.

la route depuis notre lieu de résidence respectif pour être aux côtés de notre père. Par miracle, nous sommes tous arrivés à temps pour lui dire au revoir et avons vécu une véritable expérience spirituelle lorsque notre père est parti paisiblement, au matin du lundi 16 juillet, entouré de sa femme et de sa famille, comme il l'aurait voulu. Nous avons éprouvé un immense sentiment d'amour au moment de son décès et nous avons ressenti une paix profonde que nous chérirons à jamais. Il est mort quelques mois avant son quatre-vingtième anniversaire, bien plus tôt que ce que nous avions imaginé. En tant que famille, nous croyons fermement que nous le retrouverons un jour.

Notre merveilleux père nous a beaucoup manqué dans les semaines qui ont suivi mais, en raison des souffrances physiques et mentales que la maladie lui faisait subir, nous étions soulagés qu'il soit enfin libéré – les derniers temps, il était à peine capable de parler. Nous avons trouvé ironique que son plus grand don, celui de parler et d'inspirer les autres par des paroles et des idées, ait fini par lui être retiré. Il avait bouclé la boucle.

« Ne pleurez pas parce que c'est fini,
souriez parce que c'est arrivé. »
– Anonyme

Dans ce livre, nous vous avons mis au défi de vivre crescendo, et nous espérons vous avoir donné envie de suivre cette recommandation. Mais nous n'avons pas évoqué la possibilité que des problèmes de santé mentale ou physique, ou d'autres circonstances indépendantes de votre volonté, vous empêchent de mener cette vie aussi longtemps que vous le souhaiteriez. En réalité, faites seulement votre possible.

Notre père a donné l'exemple en essayant de vivre crescendo jusqu'à ce qu'il en devienne incapable. Avant qu'il ne commence à manifester des signes de démence, papa travaillait simultanément sur plusieurs projets d'écriture, dont l'ouvrage présent, et il était engagé dans de nombreuses autres entreprises qui le passionnaient. Il était pleinement impliqué en tant que père et grand-père et avait prévu de multiples activités et voyages pour rassembler et renforcer notre famille. Lors des réunions familiales ou des appels téléphoniques que chacun de nous recevait régulièrement de sa part, il partageait ses expériences, ses apprentissages et les nouvelles idées sur lesquelles il écrivait et qu'il enseignait. Oui, il était engagé et enthousiaste, et croyait profondément que ses œuvres les plus importantes restaient à venir, jusqu'aux premiers symptômes de son déclin mental.

Peu de temps avant l'achèvement de ce livre, notre mère, Sandra Merrill Covey, est décédée de façon inattendue mais paisible – encore un autre exemple frappant de la vie crescendo. Bien qu'elle ait été en fauteuil roulant pendant les douze dernières années de sa vie, elle a illustré cette mentalité jour après jour et a pleinement profité de la vie en tant que doyenne de la famille Covey. Elle nous a tous émerveillés et inspirés jusqu'à la fin.

Lors de ses funérailles, chacun de ses neuf enfants a rendu un bref hommage aux admirables traits de caractère dont elle a fait preuve tout au long de sa vie. J'ai raconté l'une de mes anecdotes favorites pour illustrer sa personnalité fougueuse et son attitude proactive (« *Carpe diem* ») pour mener une vie de service. Il y a des années, alors qu'elle était en France, après une longue journée d'excursions touristiques, maman avait terriblement besoin d'aller aux toilettes. Lorsqu'elle est entrée dans un restaurant, la propriétaire lui a fait signe de s'en aller, pointant du doigt le panneau qui indiquait « fermé ». Mais ma mère a insisté.

« S'il vous plaît, j'ai vraiment besoin d'aller aux toilettes », a-t-elle dit à la femme.

Mais celle-ci n'en démordait pas : « Madame, *c'est fini* ! »

Ce à quoi ma mère a réagi en bousculant la propriétaire, criant par-dessus son épaule : « Ce n'est *pas fini* ! » avant de se précipiter dans l'escalier.

Furieuse, la femme a éteint toutes les lumières et, plongée dans l'obscurité, ma mère a dû tâtonner pour trouver les toilettes dans ce sous-sol inconnu avant de remonter l'escalier dans le noir. Quand elle a fini par retrouver son chemin au rez-de-chaussée, elle a soutenu le regard plein de colère de la propriétaire, levé les bras en signe de victoire et hurlé « *Vive la France !* »* avant de prendre la poudre d'escampette.

Sa déclaration, « Ce n'est *pas fini* ! », est révélatrice de la façon dont elle a vécu sa vie. Crescendo ! Après ses opérations et sa convalescence, elle n'avait *pas fini* de vivre et, malgré les obstacles, elle s'est battue pour retrouver une existence normale et reprendre ses nombreuses activités malgré des problèmes de santé persistants. Elle ne regardait pas en arrière et ne s'apitoyait pas sur son sort quand elle était confinée dans son fauteuil roulant, mais se projetait toujours vers l'avenir, vers ce qui l'attendait

* En français dans le texte.

– la prochaine réunion de famille, le prochain grand événement, la prochaine étape de sa vie –, enthousiaste et volontaire.

En dépit de ce fauteuil roulant, notre mère n'avait *pas fini* de participer à des cercles sociaux, de mener les débats de son club de lecture, de s'impliquer dans des associations religieuses et caritatives, de siéger au conseil de l'université locale, d'encourager son équipe lors des matchs de football et de basket, de soutenir ses petits-enfants dans leurs activités et de profiter de sorties avec ses nombreux amis. Elle célébrait chaque fête en grande pompe et entourée d'autant de personnes que possible.

Le jour de la Saint-Patrick, elle distribuait des biscuits en forme de trèfle à ses voisins, et elle riait aux éclats lorsqu'elle faisait des farces à son entourage le 1er avril. Elle s'efforçait d'élargir son cercle social, invitant souvent des voisins et leur famille pour une soirée devant la cheminée. Elle adorait parler politique et, pendant les élections, elle invitait des amis de tous bords à participer chez elle à des discussions ouvertes sur les sujets d'actualité, leur collant naïvement l'étiquette de conservateurs ou de libéraux et leur demandant de partager leur point de vue dans un contexte amical.

Trois semaines seulement avant son décès, elle a demandé à sa fille Colleen d'acheter et d'emballer soixante cadeaux pour Noël. Elle a pris la camionnette pour aller demander à Joshua, son plus jeune fils, et à ses enfants de livrer personnellement chaque cadeau à la porte de soixante de ses plus proches amis et voisins. Elle a donné l'exemple d'une mentalité crescendo à chaque saison de l'année.

Malgré les problèmes de santé dont elle avait souffert quelques années auparavant, elle n'a pas cessé de s'impliquer dans la vie de sa communauté et a réalisé le rêve de sa vie : créer un centre artistique dans sa ville à Provo, sa ville natale, dans l'Utah. Elle a travaillé plusieurs années en tant que présidente d'un comité destiné à ce projet, s'escrimant à obtenir l'adhésion des fonctionnaires et des citoyens de la ville, à trouver un bâtiment à rénover, et à collecter des fonds pour mener son objectif à bien. Aujourd'hui, le Covey Center for the Arts (nommé en son honneur) est utilisé plus de trois cents jours par an. Il accueille des opéras, des ballets, des pièces de théâtre, des spectacles et divers événements culturels et de divertissement.

Mais surtout, notre mère n'avait pas peur d'être la doyenne d'une famille de plus en plus nombreuse. Elle a été hospitalisée à plusieurs reprises alors que son corps était littéralement en train de capituler et a connu ce que nous considérions comme des « miracles » prolongeant sa vie, encore et encore.

Elle ne manquait jamais une occasion de réunir sa descendance pour fêter des occasions spéciales tout au long de l'année. Elle participait à la célébration des naissances, des baptêmes, des remises de diplômes, des mariages, des anniversaires, des vacances, des matchs et des spectacles de ses petits-enfants. Jusqu'au bout, elle a envoyé des cartes d'anniversaire à chaque membre de la famille – et avec neuf enfants et leurs conjoints, cinquante petits-enfants et quarante-trois arrière-petits-enfants, c'était pratiquement un travail à temps plein ! Chacun se sentait aimé et lui rendait régulièrement visite. Elle entretenait une relation particulière avec ses petits-enfants et arrière-petits-enfants, qui l'appelaient affectueusement « Mère Mère ! ». Pour reprendre la description de notre père, elle était tout simplement « magnifique » !

Lors de ses obsèques, tous ses petits-enfants et arrière-petits-enfants se sont levés et lui ont rendu hommage en chantant « Fill the World With Love », comme elle l'avait demandé, une chanson dont les paroles illustraient son objectif de vie.

Nous sommes heureux de dire que notre mère bien-aimée a rempli notre monde d'amour. Elle a délibérément choisi de vivre crescendo malgré les épreuves qu'elle a endurées, et elle a été « forte, courageuse et fidèle » jusqu'à la fin. Elle a été une inspiration pour nous et tous ceux qui la connaissaient et l'aimaient. Et donc, en tant que famille, nous proclamons fièrement : « *Vive la Sandra !* »*

Je partage ces réflexions personnelles dans l'espoir que, quelle que soit *votre* situation, vous comprendrez qu'il est toujours possible de vivre crescendo, sous la forme qui vous siéra le mieux, et aussi longtemps que vous le pourrez. Bien que nos parents aient temporairement disparu de notre champ de vision, leur héritage perdure – à travers leur postérité et à travers ceux qui trouveront ici l'envie de vivre crescendo.

« Vivre dans le cœur de ceux
qui restent après nous n'est pas mourir. »
Thomas CAMPBELL

* En français dans le texte.

Bridle Up Hope : la Fondation Rachel Covey

« Une fois qu'on a choisi l'espoir, tout est possible. »
– Christopher REEVE

Deux mois après la mort de papa, ma merveilleuse nièce, Rachel Covey, est décédée à l'âge de vingt et un ans, des suites d'une dépression. Cela a été particulièrement difficile pour ses parents, mon frère Sean et sa femme Rebecca, surtout après la récente disparition de notre père. Rachel était l'aînée d'une famille de huit enfants, la nièce et la cousine de nombreuses personnes des deux côtés de la famille ; nous l'aimions tous et avons été profondément affectés par son décès.

Rachel était dotée de la « grandeur première » et possédait des qualités qui comptaient vraiment : elle était gentille, attentionnée, sensible, amusante, aimante, créative, altruiste, téméraire et généreuse. Elle avait un rire contagieux, les enfants l'adoraient, et elle éprouvait une passion et un amour particuliers pour les chevaux. Notre foi en Dieu nous a consolés et nous nous sommes dit que ce n'était pas un hasard si son grand-père était parti juste avant elle.

Sean et Rebecca ont courageusement choisi de mentionner dans la notice nécrologique de Rachel son combat contre la dépression afin d'aider d'autres personnes à l'affronter. Ils ont fait preuve de générosité dans leur chagrin, et cela a profité à ceux qui souffraient de la même manière. Beaucoup sont venus les voir et ont partagé, en larmes, leur propre expérience ou celle d'un membre de leur famille, ouvrant ainsi des voies de guérison. La famille Covey au grand complet s'est à nouveau rassemblée et a accueilli Sean, Rebecca et leurs enfants, ainsi que la famille éloignée et les amis.

Un voisin bien intentionné a dit à Sean que le décès de Rachel laisserait à jamais une blessure dans son cœur. Mon frère a été très perturbé par cette déclaration et, en y réfléchissant, il a décidé qu'au lieu de garder cette blessure, il allait développer un nouveau muscle de son cœur. Grâce à cet état d'esprit, Sean et Rebecca nous ont tous inspirés et étonnés dans leur processus de deuil. Malgré leur souffrance, ils ont choisi d'aller de l'avant avec foi et courage, et leur famille est forte et très soudée.

Rachel adorait participer à des parcours d'endurance équestre de 30 km et, après sa première course, elle a déclaré avec enthousiasme à ses parents : « J'ai trouvé ma voie. » Après son décès, des amis de Rachel sont venus voir Sean et Rebecca pour leur raconter comment elle les avait aidés dans les moments difficiles en leur apprenant à monter à cheval. Bien qu'ils soient encore en deuil, Sean et Rebecca ont eu envie d'honorer et de célébrer la vie de leur fille en créant une fondation qui aiderait d'autres jeunes femmes à connaître la même joie.

Lorsqu'ils se sont lancés dans ce projet, Rebecca a raconté la chose suivante : « Une partie de moi se disait : Je ne veux pas faire une fondation, je veux juste que Rachel revienne ! [...] Je veux qu'elle remonte sur son cheval, je veux voir ce sourire sur son visage. Mais ensuite, une autre partie de moi a déclaré : D'accord, mais elle n'est pas là. Alors nous allons aller chercher des filles perturbées, les amener au centre équestre et leur apprendre à monter à cheval pour qu'elles puissent se sentir bien dans leur peau et surmonter leurs difficultés. »

C'est ainsi qu'est née Bridle Up Hope – The Rachel Covey Foundation, dont la mission est d'apporter espoir, confiance et résilience à de jeunes femmes grâce à une formation équestre. La fondation propose un programme de quatorze semaines à des jeunes filles âgées de douze à vingt-cinq ans qui souffrent d'un manque d'estime de soi, d'anxiété ou de dépression, qui ont subi des traumatismes ou des abus ou qui ont tout simplement perdu espoir. Au ranch Bridle Up Hope, les filles apprennent à monter à cheval et à tisser des liens avec les animaux, à développer des compétences de vie et à conserver une perspective positive par le biais d'actions solidaires. Dans un monde où trop de filles pensent qu'elles ne sont pas à la hauteur et qu'elles sont incapables de réussir, Bridle Up Hope les aide à reconnaître leur valeur et leur potentiel intrinsèques, à acquérir de l'assurance et à surmonter leurs difficultés personnelles.

Sean est l'auteur du best-seller international *Les 7 habitudes des ados bien dans leur peau**, basé sur les mêmes principes que les *7 habitudes* de notre père, mais spécifiquement adapté aux adolescents. Ces 7 habitudes sont enseignées à la fondation Bridle Up Hope où

* Sean Covey, *Les 7 habitudes des ados bien dans leur peau*, Mango Media, 2016.

leur apprentissage et leur application constituent une partie essentielle du programme. Outre le fait qu'elles permettent aux jeunes filles d'acquérir une certaine confiance dans la façon de manipuler et monter un cheval, les leçons qu'elles apprennent les aident à réussir à l'école, à faire face à la pression de leurs pairs, à opérer des choix judicieux et à prendre de bonnes décisions, à éviter les substances addictives, à rendre service, et bien d'autres éléments précieux qui leur donnent les moyens de surmonter les hauts et les bas que les adolescents rencontrent inévitablement. Sean et Rebecca sont convaincus que si vous sauvez une fille, vous sauvez des générations entières !

L'une des participantes à ce programme nous a récemment confié son histoire :

> Avant de connaître la fondation, j'avais suivi plus d'un an de thérapie et je n'arrivais toujours pas à reprendre le dessus. Je faisais tout ce que je pouvais pour surmonter mon traumatisme et les problèmes qui en découlaient, mais j'avais l'impression que ma vie était fichue. Je me demandais vraiment si je pourrais un jour être heureuse ou réussir. L'espoir est ce qui a manqué à ma vie pendant des années, et c'est exactement ce que j'ai trouvé à Bridle Up Hope. J'ai appris, grâce aux chevaux, à des instructeurs extraordinaires et aux 7 habitudes, à exploiter le pouvoir de l'espoir dans ma vie et à aller de l'avant.
>
> La chose la plus importante que j'ai apprise est le concept de responsabilité personnelle. C'était un équilibre difficile à trouver pour éviter de me sentir coupable de choses qui n'étaient pas de ma faute, tout en acceptant la responsabilité de ma guérison et de

> ma vie actuelle. En travaillant avec les chevaux, j'ai appris à établir et à maintenir des limites, et à les communiquer clairement aux autres. Au fil du temps, j'ai eu l'impression de retrouver le pouvoir de me créer la vie que je voulais. Apprendre à mettre en pratique les 7 habitudes et croire que j'étais capable de réaliser les rêves que j'avais avant mon traumatisme a été une bénédiction incroyable pendant cette période apparemment sans espoir.

Aujourd'hui, Bridle Up Hope a transformé la vie de plus d'un millier de jeunes filles et s'est implantée dans de nombreux États et pays. Sean et Rebecca souhaitent que le symbole de la fondation – un fer à cheval rose – soit un jour reconnu comme un symbole mondial pour donner de l'espoir aux jeunes femmes, de la même façon que le ruban rose est devenu symbole universel pour la sensibilisation au cancer du sein. Ils prévoient d'établir des centres Bridle Up Hope dans un millier de localités du monde entier, pour toucher des dizaines de milliers de jeunes filles.

L'anxiété et la dépression chez les adolescents, en particulier chez les filles, sont devenues une véritable pandémie. Celles-ci luttent pour se sentir assez intelligentes, assez jolies ou assez minces, et les réseaux sociaux ne les aident pas. Elles ont l'impression qu'elles doivent se conformer à la norme imposée de la perfection, ce qui a des répercussions sur leur bien-être psychologique. En conséquence, la demande pour le programme est si importante qu'elle dépasse les moyens financiers de la fondation. Ainsi, pour collecter des fonds et offrir des bourses à ces jeunes filles, Sean et Rebecca ont ouvert une boutique en ligne appelée Bridle Up Hope Shop. La boutique vend des sweat-shirts, des T-shirts ornés de citations inspirantes, des bijoux et d'autres articles, tous avec une touche équestre. Comme pour la ligne de produits Newman's Own, les bénéfices sont intégralement reversés à la fondation Bridle Up Hope[30].

Un peu plus de trois ans après le décès de Rachel, Sean a pris la parole lors d'une conférence sur le deuil où toutes les personnes présentes avaient récemment perdu un proche. C'était une tâche difficile pour lui, car il n'avait jamais parlé publiquement de la mort de sa fille. Il a commencé par dire la chose suivante :

> Je suis ici pour pleurer avec vous, pas pour essayer de vous réparer. Comme vous l'avez probablement constaté, les personnes les mieux intentionnées peuvent prononcer les paroles les plus insensibles en croyant vous aider. Il n'y a pas de raccourci pour faire son deuil. Vous devez le vivre. Je veux que vous sachiez que je ressens votre perte – je comprends.

Sean a ensuite courageusement raconté sa propre souffrance et sa guérison. Après le décès de Rachel, il a découvert que « lorsque nous sommes confrontés à une tragédie, nous avons fondamentalement trois situations possibles. Premièrement, elle peut nous détruire. Deuxièmement, elle peut nous définir. Troisièmement, elle peut nous rendre plus forts. »

Bien que ce soit la chose la plus difficile qu'il ait jamais faite, il a pris la décision consciente d'opter pour la troisième solution. Sean reconnaît qu'il n'existe pas de calendrier magique pour parvenir à la guérison, mais il a partagé quelques idées qui ont contribué à les rendre plus forts, lui et sa famille, afin qu'ils puissent continuer à aller de l'avant.

- *Notez ce dont vous voulez vous souvenir.* Dans un journal destiné à cet effet, Sean et Rebecca ont consigné des expériences, des sentiments et des souvenirs auxquels ils tenaient, dont certains leur ont été confiés par des membres de leur famille et des amis. Ils ont couché sur le papier les multiples petits miracles qui se sont produits après le décès de Rachel, et ce que les autres ont dit de son influence dans leur vie. Ils lisent souvent ce journal en famille lorsqu'ils veulent se sentir proches de Rachel ou lui rendre hommage.
- *Fêtez les journées particulières.* Sean et Rebecca ne voulaient pas se focaliser sur le jour de la mort de leur fille, c'est pourquoi ils continuent de célébrer son anniversaire avec leurs enfants et souvent l'ensemble de la famille. Ils racontent des anecdotes sur Rachel, rient de ses reparties hilarantes, revivent les moments partagés avec elle, et préparent son délicieux pain aux bananes et sa sauce maison. Et ils servent toujours de la pastèque, le fruit préféré de Rachel. C'est un moment important qu'ils attendent avec impatience et qui, en rendant hommage à sa vie, rend supportable ce jour particulier.
- T*rouvez votre voie et transformez le drame en action positive.* C'est dans cet esprit que Sean et Rebecca ont fondé Bridle Up Hope. Grâce au travail de cette fondation, ils voient des vies changer chaque jour, et ils honorent la mémoire de Rachel en apportant leur aide à des jeunes filles qui sont confrontées aux mêmes épreuves qu'elle. Comme l'affirme Sean, « Bridle Up Hope, c'est Rachel – maintenant, elle est partout ».

Quand on *trouve sa voie et aide les autres à trouver la leur*, il est plus facile de faire face à son propre chagrin. Vous allez guérir et retrouver le bonheur en faisant du bien aux autres. Sean a déclaré qu'il n'y a pas de raccourci pour le deuil : chacun doit avancer à son rythme. Il conclut avec ce message d'espoir : « Dieu prend soin de nous, la vie continue et, un jour, vous pourrez de nouveau vous sentir guéri et heureux, comme cela m'est arrivé. Je vous le promets. »

Note de l'auteur

J'espère que vous avez pris autant de plaisir à lire ce livre que j'en ai pris à l'écrire (avec mon père), et qu'il vous a aidé à changer de paradigme et à alimenter votre passion. J'espère également vous avoir convaincu que, quels que soient votre âge et votre situation, vous pouvez vivre crescendo.

Pour moi, il s'agit d'un engagement sacré, qui m'a été inculqué par mon père il y a bien longtemps, lorsque nous avons commencé à y travailler ensemble. Le chemin a été long et tortueux, mais j'ai beaucoup appris et j'ai été sincèrement inspirée par la multitude d'exemples édifiants que j'ai trouvés dans le monde entier.

Peu importe l'âge et le statut : on n'a jamais fini d'apporter sa contribution. Il faut continuer à s'élever et faire toujours mieux. Vous pouvez tirer satisfaction de vos accomplissements passés, mais il se profile toujours, à l'horizon, une nouvelle et grande contribution à apporter. Vous avez des relations à construire, une communauté à servir, une famille à renforcer, des problèmes à résoudre, des connaissances à acquérir et de grandes œuvres à créer. Que vous soyez en pleine crise de la quarantaine, que vous ayez connu l'apogée du succès, que vous soyez confronté à un revers de fortune ou que vous vous trouviez dans la seconde moitié de votre vie, sachez que, malgré les obstacles, *l'essentiel est toujours à venir*, pour peu que vous en décidiez ainsi.

Comme vous l'avez appris dans la conclusion de cet ouvrage, le cheminement de notre famille pour apprendre à vivre crescendo a pris un sens nouveau à mesure que nous traversions nos propres tragédies personnelles. Les dizaines d'histoires inspirantes que j'ai partagées dans ce livre sont la preuve que la mentalité crescendo peut être intégrée avec succès à n'importe quelle étape de l'existence, et qu'elle enrichira grandement votre vie.

Pensez à tous les talents que vous pouvez partager, aux bienfaits que vous pouvez apporter, aux vies que vous allez changer et à la joie qui emplira votre cœur d'accomplir tout cela. Alors, lancez-vous et laissez votre merveilleuse empreinte en servant les autres ! Ayez confiance en vous. Tout cela est en votre pouvoir, et vos capacités ne feront que s'accroître. Je suis convaincue qu'ainsi, vous illuminerez votre propre vie, votre famille, votre communauté et même le monde avec vos dons, vos talents et vos contributions.

– Cynthia COVEY HALLER

Remerciements

Je souhaite remercier de tout cœur les nombreuses personnes qui ont rendu possibles l'écriture et la publication de ce livre. *Vivre crescendo* est un projet qui s'est étendu sur plus de dix ans, et je suis très reconnaissante de l'immense soutien que de nombreuses personnes m'ont apporté avec bienveillance tout au long de ce processus.

Je ne remercierai jamais assez mon meilleur ami et mon mari depuis quarante-deux ans, Kameron Haller, pour son amour constant et son soutien indéfectible. Kameron a renforcé ma confiance et a cru en ma capacité à terminer ce livre de la meilleure façon possible. Sa perspicacité, ses critiques, sa sagesse et son jugement ont toujours été d'une grande justesse, ce qui m'a été d'une grande aide dans les moments de découragement, et son influence dans ma vie est une bénédiction.

Par ailleurs, j'aimerais rendre hommage à mes six merveilleux enfants et à leurs conjoints : Lauren et Shane, Shannon et Justin, Kameron et Haley, Mitchell et Sara, Michael et Emilie, Connor et Hannah. Non seulement ils m'ont prodigué des paroles d'encouragement et de soutien, mais ils m'ont également soumis des commentaires judicieux et ont fait preuve d'une patience infinie lorsque j'étais accaparée par l'écriture de ce livre. Comme mon plus jeune fils, Connor, me l'a rappelé avec humour : « Termine-le ! Tu as travaillé sur ce livre pendant la moitié de ma vie ! » Mes vingt et un adorables petits-enfants me fournissent également une occasion permanente de *vivre crescendo.*

Je remercie tout particulièrement mon frère Sean qui a cru en moi et en *Vivre crescendo* dès le début et m'a guidée tout au long de son élaboration, de la rédaction à la publication, en m'apportant une aide éditoriale précieuse, une expertise juridique et des conseils en marketing. Merci à mes huit frères et sœurs qui ont lu les premières versions du livre et m'ont encouragée : Maria m'a fourni une assistance éditoriale et Stephen a promu *Vivre crescendo* partout où il le pouvait. Merci à mon oncle John dont les appels réconfortants arrivaient toujours à point nommé, ainsi qu'aux autres membres de ma famille et à mes amis pour leur intérêt et leur soutien, en particulier Carol Knight pour ses importantes contributions au début du projet, et Greg Link qui a lu de multiples versions et fourni des conseils inestimables pendant de nombreuses années.

Je tiens également à exprimer ma gratitude à l'équipe de Franklin Covey, notamment à Debra Lund pour les efforts supplémentaires qu'elle a déployés afin d'obtenir des témoignages, et à Scott Miller, Annie Oswald, Laney Hawes et Zach Chaney pour leur aide précieuse.

Je dois beaucoup à mon agent, Jan Miller, et à son associée, Shannon Miser-Marven, qui ont cru au concept de *Vivre crescendo* dès le départ. Merci à mes excellents éditeurs, Dave Pliler et Robert Asahina, dont les compétences professionnelles ont permis d'améliorer le contenu et la présentation de cet ouvrage. Jan Miller et Robert Asahina étaient également les agents de mon père et les éditeurs des *7 habitudes de ceux qui réalisent tout ce qu'ils entreprennent.* Lors de la préparation de ce manuscrit en vue de sa publication, j'ai eu la chance de travailler en étroite collaboration avec mon équipe chez Simon & Schuster, notamment avec mon éditrice, Stephanie Frerich, ainsi qu'avec Emily Simonson et Maria Mendez, qui ont guidé d'un bout à l'autre l'autrice débutante que je suis.

Vivre crescendo était la « dernière conférence » de mon père, en quelque sorte, et je perçois son approbation : j'ai tenu ma promesse de terminer le livre qu'il avait imaginé et que nous avons entamé ensemble en 2008. Tout au long du processus d'écriture, j'ai ressenti son influence, et je lui rends hommage en tant que père merveilleux et leader inspirant qui « a vécu, aimé et laissé un héritage ». Ma mère, Sandra Covey, était l'égale de papa à tous points de vue. Elle aussi a cru en tous ses enfants et les a soutenus tout au long de sa vie. Quelle bénédiction d'avoir eu pour modèles des parents aussi nobles !

Enfin, je serais ingrate si je ne remerciais pas Dieu pour Sa bonté et Son influence dans ma vie. De tout mon cœur, j'exprime ma profonde gratitude pour Ses conseils et Son inspiration, pour m'avoir donné le courage et la confiance d'entreprendre une entreprise aussi vaste, et pour la capacité de la mener à bien.

Annexe

Si, vous aussi, vous souhaitez apporter votre contribution, voici les principales associations qui vous permettront de faire du bénévolat en France.

La Croix-Rouge française

Missions humanitaires à destination des populations défavorisées ou victimes de conflits dans le monde entier, et interventions à l'échelle locale (distribution alimentaire et secourisme auprès des plus démunis).

croix-rouge.fr

Unicef France

Défense et protection du droit des enfants dans le monde entier. Au niveau local, missions de sensibilisation dans les écoles, organisation d'événements de communication et animation des stands de ventes des produits de l'association.

unicef.fr

Restos du cœur

Aide aux populations défavorisées : distribution de repas en maraudes, collecte de nourriture et de biens de première nécessité, accueil de jour dans les centres, soutien scolaire.

restosducoeur.org

Entraides citoyennes

Assistance aux personnes sans domicile et victimes d'exclusion. Maraudes, distribution de vêtements et de repas, cours de français aux populations immigrées et aide aux démarches administratives (en région parisienne).

entraides-citoyennes.org

Secours populaire

Aide alimentaire, maintien des personnes démunies dans leur logement, insertion professionnelle, accueil ponctuel d'enfants issus de familles défavorisées.

secourspopulaire.fr

Armée du salut

Distribution quotidienne de repas aux personnes les plus fragiles, insertion des victimes d'exclusion, accompagnement administratif pour la formation ou le retour à l'emploi, animation d'ateliers culturels.

armeedusalut.fr

Le Refuge

Hébergement et accompagnement des jeunes LGBT de 18 à 25 ans victimes d'homophobie et en rupture avec leur famille.

le-refuge.org

Wake Up Café

En milieu carcéral, animation d'ateliers culturels et créatifs ou de groupes de paroles, campagnes de sensibilisation auprès des chefs d'entreprise pour changer leur perception sur les anciens détenus.

wakeupcafe.org

Association Aurore

Soins et hébergements pour les personnes en situation de précarité ou d'exclusion, animation d'ateliers, cours de français, maraudes, insertion des réfugiés.

aurore.asso.fr

Entraide Scolaire Amicale

Lutte contre l'échec scolaire. Les bénévoles s'engagent à apporter au moins une heure hebdomadaire de soutien scolaire à un enfant. Ils interviennent également auprès des parents pour leur faire prendre conscience des enjeux du travail scolaire.

entraidescolaireamicale.org

Petits Princes

Actions auprès des enfants malades pour leur permettre de réaliser un rêve, en adéquation avec le rythme des traitements et des hospitalisations. Préparation et réalisation des rêves des patients, mise en place d'outils de communication et de sensibilisation du grand public.

petitsprinces.com

Cimade

Défense des droits et de la dignité des migrants et des réfugiés. Accompagnement dans les démarches juridiques, transmission des connaissances de la culture et de la langue françaises, campagnes de communication.

lacimade.org

SPA

Lutte contre la maltraitance et l'abandon des animaux domestiques. Travail dans les refuges : soins aux animaux, entretien des chenils et chatteries, accueil du public et sensibilisation à la cause animale.

la-spa.fr

WWF

Lutte contre la dégradation de l'environnement et pour la construction d'un avenir où les humains vivent en harmonie avec la nature. Actions de sensibilisation ou de terrain.

wwf.fr

Agir pour l'environnement

Protection de l'environnement. Actions d'information et aide aux tâches administratives.

agirpourlenvironnement.org

Les auteurs

Consacré par le magazine *Time* comme faisant partie des vingt-cinq Américains les plus influents, Stephen R. Covey (1932-2012) était à la fois une autorité internationale en matière de management, un expert de la famille, un enseignant, un consultant en organisation, un chef d'entreprise et un auteur. Ses livres se sont vendus à plus de 40 millions d'exemplaires (imprimés, numériques et audio) dans plus de 50 langues à travers le monde, et *Les 7 habitudes de ceux qui réussissent tout ce qu'ils entreprennent* a été désigné comme l'ouvrage de management le plus important du xxe siècle. Après avoir obtenu un MBA à l'université de Harvard et un doctorat à l'université Brigham Young, il est devenu le cofondateur et le vice-président de Franklin Covey, la société de management la plus réputée au monde.

Cynthia Covey Haller est autrice, enseignante, conférencière et membre actif de sa communauté. Elle a participé à la rédaction de multiples livres et articles, notamment *La 3e voie* de Stephen R. Covey, *Les 7 habitudes des ados bien dans leur peau* et *The 6 Most Important Decisions You'll Ever Make*, tous deux de son frère Sean

Covey. Cynthia a occupé plusieurs postes de direction au sein de groupements de femmes, a été présidente d'associations de parents d'élèves, coordinatrice de l'aide aux réfugiés, bénévole dans la distribution de repas aux plus démunis, et elle travaille actuellement avec son mari, Kameron, pour assister bénévolement les personnes en recherche d'emploi. Elle est diplômée de l'université Brigham Young et vit avec sa famille à Salt Lake City, dans l'Utah.

Notes

[1] Cynthia Haller, entretien personnel, août 2017.

[2] Frances Goodrich, Albert Hackett et Frank Capra, *La vie est belle* (Liberty Films, 1946).

[3] Phil Vassar, « Don't Miss Your Life », RodeoWave Entertainment, lyricsmode.com, 2012. Avec l'autorisation de l'auteur.

[4] Clayton Christensen, hbr.org/2010/how-will-you-measure-your-life.

[5] Cynthia Haller, entretien personnel, mai 2018.

[6] Cynthia Haller, entretien personnel, octobre 2019.

[7] Cynthia Haller, entretien personnel, mai 2018.

[8] John Kralik, *A Simple Act of Gratitude : How Learning to Say Thank You Changed My Life* (Hyperion, 2010). Non traduit.

[9] Carol Kelly-Gangi, éditrice, *Mother Teresa : Her Essential Wisdom* (Fall River Press, 2006), p. 21. Non traduit.

[10] Propos recueillis par Cynthia Haller, juillet 2015.

[11] Propos de Mindy Rice recueillis par Cynthia Haller, 20 mai 2018.

[12] Propos de Robyn Ivins recueillis par Cynthia Haller, 2020.

[13] Propos recueillis par Cynthia Haller, 2016.

[14] Cynthia Haller, entretien personnel, octobre 2019.

[15] Propos de Chip Smith recueillis par Cynthia Haller, 23 juillet 2012.

[16] Alexandre Soljenitsyne, dans *At Century's End : Great Minds Reflect on Our Times* (Alti Publishing, 1997). Non traduit.

[17] Carol Kelly-Gangi, éditrice, *Mother Teresa : Her Essential Wisdom* (Fall River Press, 2006), p. 21. Non traduit.

[18] Propos recueillis par Cynthia Haller, juin 2018.

[19] Cynthia Haller, entretien personnel avec John Nuness, juillet 2012.

[20] Will Allen Dromgoole, « The Bridge Builder », *Father : An Anthology of Verse* (EP Dutton & Company, 1931). Non traduit.

[21] Propos recueillis par Cynthia Haller, octobre 2018.

[22] Propos recueillis par Cynthia Haller, avril 2020.

[23] Cynthia Haller, entretien personnel, octobre 2019.

[24] Cynthia Haller, entretien personnel, juin 2016.

[25] Cynthia Haller, entretien personnel, mai 2021.

[26] Cynthia Haller, entretien personnel avec Crawford et Georgia Gates, 2015.

[27] Cynthia Haller, entretien personnel avec Crawford et Georgia Gates, 2015.

[28] Cynthia Haller, entretien personnel, octobre 2010.

[29] Cynthia Haller, entretien personnel, octobre 2019.

[30] Cynthia Haller, entretien personnel avec Sean Covey, novembre 2015.